manual

Anselm Eder

Statistik für Sozialwissenschaftler

2., verbesserte Auflage

Facultas Verlags- und Buchhandels AG

Gewidmet dem Andenken an Paul Neurath (1911–2001)

Bibliografische Information Der Deutschen Bibliothek

Die Deutsche Bibliothek verzeichnet diese Publikation in der Deutschen Nationalbibliografie; detaillierte bibliografische Daten sind im Internet über http://dnb.ddb.de abrufbar.

© 2003 Facultas Verlags- und Buchhandels AG, Wien
Alle Rechte, insbesondere das Recht der Vervielfältigung und der Verbreitung sowie der Übersetzung, sind vorbehalten.
Umschlaggestaltung: Haller + Haller
Druck: Facultas AG
Printed in Austria
ISBN 3-85114-796-0

Inhalt

1. **Einleitung: Einige Grundlinien statistischen Denkens** — 9
   Datenmatrizen — 13

2. **Einige zentrale Begriffe vorweg:**
   Deskription, Induktion, Korrelation, Signifikanz — 17
   Deskription — 17
   Induktion — 18
   Korrelation — 20
   Signifikanz — 23
   Zusammenfassende Überlegungen zu Kapitel 2 — 24

3. **Grundlagen der statistischen Deskription: Statistische Kennzahlen** — 27
   Der Mittelwert — 27
   Streuungsmaße — 29
   Schiefe (Steilheit) und Exzess — 32
   Anwendungsbereiche von Varianz und Standardabweichung — 35
   Ein Rechenbeispiel zur Varianz — 38
   Der Verschiebungssatz zur einfacheren Varianzberechnung — 39
   Die Auswirkungen linearer Variablentransformationen
   auf Mittelwert und Varianz — 41
   Exkurs: Mittelwert und Varianz einer Summe
   von zwei oder mehreren Variablen. Kovarianz und Korrelation — 45
   Weitere Parameter zur Beschreibung von Verteilungen:
   Modalwert — 50
   Perzentile — 50
   Median — 51

4. **Grundlagen der statistischen Induktion:**
   Das Beispiel der Vierfeldertafel — 52
   Die Indifferenztabelle — 53
   Die drei Schritte des statistischen Schließens — 55

5. **Zufall und Wahrscheinlichkeit** — 56
   Was ist ein Zufall? — 56
   Das Wahrscheinlichkeitskonzept im Alltagsverständnis — 57
   Das Wahrscheinlichkeitskonzept in der Statistik — 58

Der Satz von Bayes zum Verhältnis bedingter Wahrscheinlichkeiten	62
Statistisches Wahrscheinlichkeitskonzept und 4-Felder-Tafel	64

6. Wahrscheinlichkeitsverteilungen — 68

Die Binomialverteilung	71
Häufigkeitsverteilungen und Wahrscheinlichkeitsverteilungen, deren Mittelwerte und Varianzen	79
Mittelwert bzw. Erwartungswert der Binomialverteilung	81
Wahrscheinlichkeiten von Ereignissen und Wahrscheinlichkeiten von Klassen von Ereignissen	86
Die Normalverteilung	87
Die standardisierte Normalverteilung	95
Konfidenzintervalle	95

7. Der Begriff der statistischen Signifikanz, Grundlagen der Signifikanzprüfung — 100

Die Funktion von Wahrscheinlichkeitsverteilungen für die statistische Induktion	100
Die 3 Schritte eines Signifikanztests am Beispiel der Vierfeldertafel	105
Schritt 1: Bildung eines Prüfmaßes	105
Schritt 2: Ermittlung der Wahrscheinlichkeitsverteilung des Prüfmaßes	106
Schritt 3: Bestimmung der Wahrscheinlichkeit für den Zahlenwert des Prüfmaßes	110
Die Verteilung des Prüfmaßes beim Testen von Kontingenztabellen: Die Chi-Quadrat-Verteilung	115

8. Der Chi-Quadrat- Test — 118

Ein Rechenbeispiel zum Chi-Quadrat-Test	122
Eine vereinfachte Rechenformel für den Chi-Quadrat-Test der Vierfeldertafel	123
Zur Beziehung zwischen Korrelation und Signifikanz im Chi-Quadrat –Test	126
Weitere Anwendungsfälle des Chi-Quadrat- Tests: Tests auf Gleichheit von Verteilungen	126
Anhang zu Kapitel 8: Einige heuristische Überlegungen zur Schätzung der Varianz der Größe $a-eg/n$	128

9. Der t-Test — 131

10. Die Varianzanalyse	134
11. Regression und Korrelation	141
Ableitung der Regressionsgleichung	145
Eine kurze Rekapitulation der Beziehung zwischen dem Korrelationskoeffizienten und dem Regressionskoeffizienten	149
12. Das Bestimmtheitsmaß, die sogenannte „erklärte Varianz"	151
Der Test auf Signifikanz des Korrelationskoeffizienten	156
13. Der tetrachorische Korrelationskoeffizient	158
14. Ausblick:	
Weitere Anwendungen des Grundgedankens von Korrelation und Regression	
Multiple und partielle Korrelation und Regression	163
Ein Rechenbeispiel zur partiellen Korrelation	168
Multiple Korrelation	173
15. Übungsbeispiele	175

Vorwort

Dieses Buch ist aus einer Mitschrift einer Vorlesung über die Grundzüge der angewandten Mathematik und Statistik für Soziologinnen und Soziologen entstanden, die Karin Kalkbrenner und Reinhard Zuba erstmals 1994 verfasst haben. Im Laufe der Jahre ist durch viele Zwischenfragen und Einwände von Studierenden der hier vorliegende Versuch entstanden, eine Darstellung der Strickmuster anzubieten, nach denen die wichtigsten statistischen Argumentationsweisen konstruiert sind: und zwar auch für jene Studierenden, die sich für GeisteswissenschaftlerInnen halten und aus dieser Grundhaltung heraus das Selbstbild haben und verteidigen, sie hätten nun einmal zu allem, was mit Zahlen zu tun hat, keinen Zugang.

Möglicherweise empfinden manche Leser und Leserinnen manche der Darstellungen als schrecklich langatmig, mit viel zu vielen Wiederholungen. Möglicherweise finden auch manche, dass ganz einfache Sachverhalte viel zu umständlich erklärt sind. Möglicherweise finden manche dann auch, dass nicht ganz so einfache Sachverhalte dann wieder nicht ausführlich genug erklärt sind. Nach meiner Erfahrung kann man drei Stadien des Verstehens unterscheiden:

1. das intuitive Stadium, in dem die Vorstellung entsteht „irgendwie ist es mir klar". Bei dem Versuch, dieses „irgendwie Klare" dann auch jemand anderem klar zu machen, verschwindet diese Vorstellung der Klarheit dann häufig plötzlich und rückstandsfrei.
2. das verbale Stadium, in dem jemand in der Lage ist, das, was er verstanden hat, auch in Worte zu fassen. Ein Zuhörer vermag allerdings diesen Worten mitunter keinen Sinn zu entnehmen, was beim Produzenten der Worte recht viel Frustration auszulösen vermag: es sollen schon Freundschaften auf diese Weise aus den Fugen geraten sein.
3. das erschütterungsresistente Stadium, in dem jemand in der Lage ist, für immer den selben Sachverhalt so viele unterschiedliche Formulierungen zu finden, dass auch der empathieloseste Zuhörer schließlich zumindest ins intuitive Stadium gerät.

Der hier vorliegende Text unternimmt den Versuch, einige Grundlinien statistischer Anwendungen so oft und so lange und von so vielen verschiedenen Seiten zu wiederholen, dass sie eine Chance haben, bei zumindest einigen LeserInnen bis zum erschütterungsresistenten Stadium zu gelangen. Soferne das gelingt, kann man es sich dann eher leisten, auf der Basis der einmal verstandenen Grundlagen weiterführende Gedanken auch nur skizzenhaft darzustellen, wie das in den späteren Kapiteln dieses Buches geschieht.

Vorwort

So ist ein wichtiges Grundelement sozialwissenschaftlicher Hypothesen die Vierfeldertafel: Die Darstellung, wie häufig sich Personen so verhalten haben, wie es einer Hypothese entspricht, und wie häufig anders. Anhand dieses gedanklich recht einfachen Elements wird versucht, die Grundgedanken von Signifikanz und Korrelation zu erläutern.

Aus didaktischen Gründen wird auf die selben einfachen Beispiele wieder und wieder Bezug genommen. Studierende, die eine sehr hohe Meinung von sich haben, werden manche allzu einfachen Darstellungen vielleicht als narzisstische Kränkung erleben. Allerdings neigen nach meiner Erfahrung die meisten Studierenden dazu, ihre eigene Auffassungsgabe eher zu niedrig als zu hoch einzuschätzen, deshalb hoffe ich auf eine milde Beurteilung meines Ringens um Einfachheit.

Sollte dieser Text einen Beitrag dazu leisten, dass Statistik wenigstens für Einige etwas von dem Mythos verliert, die große Hürde auf dem Weg zum Verständnis sozialer Prozesse und nicht zuletzt auch seiner selbst zu sein, dann hätte sich der Aufwand, dieses alles zu schreiben, für den Verfasser gelohnt.

Wien, im Juli 2002   Anselm Eder

1. Einleitung: Einige Grundlinien statistischen Denkens

Wie denken Statistiker? Wie geht man an eine Frage so heran, dass sie für statistische Untersuchungen zugänglich wird? Welchen Typus von Ergebnissen kann man mit dem Instrumentarium der Statistik zustandebringen, und welchen nicht? Kann man mit statistisch-mathematischem Denken überhaupt die soziale Wirklichkeit erfassen?

Fragen dieser Art stehen häufig am Anfang der Beschäftigung mit statistischer Methodenlehre, oder sollten es zumindest. Tun sie es nämlich nicht, dann gerät die Auseinandersetzung mit diesem Wissensgebiet leicht zu einer unreflektierten Kochbuchanwendung.

Kann man nun also mit statistisch-mathematischen Methoden die soziale Wirklichkeit erfassen?
Man kann es natürlich genau so wenig wie mit irgend einer anderen Methode. Man kann allerdings versuchen, definierte Teilbereiche dieser Wirklichkeit damit zu untersuchen. Aus diesen untersuchten Teilbereichen ergibt sich in Verbindung mit anderen Teilbereichen und anderen Methoden ein komplexeres Bild dieser Wirklichkeit. Und die Technik des Anfertigens solcher Bilder ist jene Tätigkeit, die man als das „soziologische Handwerkszeug" bezeichnen könnte.

Es wird im Verlauf dieser Auseinandersetzung mit mathematischen und statistischen Methoden (hoffentlich) herausgearbeitet werden, welches derjenige Teilbereich ist, den man mit der Statistik erfassen kann. Statistik ist also nicht *die* Methode der Sozialwissenschaften schlechthin, sondern eine von vielen. Die empirische Sozialforschung kennt eine Vielfalt von Verfahren. Es hat sich in den letzten Jahren eine Unterscheidung in sogenannte „qualitative" und sogenannte „quantitative" Verfahren eingebürgert. Diese Bezeichnungsweise halte ich für nicht glücklich, und noch weniger die Diskussion darüber, welcher Verfahrenstyp der „bessere", oder der für die soziologische Arbeit „geeignetere" sei. Einiges von dem, was in manchen Lehrbüchern als „qualitative Verfahren" bezeichnet wird, ist nach meiner Meinung ein Teilbereich dessen, was als „quantitative Verfahren" bezeichnet wird, anderes davon wäre besser mit dem Begriff „heuristischer", „interpretativer" oder „explorativer" Verfahren zu charakterisieren. Diese Diskussion muss an anderer Stelle ausführlicher geführt werden. Für den vorliegenden Zusammenhang genügt die Feststellung, dass die mathematische Statistik Grundlage vor allem derjenigen Verfahren ist, die klassischerweise zumeist als „quantitative" bezeichnet werden: sie hilft uns bei der Auswertung von quantitativ erhobenen empirischen Daten. Der ganze Teilbereich der heuristischen, interpretativen, explorativen, auch "qualitativ" genannten Sozialforschung, ist also nicht Gegenstand dieses Textes.

Einige Grundlinien statistischen Denkens

Der Schwerpunkt des Textes wird auf der Frage nach der *Logik* der hier behandelten statistischen *Verfahren,* ihrer *Philosophie,* liegen. Die gedanklichen Strickmuster, nach denen die verschiedenen statistischen Verfahren – mit oft sehr wohlklingenden Namen – funktionieren, sind sehr oft dieselben. Wir werden uns daher lange mit Fragen befassen, die vielleicht relativ einfach erscheinen. Haben wir aber diese gedanklichen Grundlagen verstanden, so werden wir scheinbar Kompliziertes relativ rasch begreifen – denn es ist in Wirklichkeit ein Hintereinander von vielen einfachen Schritten. Zudem unterscheiden sich die Denkgrundlagen der Statistik in manchen Bereichen scheinbar von denen der Alltagsrationalität: bei etwas genauerer Betrachtung stellen wir fest, dass der ganze Unterschied zwischen der Alltagsrationalität und der statistischen Rationalität eigentlich nur darin besteht, dass die Statistiker versuchen, auch das explizit zu formulieren, was der Alltagsverstand intuitiv als „ohnehin klar" abtut. Das Ergebnis ist mitunter überraschend und erweckt den Eindruck, als ob Statistiker mit ihrer Logik Menschen von einem anderen Stern wären. Die mir bis jetzt bekannt gewordenen Statistiker stammen aber ganz eindeutig von dem selben Planeten wie wir alle. Sie nehmen nur nicht als selbstverständlich, was in Wirklichkeit nicht selbstverständlich ist. Vielleicht wird das anlässlich der Überlegungen zum Begriff der Wahrscheinlichkeit am Deutlichsten. Es wird uns also voraussichtlich nicht erspart bleiben, uns in diese Denkgrundlagen hineinzuarbeiten.

Literatur

- NEURATH, Paul: *Statistik für Sozialwissenschaftler*. Eine Einführung in das statistische Denken. Enke, Stuttgart, 1955.
- NEURATH, Paul: *Grundlegende Methoden und Techniken der empirischen Sozialforschung*. Handbuch der empirischen Sozialforschung, Hrsg. v. Rene König, Band 3b, Enke, Stuttgart, 1974

BORTZ, Jürgen: *Statistik für Sozialwissenschaftler*. Springer, Berlin, (1. Auflage 1993)
BORTZ, Jürgen, Nicola Döring: *Forschungsmethoden und Evaluation.* – Springer, Berlin, Heidelberg, New York, 1995

NEURATH versucht in seiner mittlerweile zum Klassiker gewordenen „Statistik für Sozialwissenschaftler", die Konstruktionsprinzipien statistischer Argumentation in einer Weise nachzuzeichnen, die auch von jenen Personen nachvollzogen werden kann, die von sich selbst hartnäckig die Meinung vertreten, mit Mathematik nichts anfangen zu können. Die „Grundlegenden Methoden und Techniken der empirischen Sozialforschung" sind eine geraffte Darstellung der gleichen Thematik, mit dem gleichen Anspruch. BORTZ versucht in seinem Statistik-Buch die statistischen Verfahren so zu

Einige Grundlinien statistischen Denkens

beschreiben, dass der Anwender weiß, was mit seinen Daten geschieht; und zwar auf eine etwas mathematischere Art, als wir dies hier tun werden. Das Buch „Forschungsmethoden und Evaluation" geht der Frage nach, wie man Forschungsarbeiten organisiert, bis man zu einem Ergebnis kommt. Die statistische Auswertung ist ein Teil des Forschungsprozesses, die zeitlich zumeist an dessen Ende steht. Nichtsdestoweniger müssen wir schon an dessen Anfang wissen, was wir auswerten wollen. Diese sehr einfach klingende Überlegung macht in der Praxis oft sehr große Schwierigkeiten, auf die vor allem im Zusammenhang mit den Techniken der empirischen Sozialforschung einzugehen sein wird.

Grundsätzlich kommt das hier Besprochene in allen einführenden Büchern zur Statistik in der einen oder anderen Form vor. Das Wichtigste bei der Auswahl eines einführenden Buches ist, es zu verstehen. Das „beste Buch" existiert ebenso wenig wie die „beste Methode".

Wir wollen im Folgenden einige Grundgedanken der Arbeit mit statistischen Methoden anhand eines kleinen Szenarios erläutern.

Nehmen wir an, ein Journalist einer mittelgroßen Tageszeitung fragt uns, *wie die HörerInnen einer bestimmten Vorlesung denn so sind*. Welche einigermaßen vernünftige Antwort könnten wir auf diese Frage geben?

In der empirischen Sozialforschung werden uns oft unscharfe Fragen gestellt. D. h. die Arbeit, zu definieren, welche Auskunft wir dem Journalisten tatsächlich geben, müssen wir selbst leisten. Journalisten, Auftraggeber, oder andere Rezipienten von Sozialforschung fragen nicht immer: „Wie ist der Altersmittelwert der Studierenden?" Sondern oft unscharf, wie etwa: „Wie sind die Studierenden denn so?" Der *erste Schritt* liegt also darin, zu entscheiden bzw. definieren, was uns wichtig ist, oder was der/die Fragende wohl gemeint haben könnte, woran er/sie wohl interessiert sein könnte. Dies sind *inhaltliche Überlegungen, die mit Statistik an sich noch nichts zu tun haben*, ihr vorgelagert sind.

Offensichtlich bedarf auch die in unserem Beispiel genannte Frage der Spezifizierung, der Rückfrage. Sie zeigt in recht plastischer Weise die Unschärfe in der Fragestellung, mit der Soziologen in der Alltagspraxis oft konfrontiert sind. Leider sind sie oft auch mit Unschärfen in ihren eigenen Fragestellungen konfrontiert. Der mögliche Umgang mit solchen Unschärfen besteht zum Einen im Datensammeln, also in Rückfragen („Was meinen Sie mit der Frage"), zum Anderen im Rekurs auf spontane Alltagstheorien, die umso wichtiger sind, je „selbstverständlicher" sie erscheinen. Solche spontanen Alltagstheorien könnten uns eine ungeprüfte Vorstellung davon geben, was der Journalist mit seiner Frage vermutlich gemeint haben könnte. Die Meisten denken bei unspezifischen Fragen des genannten Typs an allgemeine Beschreibungsmerkmale wie das Alter, das Geschlecht, das Einkommen, die Schulbildung. Die wenigsten denken an die Maschenzahl der von den HörerInnen getragenen Pullover, an ihre Schuhgröße, oder an den Reinheitsgrad ihrer Fingernägel. Dennoch könnte eine beträchtliche Anzahl sozio-

Einige Grundlinien statistischen Denkens

logisch relevanter Erkenntnisse, etwa Normorientierungen, Zugehörigkeit zu Randgruppen, oder Stellung im Lebenszyklus, aus zunächst scheinbar völlig nebensächlich erscheinenden Beobachtungen ableitbar sein. Die Tatsache, dass das Allgemeinverständnis unscharfer Fragen zumeist relativ großen Konsens hinsichtlich „wichtiger" Merkmale hervorbringt, zeigt uns, dass Beschreibung immer auf Theorien beruht, insbesondere dann, wenn sie nicht so aussieht, als ob sie darauf beruhte: auf Theorien nämlich darüber, was „an sich" wichtig, und was „an sich" unwichtig sei.

Die Reflexion solcher spontanen Alltagstheorien bei der Auswahl statistischer Fragestellungen ist ein entscheidender Teil der soziologischen Arbeit. Eine solche Reflexion könnte etwa in den folgenden Frageschritten ablaufen:

1. Welche weiteren Informationen (Spezifikationen der Frage) müssten wir haben, um sie beantworten zu können?

2. Wie kommen wir zu diesen Informationen?

3. Was machen wir, wenn wir diese Informationen haben? In welcher Form würden wir sie weitergeben?

ad 1. Übersetzung dieser unspezifischen Frage in spezifischere 'Fragen', sogen. **Variablen** (= variierende Größen; auch Merkmale genannt): Erhebung z. B. des Alters (1), Geschlechts (2), der Vorbildung (3), des Studienfachs (4), des Semesters (5), anderer Interessen (6), der Nationalität (7), der Erwartungshaltung (8) und der Einstellung zur Statistik (9), wie oft sie die Studienrichtung gewechselt haben (10), etc.

ad 2. Erhebung dieser Variablen z. B. mit Hilfe von Fragebogen, Interviews, Immatrikulationsunterlagen etc.

ad 3. Auswertung der erhaltenen Information mit jenen Methoden, die wir im Folgenden genauer untersuchen wollen.

Ohne zunächst auf ein bestimmtes dieser Erhebungsverfahren einzugehen, gehen wir hypothetisch davon aus, dass wir von allen HörerInnen (= in diesem Fall unsere sogen. **Grundgesamtheit**) die oben genannten Informationen (Variablen) als Daten erhoben hätten. Das Endergebnis jedes dieser Verfahren wäre – technisch ausgedrückt – eine rechteckige **Datenmatrix**, eine auf Papier oder auf elektronischen Datenträgern vorliegende Anordnung von Zahlen.

Einige Grundlinien statistischen Denkens

Datenmatrizen

Eine **rechteckige Datenmatrix** besteht *aus Zeilen* und *Spalten*. Eine *Zeile* symbolisiert in der Sozialforschung häufig *eine Person* (in unserem Fall je einen Hörer oder eine Hörerin) bzw. allgemein ausgedrückt *eine Untersuchungseinheit*. Und jede *Spalte* symbolisiert eine sogen. *Variable*: eine messbare Größe, die je Messung unterschiedliche Werte annehmen („*variieren*") kann.

Abbildung 1.1: Rechteckige Datenmatrix

	V_1	V_2	V_3	V_4	...	...	V_m
P_1	22	W	4	11	...	...	...
P_2	18	M	...	...	...	...	...
P_3	21	...	...	...	...	...	...
P_4	...	...	...	...	...	...	...
...	...	...	...	...	...	...	...
...	...	...	...	...	...	...	...
...	...	...	...	...	...	...	...
P_n	...	...	...	...	...	...	...

Symbole:

V_1 könnte in unserem Beispiel das Alter bedeuten (= die erste erhobene Variable)
V_2 könnte das Geschlecht (Code: W = weiblich; M = männlich);
V_3 könnte etwa das Bildungsniveau sein, das ebenfalls kodiert (in Zahlenwerte übertragen) werden müsste. So könnte die Zahl 4 bei V_3 in unserem Beispiel Externistenmatura symbolisieren o. ä. Analog gehen wir bei den anderen Variablen vor.
V_m ist die letzte Variable, der Index m gibt somit zugleich die Anzahl der Variablen an.
P_1 symbolisiert die erste Person, deren Daten zeilenweise in die Datenmatrix eingetragen werden. Für gewöhnlich wird die letzte vorkommende Person als P_n bezeichnet; n ist somit auch die häufigste Bezeichnung für die Stichprobengröße.

Statt V_1 bzw. P_1 können wir auch $V1$ oder $P1$ schreiben. Dasselbe gilt für alle anderen derartigen Symbole, d. h. $V_1 = V1$, $V_2 = V2$, $P_1 = P1$ etc. In der Statistik werden

Einige Grundlinien statistischen Denkens

Variable häufig auch als „Zufallsvariable" bezeichnet und oft mit den Symbolen *X, Y* oder *Z* dargestellt. Zur Logik dieser Bezeichnungsweise und zur Bedeutung des sogenannten „Zufalls" in der Statistik später mehr (Insbes. Kap. 5). Lassen Sie sich nicht durch unterschiedliche Schreibweisen irritieren. Stellen Sie für sich selbst sicher, dass Sie immer wissen, wovon die Rede ist.

Für einzelne Sonderfragestellungen mag es sinnvoll sein, nicht- rechteckige Datenmatrizen zu haben. Nicht-Rechteckig heißt, dass für jede Person eine unterschiedliche Anzahl von Variablen erhoben wurde. Bei der zweiten Person kennen wir z. B. zusätzlich ihre Parteipräferenz und Haarfarbe, von der dritten Person haben wir auch ihre Intelligenz in Erfahrung gebracht usw.. Es gibt also bei nicht-rechteckigen Datenmatrizen für jede Person eine *unterschiedliche Anzahl von Informationen*. Diese Datenmatrix würde am rechten Rand 'ausgefranst' aussehen. Das ist eine Informationsorganisation, die für die meisten statistischen Auswertungen, die wir besprechen werden, schlecht verwendbar ist. Wir gehen also in der Regel von Datenmengen aus, die sich in rechteckigen Datenmatrizen darstellen lassen.

Wir könnten uns dafür entscheiden, den Journalisten über das Alter der HörerInnen informieren zu wollen. Eine graphische Darstellung der **Verteilung** der anwesenden HörerInnen nach ihrem Alter könnte folgendermaßen aussehen (siehe Abb. 1.2: **Histogramm**):

Abbildung 1.2: Graphische Darstellung der Verteilung absoluter Häufigkeiten des Alters von HörerInnen einer Vorlesung.

Anzahl der HörerInnen

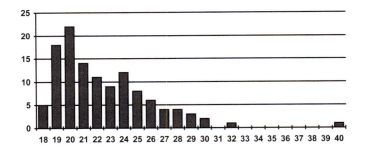

Das *Histogramm* (oder Balkendiagramm) ist eine Darstellungsweise, in der man auf einer Achse die vorkommenden Werte (auch „Ausprägungen" genannt) einer interessierenden Variable (hier: Das Alter) aufträgt. Auf der anderen Achse wird die Anzahl von Personen (Untersuchungseinheiten), die das jeweilige Alter haben, eingetragen. In anderen Worten: Die vertikale Achse repräsentiert die Häufigkeiten, mit der die Ausprägungen der Variable auftreten: (in unserem Beispiel: 18 Jahre, 19 Jahre, ... 40 Jahre)

Was ist unser erstes Problem bei der Betrachtung dieser Graphik (Abb. 1.2)? Wir sehen zwar alle, dass gegen rechts hin die Anzahl der Personen abnimmt, aber wie lässt sich dieser Umstand exakter formulieren? – Dazu noch mehr weiter unten.

Die obige Graphik wird *Histogramm* genannt, oder allgemeiner: *Verteilung*. Sie gibt Auskunft darüber, wie sich die einzelnen HörerInnen auf die einzelnen Altersjahrgänge *verteilen*. Dabei haben wir alle Personen, deren Geburtstag im Intervall eines Jahres liegt, einem Altersjahrgang zugeordnet: wir haben klar unterschiedene Klassen von Altersjahrgängen künstlich geschaffen. Nach dem lateinischen Wort für *unterscheiden: discernere* – nennt man eine solche Verteilung eine *diskrete* Verteilung. Würden wir das Alter ganz genau messen – in Tagen, Stunden, Sekunden, Sekundenteilen – dann würden die Intervalle der Verteilung keine klaren Grenzen mehr haben. Wir würden auf der x-Achse eine fortlaufende, kontinuierliche variable Größe eintragen müssen. Entsprechend würde die dazugehörige Verteilungskurve keine Ecken mehr haben. Eine solche Verteilung nennt man eine *stetige* Verteilung. In Kapitel 3 werden wir mehrere Beispiele für solche stetigen Verteilungen kennen lernen.

Ein weiteres wichtiges Unterscheidungsmerkmal von Verteilungen ist die Frage, was die y-Achse darstellt. Im obigen Beispiel ist dies die Anzahl der HörerInnen je Altersjahrgang. Diese Anzahlen nennt man auch *absolute* Häufigkeiten. Würden wir diese absoluten Häufigkeiten durch die Gesamtzahl der HörerInnen dividieren, dann würde die y-Achse nicht mehr die *Anzahl* der HörerInnen je Altersgruppe, sondern den *Anteil* je Altersgruppe repräsentieren. Natürlich würde sich dadurch die Form der Verteilungskurve nicht verändern, sondern lediglich die Beschriftung der y-Achse. Diese durch Division veränderten Häufigkeiten nennt man auch *relative* Häufigkeiten.

Weiter unten werden wir sehen, dass solche relativen Häufigkeiten aber nicht nur durch *empirische* Erhebung von Daten und Division durch die Gesamtzahl der untersuchten Personen gewonnen werden können, sondern auch durch *theoretische* Überlegungen. Wenn wir uns etwa die Frage stellen, wie oft beim Wurf mit einem Würfel der Einser, der Zweier, der Dreier usw. bis zum Sechser auftreten wird, dann können wir uns leicht ausrechnen, dass jede dieser Zahlen – zumindest so ungefähr – in einem Sechstel der Fälle geworfen werden wird. Wir können so eine Verteilung *theoretischer* Häufigkeiten der Ergebnisse eines Würfelwurfes angeben, ohne die *empirischen* Häufigkeiten überhaupt zu ermitteln. Solche theoretisch ermittelten relativen Häufigkeiten werden zumeist Wahrscheinlichkeiten genannt. Dazu näheres weiter unten. Es ist offensichtlich, dass eine Verteilung *theoretischer* Häufigkeiten immer auch eine Verteilung *relativer* Häufigkeiten sein muss, da es im theoretischen Fall ja gar keine absoluten Anzahlen von Würfelwürfen (in unserem Beispiel) gibt.

Einige Grundlinien statistischen Denkens

Wir können also fürs Erste festhalten, dass es folgende 6 Arten von Verteilungen gibt:

	empirische mit absoluten Häufigkeiten	empirische mit relativen Häufigkeiten	theoretische mit relativen Häufigkeiten (=Wahrscheinlichkeiten)
diskrete	o	o	o
stetige	(o)	(o)	o

Diese Unterscheidung genügt für den Anfang.

Später werden wir erkennen, dass eine *stetige empirische* Verteilung in Wirklichkeit nur durch Vereinfachung zustande kommt. Streng genommen, ist jede empirische Verteilung diskret, und nur im Falle von sehr vielen und sehr kleinen Intervallen kann die graphische Darstellung einer empirischen Verteilung einer stetigen Verteilung so ähnlich sehen, dass man in der Graphik auf die „Ecken", also auf die Darstellung von Intervallübergängen, verzichtet und manche empirischen Verteilungen so darstellt, als wären sie stetig.

2. Einige zentrale Begriffe vorweg: Deskription, Induktion, Korrelation, Signifikanz

Es gibt zwei unterschiedliche Betrachtungsweisen von Zahlen in der Statistik: Die *deskriptive* und die *induktive:* Die Struktur des statistischen Argumentation kann darauf ausgerichtet sein, über zahlenmäßig erfassbare Fakten zu informieren, oder darauf, aus solchen Fakten verallgemeinernde Schlüsse zu ziehen. Es ist sehr wichtig, sich immer darüber klar zu sein, in welchem Bereich wir uns gerade befinden. In einfachen Fällen ist dies meist leicht zu unterscheiden. Bei komplizierteren statistischen Verfahren können sich die Unterschiede verwischen, und dies kann eine Quelle von Fehlschlüssen werden. Ein Prototyp eines solchen Fehlschlusses ist die Verwechslung von korrelativen Aussagen mit Signifikanzaussagen. Hiezu weiter unten.

Deskription

Deskriptiv (= beschreibend) vorzugehen, heißt meistens, auf Fragen des Typs: **Wie ist/sind ...?** Antworten zu suchen. (Etwa: Wie sind die Studierenden? Wie ist die Vorlesung?). Die Schwierigkeit liegt dabei darin, Kriterien zu finden, nach denen man beschreibt.

    Die Fremdenverkehrswerbung geht z. B. ins Ausland und beschreibt *wie Österreich ist.* Hinter all diesen Beschreibungen stehen in Wirklichkeit immer Vorstellungen darüber, was wichtig und was unwichtig ist. Diese Vorstellungen werden oft nicht explizit ausgesprochen. Aber *jede Beschreibung/Deskription braucht eine theoretische Vorstellung darüber, was wichtig ist.* - Wir alle haben den Journalisten unseres Ausgangsszenarios gedanklich auf eine bestimmte Zeitung eingeengt und seine allgemeine Frage aufgrund von mehr oder weniger bewussten, mehr oder weniger reflektierten theoretischen Vorannahmen eingegrenzt. Alter und Geschlecht der Studierenden dürfte bei fast allen Eingrenzungen als immer noch wichtig empfunden worden sein. Es gibt offenbar so etwas wie einen intuitiven Konsens darüber, was wichtig ist. Das sollte uns nicht darüber hinwegtäuschen, dass jede Beschreibung immer unter theoretischen Gesichtspunkten abläuft. Dieser theoretische Hintergrund sollte so explizit wie möglich formuliert werden.

Deskription, Induktion, Korrelation, Signifikanz

Induktion

Die zweite große Gruppe von Fragestellungen, für die man Statistik brauchen kann, ist die *induktive*. *Induktion* heißt, frei übersetzt, *Hinführung*. Festgestellte Fakten werden zu einem aus der Theorie abgeleiteten Argument *hingeführt*, dazu verwendet, ein solches Argument zu untermauern. Alltagssprachlich wird eine solche *Hinführung* als logischer *Schluss* dargestellt. Ich *schließe* von etwas auf irgendetwas anderes, und dabei formuliere ich eine Gesetzmäßigkeit mit dem Anspruch der Verallgemeinerbarkeit. Dabei handelt es sich meistens um *Wenn-Dann*-Beziehungen, oder um *Je-Desto*-Beziehungen. Eine induktive Formulierung der Tatsache, dass der Altersdurchschnitt männlicher Hörer niedriger ist als der weiblicher Hörerinnen, wäre: *Wenn* die Hörer(Innen) *männlich* sind, *dann* sind sie *jünger*.

In der Regel werden induktive Schlüsse aus einer zweidimensionalen Verteilung einer Deskription abgeleitet. Eine solche zweidimensionale Verteilung könnte in unserem Beispiel vereinfacht so gewonnen werden:

Von der Altersverteilung der HörerInnen nehmen wir diejenigen heraus, die jünger als 23 Jahre sind:

Alter ≤ 22, d. h. 'jung' = 66
Alter > 22, d. h. 'alt' = 53
Männlichen Geschlechts sind 38
und weiblichen Geschlechts sind 81

Folgende Informationen sind vorhanden (Anm.: Wir haben es hier mit einer sogen. *Vierfeldertafel* – mit jeweils zwei Ausprägungen zweier Variablen - zu tun, einer besonders einfachen Form einer *Kontingenztabelle,* d. s. Tabellen, in denen Merkmale zweidimensional aufgelistet werden.)

Abbildung 2.1

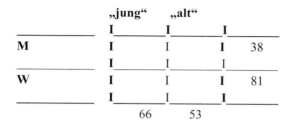

Aus dieser Information können wir nicht ablesen, ob, wie wir annehmen, die Frauen im Durchschnitt älter sind als die Männer (siehe obige Wenn-Dann-Beziehung).

Um berechtigterweise diesen Schluss ziehen können, müssten die Zellen der obigen Tabelle Zahlen beinhalten; z.B. die folgenden:

Abbildung 2.2

	„jung"	„alt"	
M	38	0	38
W	28	53	81
	66	53	

Wenn in der linken oberen Zelle möglichst viele Männer zu finden sind (Maximum = 38), dann würde unsere Annahme eine Berechtigung finden. Allerdings gibt es neben 38 jungen Männern auch 28 junge Frauen. - Dieses Beispiel (Abb. 2.2) ist ein sehr konstruierter Extremfall. Wir werden in Realität eher eine Verteilung wie die folgende antreffen:

Abbildung 2.3

	„jung"	„alt"	
M	30	8	38
W	36	45	81
	66	53	

Können wir jetzt sagen, dass die Männer eher jünger sind als die Frauen?

Deskription, Induktion, Korrelation, Signifikanz

Das ist der Problemtypus bei der Induktion. Auf diese Weise kommen Statistiker zu Schlussfolgerungen: Die in Frage gestellte Beziehung wird in einen Zahlenwert transformiert und einer Bewertung unterzogen.

Ein einfaches Beispiel für diesen Prozess ist die Vierfeldertafel. Durch sie können wir zunächst einmal Informationen darüber gewinnen, wie viele „alte" Männer und wie viele „junge" Männer bzw. wie viele „alte" Frauen und wie viele „junge" Frauen es gibt. Irgendwelche Unterschiede zwischen ihnen wird es vermutlich geben. Es ist unwahrscheinlich, dass es exakt gleich viele alte und junge Männer bzw. alte und junge Frauen in unserer Erhebung gibt. Die Frage ist, *wie die Unterschiede zwischen ihnen zu bewerten sind.* Gibt es Kriterien dafür, wann wir einen verallgemeinernden Schluss ziehen können und wann nicht?

Korrelation

Jede *Induktion* beruht auf zwei sehr unterschiedlichen Ausgangsinformationen. Die erste Ausgangsinformation betrifft die Form der zweidimensionalen Verteilung, aufgrund derer ein Schluss zustande kommt. Ein Beschreibungskriterium dieser Verteilungsform bezieht sich darauf, wie *häufig* interessierende Merkmalskombinationen *gemeinsam* auftreten: also ein *deskriptives* Kriterium, das als Ausgangsbasis für eine *induktive* Fragestellung dient. Diese Fragestellung nach der Häufigkeit des gemeinsamen Auftretens interessierender Merkmalskombinationen nennt man die *korrelative Fragestellung (die* **Korrelation**). Mit ihrer Hilfe würde man angesichts der Zahlen in Abb. 2.3 zu folgender Aussage gelangen: „Im wesentlichen kann man schon sagen, dass die Männer jung sind - dass also die angenommene Beziehung besteht - aber nicht so ganz." Diese Aussage entspricht zwar einem intuitiven Verständnis der Zahlen unseres Beispiels, ist aber offensichtlich recht unscharf. Die Korrelation versucht, diese *Unschärfe messbar zu machen.* Die von uns als Hypothese aufgestellte *Regel* wird durch die Zahlen in der linken oberen und der rechten unteren Zellen ausgedrückt. Die *Ausnahmen* von der Regel stehen in der rechten oberen und der linken unteren Zelle. Die Korrelation stellt - vereinfacht gesagt - die Frage: Wie ist das Verhältnis von Ausnahme zu Regel? Gibt es mehr „Regelfälle" als Ausnahmen oder gibt es mehr Ausnahmen als „Regelfälle"? Die einfachste Möglichkeit, eine korrelative Aussage zu machen, wäre in unserem obigen Beispiel, zu sagen: „79% der Männer sind 'jung' (100*30/38), aber nur 44% der Frauen (100*36/81); also sind die Männer eher jünger als die Frauen." Später werden wir sehen, dass eine solche Aussage, die im Wesentlichen Prozentzahlen vergleicht, auch durch einen Koeffizienten gemacht werden kann, der einen solchen Vergleich von Prozentsätzen in normierter Form ausdrückt. Bei diesem Koeffizienten, der den Namen „Korrelationskoeffizient" tragen wird; wird es dann auch die Möglichkeit geben, einen Sachverhalt auszudrücken, demzufolge in den Daten nicht nur *nicht* unsere Hypothese beobachtbar ist, sondern deren Gegenteil. Es hätte ja auch in der Tabelle stehen können, dass der Prozentsatz der „jungen" Männer kleiner ist als der der „jungen" Frauen. In dem Koeffizienten, den wir dann später kennen lernen werden, wird sich das in einem Vorzeichen ausdrücken. Ein negatives Vorzeichen eines Korrelationskoeffizienten wird also bedeuten, dass ein Zusammenhang zwar besteht, aber nicht in der Richtung, in der er als Hypothese formuliert wurde. Man könnte also sagen, ein Korrelationskoeffizient ist nichts weiter als eine Darstellungsweise von Zahlen, die einen Zusammenhang ausdrücken, bei der wir versuchen, das Verhältnis von Ausnahme zu Regel dergestalt in einen Zahlenwert zu transformieren, dass wir ein Maß für dieses Verhältnis haben. Aber dazu später: auf die Konstruktion dieser Maßzahl wird noch genauer eingegangen. Hier sei zur Einführung nur gesagt, dass sie nach folgenden Kriterien entwickelt wurde: Wenn es *nur* „Regelfälle" gibt, ist die Maßzahl für Korrelation 1, das ist das Maximum, das sie annehmen kann. Wenn es *nur* „Ausnahmen" gibt, dann ist dies auch eine „Regel", allerdings nicht die formulierte, sondern eine andere. In diesem Fall ist der Wert der Maßzahl für Korrelation -1. Wenn das Verhältnis von „Regelfällen" zu „Ausnahmefällen" so etwas wie ausgewogen ist - wobei der Frage, was als ausgewogen zu bezeichnen ist, im Folgenden noch einige Beachtung zu schenken sein wird - dann ist der Zahlenwert der Maßzahl für Korrelation 0. Technisch gesprochen, liegt in diesem letzen Falle *stochastische Unabhängigkeit* vor; d. h. es besteht der perfekte Fall von *keinem gesetzmäßigen Zusammenhang*. Eine *Wenn-dann*-Beziehung gilt nicht.

Wie müssten in einem solchen Fall der stochastischen Unabhängigkeit die Zahlen in den Zellen aussehen? - Die Summen an den Rändern der Tabelle (sogen. **Randsummen** – in Abb. 2.4 kursiv gedruckt; sie geben die Verteilung jeder der beiden betrachteten Variable wieder) und n (Anzahl der untersuchten Personen = 119) sind gegeben.

Abbildung 2.4

	„jung"	„alt"	
M			*38*
W			*81*
	66	*53*	*119*

Für einen anderen als den betrachteten Fall, einen *Sonderfall*, bei dem alle *Randsummen den gleichen Wert* haben, würde die Antwort auf die Frage, wie sich Fälle in der Tabelle bei *stochastischer Unabhängigkeit* verteilen, einfach zu beantworten sein: In jeder Zelle stünde ein Viertel aller Fälle (= 25 %). Beispiel (Gesamtheit aller Fälle n = 100; alle Randsummen haben den Wert 50):

Abbildung 2.5

```
              „jung"    „alt"
          I_____I_____I
    M     I   25   I   25   I   50
          I_____I_____I
    W     I   25   I   25   I   50
          I_____I_____I
              50       50      100
```

Im *allgemeinen* Fall (Fragestellung zu Abb. 2.4) wäre eine solche Annahme falsch. Hiezu weiter unten.

Zusammenfassend kann man sagen.: Es können für *jede statistische Hypothese (Annahme) zwei gegenteilige Hypothesen* formuliert werden: „Jede Hypothese hat zwei Gegenteile".

Das *erste* Gegenteil einer Hypothese lautet: Der Zusammenhang, den Du, lieber Forscher, Dir vorgestellt hast, existiert nicht. Das korrelative Maß für diesen Zusammenhang ist Null (Extremfall). In unserem Ausgangsbeispiel kann man bei diesem Ergebnis bei Kenntnis des Geschlechts einer Person über das Alter dieser Person keine besseren Schätzungen abgeben, als wenn man das Geschlecht nicht kennt, und vice versa. Man „weiß" nicht mehr, als man vor der Prüfung des Zusammenhangs wusste.

Das *zweite* Gegenteil jeder Hypothese lautet: Der angenommene Zusammenhang existiert, aber er verläuft in der anderen Richtung. Das korrelative Maß für ein solches Ergebnis würde im Extremfall -1 lauten; das *Minus* gibt die umgekehrte Richtung des Zusammenhangs an. Nach unserem Ausgangsbeispiel würde dies heißen, die Frauen sind jünger und die Männer sind älter. Stimmt die Richtung des Zusammenhangs, die wir angenommen haben, dann hat der errechnete Koeffizient einen positiven Zahlenwert. Hier finden wir also Antwort auf die Frage: Gibt es ein „Gesetz" im angenommenen Sinn, oder gibt es sein Gegenteil? Und dies drückt sich im Vorzeichen des Koeffizienten aus.

Signifikanz

Die Fragestellung in Abb. 2.4 führt uns zur zweiten Fragestellung der Induktion: Inwieweit ist ein solcher gesetzmäßiger Zusammenhang als Zufall zu betrachten?

Zur Beantwortung dieser Frage bedarf es offensichtlich einer reflektierten Vorstellung darüber, was man sich unter Zufall vorstellt. Diese beruht ihrerseits auf dem Konzept der statistischen Wahrscheinlichkeit.

Nehmen wir an, wir hätten uns statt mit der Gesamterhebung der HörerInnen unserer Vorlesung mit einer Stichprobe beschäftigt. Wir hätten zum Beispiel einen Mann gefunden, der jünger als 22 Jahre alt ist, und eine Frau, die älter als 22 ist. Dann würde die Verteilung folgendermaßen aussehen:

Abbildung 2.6

	„jung"	„alt"	
M	1		1
W		1	1
	1	1	2

Mehr Korrelation als hier gibt es ja gar nicht. Es sind ja alle untersuchten Personen in denjenigen Feldern anzutreffen, die wir als *Regel*felder bezeichnet haben und niemand in den übrigen Zellen der Tabelle. Wir können also die Gesetzmäßigkeit perfekt nachweisen. Die Männer sind jung und die Frauen sind alt - unsere Stichprobe hat dies bewiesen. Ist dem wirklich so?

- Nein, dies geht offenbar nicht. Obwohl ein Korrelationskoeffizient in diesem Fall Eins ergeben würde, käme kein vernünftiger Mensch auf die Idee, daraus den obigen Schluss zu ziehen. Wir beziehen uns ja lediglich auf zwei Fälle.

Wäre die folgende Stichprobenverteilung eher glaubwürdig?:

Abbildung 2.7

	„jung"	„alt"	
M	10		10
W		10	10
	10	10	20

Auch hier wäre der Korrelationskoeffizient Eins. Und wir würden vermutlich dieses Stichprobenergebnis als glaubwürdiger einschätzen. Bei der Beurteilung eines Ergebnisses hinsichtlich seiner Bedeutsamkeit spielt also die *Anzahl der untersuchten Fälle* (hier: 20 = Stichprobengröße n) eine große Rolle. Bei der Berechnung von Korrelation spielt n keine Rolle, sondern lediglich die Proportion der Zahlen in der Tabelle.

Zusammenfassende Überlegungen zu Kapitel 2

Zur Unterscheidung zwischen Deskription und Induktion:

Die *Deskription* ist die Beschreibung großer Gruppen, Aggregate von z. B. Personen. Eines der Instrumente der Deskription ist die Darstellung einer Häufigkeitsverteilung, eines Histogramms. Daneben existieren eine Reihe von Maßen, die Verteilungen charakterisieren. Wir werden im folgenden Kapitel einige von ihnen kennen lernen.

Die *Induktion* ist der Versuch, aus dieser Beschreibung Schlüsse zu ziehen. Und zwar in der Weise, dass diese Schlüsse möglichst wenig falsch sind. Induktion heißt in der Sozialforschung also: schließen, verallgemeinern und abschätzen, wie falsch die Verallgemeinerungen sind. Verallgemeinerungen sind bekanntlich immer falsch, trotzdem finden sie immer statt. Deshalb müssen wir

1.) herausfinden: in welchen *Ausmaß* die Verallgemeinerungen falsch sind: durch eine zahlenmäßige Abschätzung der Fehler, die wir aus unseren Schlüssen ziehen. Und

2.) beschreiben in welcher *Hinsicht* sie falsch sind. Im einfachsten Fall durch Berücksichtigung des Vorzeichens korrelativer Maßzahlen, im Weiteren durch Rückgriff auf die theoretischen Konzepte, aus denen unsere Hypothesen abgeleitet worden sind.

Für sowohl die *Deskription* (Beschreibung) als auch die *Induktion* stehen in der Statistik oft ähnliche, manchmal auch die gleichen technischen Instrumente zur Verfügung (z. B. die Korrelation). Umso wichtiger ist es, sich im Verlauf einer statistischen Auswertung zu jedem Zeitpunkt klar darüber zu sein, welche der beiden Fragestellungen man im Augenblick gerade verfolgt.

Im Falle der Induktion müssen wir zwischen der Frage nach dem korrelativen Zusammenhang und der nach der Bedeutsamkeit (= Signifikanz) unterscheiden.

Bei der Korrelation geht es lediglich um die Stärke des Zusammenhangs zwischen den interessierenden Variablen, d. h. - nach unserer Terminologie – wie viele Regel- und wie viele Ausnahmefälle es in ihrem relativen Verhältnis zueinander gibt. Wir erhalten einen Zahlenwert, der zwischen 0 und ± 1 variieren kann; Plus oder Minus gibt dabei die Richtung des Zusammenhangs an. Die Stichprobengröße spielt dabei keine Rolle - in Abb. 2.6 und 2.7 würden wir dieselbe Stärke des Zusammenhangs erhalten haben, obwohl die Stichprobengröße unterschiedlich groß war.

Bei der *Signifikanz*fragestellung geht es darum, zu entscheiden, ob wir das Ergebnis „glauben" können oder ob es ein Zufall ist (Zufalls-, bzw. Wahrscheinlichkeitsfragestellung). Diese Frage stellt sich nur, wenn wir es mit *Stichproben* zu tun haben. Wenn wir also nur eine zufällige *Auswahl* aus allen Untersuchungseinheiten/Personen, die uns interessieren, erhoben haben und von dieser auf die Grundgesamtheit (d. s. eben alle Untersuchungseinheiten, die uns interessieren) schließen wollen. Technisch gesprochen hängt die Signifikanz eines Ergebnisses einerseits von der *Stärke* eines Zusammenhangs (= der Höhe der Korrelation) und andererseits von der *Stichprobengröße n* ab, also davon, auf wie vielen Fällen ein gefundener Zusammenhang beruht.

Das Maß für die Stärke des Zusammenhangs (= Korrelation) zweier Variablen hat also nichts damit zu tun, wie wahrscheinlich es ist, dass diese Korrelation zufällig zustande gekommen sein könnte. Eine Korrelation von 1 *kann* bedeuten, dass wahrscheinlich in der Grundgesamtheit, von der die Stichprobe entnommen wurde, ebenfalls eine Korrelation vorhanden ist. Dies *muss* aber nicht so sein; denn die Wahrscheinlichkeit/Glaubwürdigkeit eines Ergebnisses hängt auch wesentlich von der Größe der Stichprobe, *n,* ab.

Es genügt aber *auch nicht*, bei der Beurteilung der Gültigkeit oder Ungültigkeit einer Hypothese (= einer Wenn-Dann-Beziehung) - wenn diese aus einer Stichprobe abgeleitet wurde - *allein* auf die Signifikanz (die ja *sowohl* aufgrund der Stärke des Zusammenhangs, als auch aufgrund der Größe der Stichprobe zustande kommt) zu achten. Denn, wie wir später genauer sehen werden: wenn wir es mit Untersuchungen, die auf sehr großen Fallzahlen (n = 30.000; 40.000 und mehr) beruhen, zu tun haben, dann werden wir feststellen, dass auch korrelative Maßzahlen, die einen sehr geringen Zusammenhang (etwa 0,05) aufweisen, hochsignifikant sind. Die Frage nach der Signifikanz eines Zusammenhangs wird sich dann nicht mehr stellen, sondern lediglich die Frage, wie stark Zusammenhänge sind: Bei großen Stichproben ist die Signifikanzfragestellung kaum mehr von Bedeutung.

Wenn wir etwa Daten des österreichischen Mikrozensus auswerten (n = mehrere 100.000 Personen) und von diesen auf die Verteilung der interessierenden Variablen bei allen Österreichern (= die Grundgesamtheit) schließen wollen, werden wir große Mühe haben, irgendeinen Zusammenhang zwischen zwei Variablen zu finden, der *nicht* hochsignifikant ist.

Die Signifikanz hat eine ganz bestimmte Bedeutung, nämlich die Beantwortung der Frage: Ist eine begrenzte Stichprobe als Beweis für einen Zusammenhang, der in der Grundgesamtheit besteht, zu interpretieren oder nicht. Ist die Personenanzahl (n) sehr groß, dann ist auch ein sehr kleiner Zusammenhang hochsignifikant, ist die Personenanzahl sehr klein, dann ist oft auch ein sehr großer Zusammenhang noch nicht signifikant.

Der Extremfall (Abb. 2.6) zeigt dies ganz deutlich. Bei einem besonders kleinen n von 2 Untersuchungseinheiten werden die meisten denkbaren Verteilungen auf einen maximalen Zusammenhang hindeuten, aber sicher nicht signifikant sein.

Wenn wir die HörerInnen dieser Vorlesung als Grundgesamtheit definieren und uns für die Verteilung dieser HörerInnen hinsichtlich ihres Alters und ihres Geschlechts interessieren, dann stellt sich die Signifikanzfragestellung (= die Frage der Zufälligkeit des Zustandekommens eines Ergebnisses) nicht. Wir bleiben im Rahmen einer Beschreibung des Zusammenhangs zwischen Alter und Geschlecht in einer Grundgesamtheit, deren gesamte Daten wir erhoben haben.

Wollen wir aber von der Verteilung des Alters und Geschlechts der Studierenden in diesem Hörsaal auf einen Zusammenhang zwischen dem Alter und Geschlecht aller StudentInnen der Soziologie in Österreich schließen, wird die Signifikanzfragestellung relevant. Die Verteilung im Hörsaal stellt dann eine (begrenzte) Stichprobe dar und wir überprüfen mit Hilfe der Signifikanz die Zufälligkeit oder 'Nicht-Zufälligkeit' unseres Stichprobenergebnisses in Bezug auf alle StudentInnen der Soziologie in Österreich (hier unsere Grundgesamtheit). Natürlich stellt sich dann aber nicht nur die Frage der Zufälligkeit, sondern auch die der Gültigkeit der Auswahl, der ***Repräsentativität.***

3. Grundlagen der statistischen Deskription: Statistische Kennzahlen

Ein wesentliches Anliegen statistischer Auswertungen ist es, möglichst viel Information in möglichst knapper Form darzustellen. Sehr oft ist es nicht zielführend, Verteilungen graphisch darzustellen. Ungeübte sehen oft nicht rasch genug solchen Verteilungen das an, was sie sehen wollen. Meist haben wir zur graphischen Darstellungen von Verteilungen auch nicht genug Platz. Sehr oft ist es deshalb vorteilhaft, Verteilungen durch Kennzahlen zu charakterisieren. Eine besonders wichtige Kennzahl einer Verteilung ist der Mittelwert.

Der Mittelwert

Wenn wir, wie in unserem Beispiel aus Kap. 1, das Alter aller HörerInnen der Vorlesung (siehe oben: Abb. 1.2) kennen, dann ist eine der Möglichkeiten, ihre Verteilung zu beschreiben, der Mittelwert (oder arithmetisches Mittel), definiert als *die Summe aller Werte gebrochen durch ihre Anzahl.*

Beispiel: Das Alter der ersten Person wäre x; das der zweiten Person y und eine dritte hätte das Alter z, so wäre das arithmetische Mittel, symbolisiert durch $\bar{x}$, in diesem Fall:

$$\bar{x} = \frac{x + y + z}{n}$$

(n = Anzahl der Personen; hier: $n = 3$)

Das Alphabet reicht in der Statistik in der Regel nicht aus, um allen Personen einen Buchstaben zuzuordnen. Daher gibt man den Messwerten einen Buchstaben (etwa: x) und nummeriert sie durch: x_1 wäre dann das Alter der ersten Person, x_2 wäre das Alter der zweiten Person und x_3 das der Dritten.

$$\bar{x} = \frac{x_1 + x_2 + x_3}{n}$$

Statistische Kennzahlen

Da es auch mühsam ist, die Messwerte aller untersuchten Personen einzeln aufzuschreiben, verwendet man in der Statistik ein Summenzeichen, das griechische Sigma:

$$\bar{x} = \frac{1}{n}\sum_{i=1}^{n} x_i$$

wobei i = Indexbuchstabe;
$i = 1$ unterhalb des Summenzeichens, n oberhalb des Summenzeichens heißt, zusammen mit dem Summenzeichen:
„für i, das von 1 bis n geht" (ganzzahlige Werte gemeint)

Im obigen Beispiel (Abb. 1.2) wäre der Zahlenwert des arithmet. Mittels

$$\bar{x} = 21{,}5 \text{ (gerundet).}$$

Was tun wir damit? Wozu können wir einen Mittelwert brauchen?

- Wenn das Einkommen etwas mit dem Alter zu tun hat, und wenn wir das durchschnittliche Einkommen in jeder Altersgruppe der Bevölkerung wissen, dann könnten wir uns daraus eine Schätzung des Einkommens unserer HörerInnen errechnen.

- Wir könnten uns auch mit Hilfe des Mittelwerts die von allen HörerInnen insgesamt gelebten Lebensjahre ausrechnen. Wir müssten dazu nur den Altersmittelwert mit der Anzahl aller HörerInnen multiplizieren.

Wenn wir für die HörerInnen altersgemäße Literatur produzieren wollten und davon ausgehen, dass die 20jährigen andere Literatur lesen wollen als die 25jährigen, und diese wieder andere als die 30jährigen, würde der Mittelwert allerdings als Information schon nicht mehr genügen. Ein solche Anwendung ist nicht so selten.

    Hätten wir statt des Alters zum Beispiel die Körpergröße gewählt, könnte ein Anwendungsbeispiel sein: Wenn ein Schneider ein Einheitsgewand herstellte (= abhängig von der Körpergröße eines Menschen), wie vielen Personen würde es passen, wenn wir deren mittlere Körpergröße wüssten? – Es würde sehr vielen Personen passen, wenn ihre Körpergröße im Durchschnitt in der Nähe des Mittelwertes liegt; es würde sehr wenigen Personen passen, wenn sie alle vom Mittelwert entfernt sind. Denn die die empirische Wirklichkeit abbildende Verteilung hätte auch so aussehen können:

Abbildung 3.1

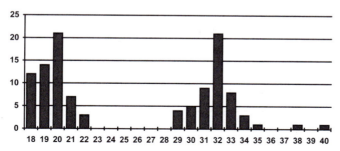

ist also empfindlich gegenüber Ausreißern

Wenn wir für Personen mit einer solchen Verteilung der Körpergröße eine Durchschnittsgröße anfertigten, dann würde sie Niemandem passen. Keiner hat den Mittelwert, trotzdem existiert er.

Je nachdem, wie die Verteilung aussieht, ist also der Mittelwert für unterschiedliche Fragestellungen äußerst unterschiedlich brauchbar.

Wenn wir eine Stichprobe oder eine Population (Grundgesamtheit) mit Hilfe eines Mittelwertes beschreiben wollen, steckt dahinter immer eine Art Prognose des Typs: „Wenn wir für eine zufällig aus der Grundgesamtheit herausgegriffene Person annehmen, dass sie den Mittelwert in dem uns interessierenden Merkmal hat, dann ist der durchschnittliche Fehler, den wir dabei machen, immer noch am kleinsten." Ziehen wir statt der Kenntnis einzelner Messwerte den Mittelwert heran, um eine Aussage zu treffen, ergibt sich die Frage, wie viele Fehler wir dabei machen. Wir können entweder viele oder wenige Fehler machen. Und um diese Fehleranzahl einzugrenzen, d. h. um zu wissen, wie groß diese Fehleranzahl ist, wäre es sinnvoll, ein entsprechendes Maß dafür zu haben.

Streuungsmaße

Dazu gehören Maße, die darüber Auskunft geben, wie weit die Verteilung „auseinandergeht", wieweit die einzelnen Messwerte streuen. Sie charakterisieren die Breite einer Verteilung.

Ein solches Maß ist die sogenannte *Spannweite* (Definition: $x_{max} - x_{min}$). Sie gibt uns die Information darüber, wie alt z. B. die ältesten und wie jung die jüngsten der HörerInnen sind. Aufgrund ihrer eingeschränkten Aussagefähigkeit wird sie allerdings nicht allzu häufig verwendet. Wäre in unserer Altersverteilung z. B. auch ein siebzigjähriger Hö-

Statistische Kennzahlen

rer vertreten wäre, dann ergäbe sich daraus eine hohe Spannweite, die jedoch nur auf die besonders hohe Ausprägung dieser *einen* Person zurückginge. Sie würde also die globale Beschreibung unserer Verteilung verzerren. Zur Veranschaulichung:

Abbildung 3.2

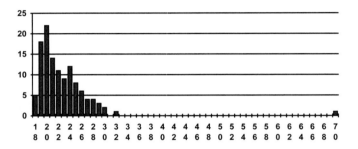

Wir müssen also noch eine Möglichkeit finden, die Spannweite mit der Anzahl der untersuchten Personen zu gewichten, um sie brauchbarer zu machen.

Ein Maß, welches uns bei Beantwortung der Frage „Wie gut beschreibt der Mittelwert die Verteilung?" hilft, muss verschiedene Aufgaben erfüllen:

1. Wir müssen mit seiner Hilfe das oben geschilderte Problem der Spannweite in den Griff bekommen.

2. Es muss uns sagen, wie viele Personen sich um den Mittelwert gruppieren. Aber mit welcher Begründung legen wir ein bestimmtes Intervall um den Mittelwert herum fest?

Wir könnten die durchschnittliche Abweichung aller Messwerte vom Mittelwert berechnen. Bei der schlichten Berechnung der Summe aller Abweichungen vom Mittelwert, dividiert durch n, heben sich die negativen und positiven Abweichungen gegenseitig auf.

$$\frac{\sum_{i=1}^{n}(x_i - \bar{x})}{n} = \frac{\sum_{i=1}^{n} x_i - \sum_{i=1}^{n} \bar{x}}{n} = \frac{\sum_{i=1}^{n} x_i}{n} - \frac{\sum_{i=1}^{n} \bar{x}}{n} = \bar{x} - \frac{n * \bar{x}}{n} = \bar{x} - \bar{x} = 0$$

Um diese gegenseitige Aufhebung der positiven und negativen Abweichungen aller Messwerte vom Mittelwert zu kompensieren, könnten wir

1. die Absolutzahlen nehmen

$$\text{MA (Mittlere Abweichung)} = \frac{\sum_{i=1}^{n}|x_i - \bar{x}|}{n}$$

diese mittlere Abweichung wird allerdings aus rechentechnischen Gründen selten verwendet: sie hat unangenehme Konsequenzen beim Integrieren, Differenzieren, Programmieren u. a. Verarbeitungstechniken.

2. Quadrieren

$$s_x^2 = \frac{\sum_{i=1}^{n}(x_i - \bar{x})^2}{n} \quad \text{bzw.}$$

$$s_x = \sqrt{\frac{\sum_{i=1}^{n}(x_i - \bar{x})^2}{n}}$$

diese Größe s_x^2 heißt **Varianz**. Sie ist als die Summe der quadrierten Abweichungen aller Einzelwerte von ihrem Mittelwert, dividiert durch deren Anzahl, definiert. s_x heißt **Standardabweichung**, die als die Wurzel aus der Varianz definiert ist. Die Varianz ist also die quadrierte Standardabweichung. Manche Rechenvorgänge sind einfacher mit Hilfe der Standardabweichung, andere einfacher mit Hilfe der Varianz durchzuführen.

Als *Faustregel* kann gelten: Der Zahlenwert der mittleren Abweichung entspricht bei vielen Verteilungsformen *ungefähr* dem der Standardabweichung. Eine zwar ungenaue, dafür aber einfache Interpretation der Standardabweichung ist es deshalb, sie als jenen Wert zu betrachten, um den die Einzelwerte *ungefähr* im Durchschnitt vom Mittelwert abweichen.

Statistische Kennzahlen

Schiefe (Steilheit) und Exzess

Um einigermaßen brauchbare Aussagen über ein zahlenmäßig messbares Merkmal bei einer Gruppe von Personen aus einer Grundgesamtheit machen zu können, müssen wir 1. die Varianz, 2. den Mittelwert und 3. die Form der Verteilung der Messwerte kennen. Eines dieser Formcharakteristika liegt in den Symmetrieeigenschaften: Verteilungen können *symmetrisch, linkssteil oder rechtssteil* sein. Wir können eine Verteilung durch ihr einfaches Aufzeichnen beschreiben – dies ist aus verschiedenen Gründen unpraktisch (siehe oben) – oder indem wir die Charakteristika dieser Verteilung angeben.

Zur Schiefe einer Verteilung: Zwei Verteilungsformen, die unterschieden werden müssen, sind:

1. linkssteile (=rechtsschiefe) Verteilung:

Abbildung 3.3

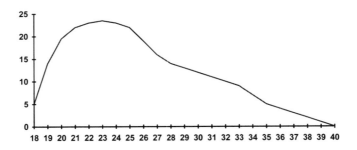

links vom Mittelwert liegt der häufigste Wert, rechts vom Mittelwert liegt ein großer Wertebereich; die Kurve flacht nach rechts hin ab.

2. rechtssteile (linksschiefe) Verteilung

Abbildung 3.4

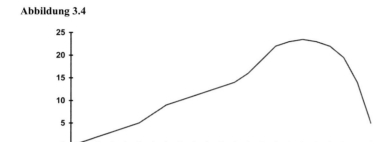

rechts vom Mittelwert liegt der häufigste Wert, links vom Mittelwert liegt ein großer Wertebereich; die Kurve steigt von links langsam an (flacht nach links hin ab).

Die Schiefe (die *dritte Wurzel aus der dritten Potenz der Abweichungen aller Messwerte vom Mittelwert*) und der Exzess (*die vierte Wurzel aus der vierten Potenz dieser Abweichungen*), sind weitere deskriptive Maße einer Verteilung. Sie gehören zu den sogenannten zentralen Momenten (= Abweichungen vom Mittelwert und deren Potenzen)

Schiefe:

$$\sqrt[3]{\frac{\sum_{i=1}^{n}(x_i - \bar{x})^3}{n}}$$

Exzess:
(Maß für die Steilheit einer Verteilung)

$$\sqrt[4]{\frac{\sum_{i=1}^{n}(x_i - \bar{x})^4}{n}}$$

Statistische Kennzahlen

Beim Messen und Darstellen bestimmter Verteilungen in einem Histogramm macht man eine zunächst mystisch anmutende Feststellung, nämlich: Sehr viele – aber nicht alle (!) – Verteilungen, die wir in der Wirklichkeit vorfinden, und die zum Beispiel dem untenstehenden Balkendiagramm (Abb. 3.5) entsprechen könnten, haben eine Form, die einigermaßen durch die durchgezogene Linie der untenstehenden Abbildung angenähert werden kann:

Abbildung 3.5

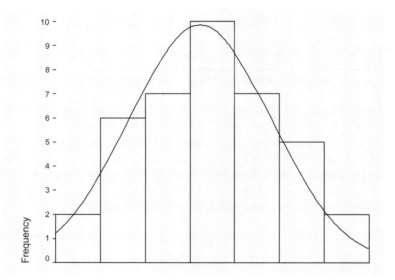

Warum dies so ist, wird uns weiter unten noch beschäftigen. Im Augenblick soll es genügen, festzuhalten, welche Vorteile es hat zu wissen, dass bestimmte Verteilungen immer wieder die gleiche Form haben: Wenn wir nämlich von vornherein wissen oder begründet vermuten können, dass gemessene Werte ungefähr die oben dargestellte Verteilung haben und wir außerdem die Varianz und den Mittelwert dieser Messwerte kennen, dann können wir mit diesen drei Informationen die Verteilung der Messwerte sehr gut beschreiben, *ohne* die tatsächliche empirische Verteilung zu kennen. Wie wissen ungefähr, wie viele gemessene Werte in einem angebbaren Intervall links und rechts von Mittelwert liegen.

Statistische Kennzahlen

Anwendungsbereiche von Varianz und Standardabweichung

Die *Varianz* gibt an, wie gut der Mittelwert eine Grundgesamtheit/Stichprobe beschreibt. Er beschreibt sie gut, wenn die Varianz klein ist (= die Messwerte streuen nahe um den Mittelwert). Wenn die Varianz Null ist, heißt dies, dass alle Summanden Null sind: Die gesamte Information, die in der Verteilung enthalten ist, wird in diesem Fall durch den Mittelwert ausgedrückt. Sie sieht folgendermaßen aus:

Abbildung 3.6

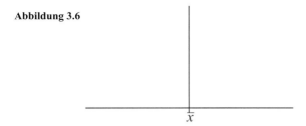

Ein Schneider, der für eine Grundgesamtheit mit einem Mittelwert von 1,67 cm und einer Varianz von Null Kleider in der Größe des Mittelwerts fertigt, wird für keine einzige Person ein zu großes oder zu kleines Gewand auf Lager haben. Derselbe Schneider wird bei einer Grundgesamtheit mit demselben Mittelwert, aber einer sehr großen Varianz, für fast alle Personen entweder zu große oder zu kleine Kleider auf Lager haben.

Die Varianz hat keine numerische Obergrenze. Eine große Varianz charakterisiert eine Verteilung mit dieser Form:

Abbildung 3.7

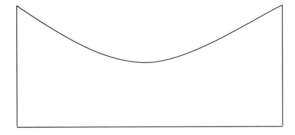

Statistische Kennzahlen

Im untenstehenden Extremfall haben wir es mit der größtmöglichen Varianz zu tun: alle Werte liegen weit links oder weit rechts vom Mittelwert

Abbildung 3.8

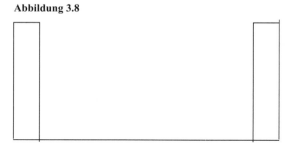

Wenn die Anzahl der untersuchten Personen $n=1$ beträgt, kann die Varianz nur den Wert $s_x^2 = 0$ annehmen. In der empirischen Wirklichkeit werden wir eine solche Varianz außer im Fall $n=1$ kaum antreffen. Ist es doch der Fall, haben wir vermutlich einen logischen Fehler oder einen Rechenfehler gemacht. Dasselbe gilt für eine Varianz oder eine Standardabweichung mit negativem Vorzeichen. In Sonderfällen können Teile von Varianzen negative Vorzeichen haben (Interaktion bei der mehrfachen Varianzanalyse). Für Gesamtvarianzen oder Standardabweichungen deutet ein negatives Vorzeichen aber immer auf einen Rechenfehler hin.

Für induktive Fragestellungen wird die Varianz sehr wichtig werden. Wenn wir z.B. die Mittelwerte zweier Verteilungen vergleichen, etwa zwischen dem Alter der HörerInnen in dieser Vorlesung (1. Verteilung) und demjenigen der HörerInnen in der Vorlesung im Saal nebenan (2. Verteilung), dann könnten diese Altersverteilungen bei gleichem Unterschied zwischen den Mittelwerten ungefähr so wie in Abb. 3.9 oder wie in Abb. 3.10 aussehen.

Abbildung 3.9

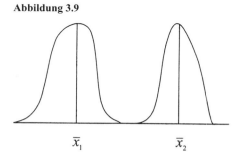

Abbildung 3.10

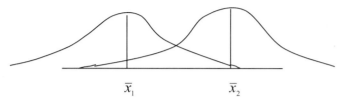

$\overline{x}_1$ $\overline{x}_2$

Im Fall 2 (Abb. 3.10) mit großen Varianzen gibt es viele Personen, die sowohl zur ersten als auch zur zweiten Verteilung gehören könnten: die Verteilungen „überschneiden" sich, im Fall 1 (Abb. 3.9) mit kleinen Varianzen gibt es wenige solche Fälle. In vielen Fällen ist es wichtig, entscheiden zu können, ob ein Unterschied zwischen zwei Mittelwerten darauf hindeutet, dass die beiden Mittelwerte aus unterschiedlichen Grundgesamtheiten stammen, bzw. ob er auf eine Gesetzmäßigkeit hindeutet, die diesen Unterschied hervorgebracht hat, oder nicht. Dazu brauchen wir die zu diesen Mittelwerten gehörenden Varianzen. Sie sagen uns, ob wir einen Unterschied zwischen zwei Mittelwerten „ernst zu nehmen" haben. Zu dieser vorläufigen Formulierung des „Ernst Nehmens" gehört auch die weiter unten noch zu behandelnde Frage, ob ein Mittelwertsunterschied als „zufällig" betrachtet werden kann. Der Begriff des „Zufalls" wird noch genauer untersucht werden.

In einer Verteilung erkennen wir die Varianz an der Breite und Flachheit der Verteilung; je breiter und je flacher die Kurve, desto größer ist die Varianz; graphisch ist sie in einer Verteilung aber nicht exakt darstellbar.

Statistische Kennzahlen

Ein Rechenbeispiel zur Varianz

Das Alter von fünf HörerInnen sei: 41, 25, 21, 26, 27 Jahre.

$$\bar{x} = \frac{41+25+21+26+27}{5} = 28$$

$$s_x^2 = \frac{\sum_{i=1}^{n}(x_i-\bar{x})^2}{n} = \frac{\sum_{i=1}^{5}(x_i-28)^2}{5} =$$

$$= \frac{(41-28)^2+(25-28)^2+(21-28)^2+(26-28)^2+(27-28)^2}{5} =$$

$$= \frac{13^2+3^2+7^2+2^2++1^2}{5} = \frac{169+9+49+4+1}{5} = \frac{232}{5} = 46.4$$

Wir haben also für jeden Fall (= Einzelwert) die Quadratsumme der Abweichungen errechnet (= 232) und durch die Anzahl aller Fälle (=5) dividiert. Das Ergebnis ist auch eine Art von „Mittelwert", nämlich die mittlere Quadratsumme der Abweichungen vom Mittelwert (= 46,4).

Die Wurzel aus der Varianz ist dann die *Standardabweichung* s_x, die Wurzel aus 46,4, also 6,81.

Diese Standardabweichung ist zunächst als grobe Abschätzung dafür brauchbar, wieweit die Einzelwerte vom Mittelwert im Durchschnitt abweichen. Sie ist allerdings mit der mittleren Abweichung, wie gesagt, *nicht identisch.*

Wenn wir eine(n) von den fünf befragten HörerInnen zufällig treffen und ihr/ihm aufgrund unserer Berechnungen auf den Kopf zusagen: 'Du bist 28 Jahre alt', dann können wir erwarten, dass dieses „Vorurteil" zwar von allen anderen immer noch dasjenige ist, mit dem wir im Durchschnitt am wenigsten Fehler machen. Der Durchschnitt des Fehlers, den wir aber machen, wird ungefähr 7 Jahre sein: Wir werden uns im Durchschnitt um ungefähr 7 Jahre verschätzen.

Haben wir zusätzlich Informationen über den Typus der Verteilung, können wir aufgrund der Varianz oder Standardabweichung eine Aussage darüber machen, in welchem Altersintervall wahrscheinlich andere HörerInnen, die wir gar nicht befragt haben, liegen werden. Unter bestimmten Zusatzannahmen (Zufallsstichprobe, u.a.) können wir nämlich vermuten, dass in einem bestimmten Intervall um den erhobenen Mittelwert herum der wirkliche Mittelwert aller mich interessierenden Personen (der Grundgesamtheit) liegen wird.

Die Varianz/Standardabweichung kann natürlich für jede Art von Verteilung berechnet werden. Aber ihre Interpretation ist nur sinnvoll bei Kenntnis der Verteilung, aus der sie stammt. So ist z.B. eine Varianz ganz anders zu interpretieren, wenn sie einer symmetrischen, und anders, wenn sie einer schiefen Verteilung entstammt. Auch können einzelne Extremwerte die Varianz (genauso wie den Mittelwert) verzerren. Aber grundsätzlich, als Faustregel, gilt: Eine große Varianz heißt: „Achtung! Mittelwert nicht allzu aussagekräftig". Sie kann in der Praxis der empirischen Sozialforschung oft auch bedeuten, dass sich bei späteren Untersuchungen die Kosten für die Ermittlung aller Einzelwerte wahrscheinlich lohnen werden. Eine kleine Varianz bedeutet, dass die meisten Einzelwerte einander sehr ähneln. Wir werden, wenn wir diese Werte in einer Grundgesamtheit schätzen wollen, voraussichtlich mit einer kleineren Stichprobe auskommen als bei einer großen Varianz.

Der Verschiebungssatz zur einfacheren Varianzberechnung

Eine einfachere Formel für die Varianz kann über den sogenannten Verschiebungssatz hergeleitet werden.

$$s_x^2 = \frac{\sum_{i=1}^{n}(x_i - \bar{x})^2}{n} = \frac{1}{n}\sum_{i=1}^{n}(x_i^2 + \bar{x}^2 - 2x_i\bar{x}) = \frac{1}{n}(\sum_{i=1}^{n}x_i^2 + \sum_{i=1}^{n}\bar{x}^2 - \sum_{i=1}^{n}2x_i\bar{x}) =$$

$$= \frac{1}{n}\sum_{i=1}^{n}x_i^2 + \frac{1}{n}\sum_{i=1}^{n}\bar{x}^2 - \frac{1}{n}\sum_{i=1}^{n}2x_i\bar{x}$$

Statistische Kennzahlen

Wir können nun alle jene Größen, die vom Summierungsvorgang nicht erfasst werden, als Faktoren vor das Summenzeichen stellen. Das sind alle jene Größen, die keinen Summierungsindex i enthalten. In unserem Fall ist das der konstante Faktor 2 des dritten (rechten) Ausdrucks der oberen Zeile, sowie der Mittelwert $\bar{x}$. Außerdem ergibt eine n-malige Summierung einer Konstanten soviel wie n mal diese Konstante.

Wir erhalten daher aus der oberen Zeile:

$$s_x^2 = \frac{1}{n}\sum_{i=1}^{n} x_i^2 + \frac{1}{n} n\bar{x}^2 - 2\bar{x}\frac{1}{n}\sum_{i=1}^{n} x_i =$$

$$= \frac{1}{n}\sum_{i=1}^{n} x_i^2 + \bar{x}^2 - 2\bar{x}\bar{x} =$$

$$= \frac{1}{n}\sum_{i=1}^{n} x_i^2 - \bar{x}^2$$

beziehungsweise

$$s_x^2 = \frac{1}{n}\sum_{i=1}^{n} x_i^2 - \left(\frac{1}{n}\sum_{i=1}^{n} x_i\right)^2$$

Diese Formel erleichtert das Errechnen der Varianz mit der Hand: Es ist keine Differenz aller Einzelwerte vom Mittelwert zu bilden.

Hätte der Mittelwert unserer empirischen Verteilung den Wert Null, dann würde die Formel für die Varianz offensichtlich so aussehen:

$$s_x^2 = \frac{\sum_{i=1}^{n} x_i^2}{n}$$

Die Auswirkungen linearer Variablentransformationen auf Mittelwert und Varianz

Es ist in vielen Fällen von Vorteil, Variablen zu konstruieren, deren Mittelwert Null ist. Eine solche lineare Transformation ändert nichts an dem Informationswert der Daten.

Es ist völlig gleichgültig, ob man als Längenmaß Zentimeter, Zoll, oder irgend eine andere Einheit verwendet, wenn es nur darum geht, Objekte hinsichtlich ihrer Größe miteinander zu vergleichen. Deshalb ist es auch zulässig, eine Maßeinheit zu wählen, die aus der individuellen Größe eines Objekts besteht, von der die Durchschnittsgröße aller Objekte einer Grundgesamtheit abgezogen wurde. Im Falle der Körpergröße von StudentInnen müsste diese Maßeinheit dann heißen: Anzahl der Zentimeter, um die eine Person größer oder kleiner als der Durchschnitt ist. Wir müssten, um so eine Maßeinheit zu erhalten, von jedem einzelnen Messwert den Mittelwert abziehen (additive Veränderung von x):

$$x'_i = x_i - \bar{x}$$

$$\bar{x}' = \frac{\sum_{i=1}^{n}(x_i - \bar{x})}{n} = \frac{\sum_{i=1}^{n} x_i - \sum_{i=1}^{n} \bar{x}}{n} = \frac{\sum_{i=1}^{n} x_i}{n} - \frac{\sum_{i=1}^{n} \bar{x}}{n} = \bar{x} - \frac{n\bar{x}}{n} = 0$$

Der Mittelwert einer solchen transformierten Variable wäre Null.
Graphisch dargestellt würde dies folgendes bedeuten:

Statistische Kennzahlen

Abbildung 3.11   empirische Verteilung:
$$\bar{x} = 3$$

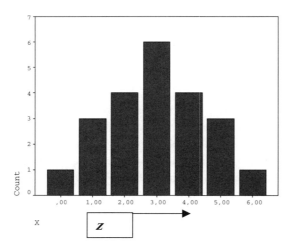

Abbildung 3.12   Transformation:
$$x_i' = x_i - 3$$
$$\bar{x}' = 0$$

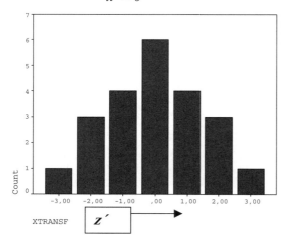

Es ist aus dieser graphischen Darstellung einleuchtend und auch leicht nachzuweisen, dass die Varianz invariant gegenüber additiven Komponenten ist: Wir können zu den Messwerten eine beliebige Zahl hinzufügen oder abziehen (solange es nur zu jedem Messwert die gleiche Zahl ist), die Varianz bleibt unverändert. Analoges gilt für die Standardabweichung.

$$x'_i = x_i + k$$

$$s_{x'}^2 = \frac{\sum_{i=1}^{n}[(x_i+k)-(\bar{x}+k)]^2}{n} = \frac{\sum_{i=1}^{n}[x_i+k-\bar{x}-k]^2}{n} = \frac{\sum_{i=1}^{n}[x_i-\bar{x}]^2}{n} = s_x^2$$

Wenn wir nun eine Transformation bilden, die alle x_i-Werte mit einer Konstanten k multipliziert: $x_i' = k*x_i$; wie verändert sich die Varianz?

Wir könnten z. B. die Körpergröße einer Anzahl von Personen nicht in Zentimeter, sondern in Millimeter, oder, im allgemeinen Fall, in einer Maßeinheit der Größe cm mal k messen wollen (= ihre Skala verändern), dann würde die neue Formel für die Varianz folgendermaßen lauten:

$$x'_i = kx_i$$

$$s_{x'}^2 = \frac{\sum_{i=1}^{n}(kx_i-k\bar{x})^2}{n} = \frac{\sum_{i=1}^{n}[k(x_i-\bar{x})]^2}{n} = \frac{\sum_{i=1}^{n}k^2(x_i-\bar{x})^2}{n} = k^2\frac{\sum_{i=1}^{n}(x_i-\bar{x})^2}{n} = k^2 s_x^2$$

Wir können also festhalten:

Verändert man eine Variable durch Addition einer Konstanten, dann verändert sich der Mittelwert durch Addition mit derselben Konstanten, die Varianz bleibt unverändert.

Verändert man eine Variable durch Multiplikation mit einer Konstanten, dann verändert sich der Mittelwert durch Multiplikation mit derselben Konstanten, die Varianz durch Mul-

Statistische Kennzahlen

tiplikation mit dem Quadrat der Konstanten, und die Standardabweichung durch Multiplikation mit der Konstanten.

Würden wir uns also entscheiden, die Körpergröße in Millimeter statt in cm zu messen, dann würde die Varianz das 100-fache des alten Wertes annehmen, die Standardabweichung die Wurzel daraus, also das 10-fache.

Die Standardabweichung kann auch als ein Maß für die Skala, auf der etwas gemessen wird, aufgefasst werden. Sie vergrößert bzw. verkleinert sich im gleichen Ausmaß, in dem sich die Messwerte vergrößern oder verkleinern. Wenn wir deshalb jeden einzelnen Messwert durch die Standardabweichung dividieren ($x_i' = x_i/s_x$), dann erhält die resultierende Standardabweichung s_x' den Wert *1*.

Analoges gilt hier für die Varianz; denn wenn $s_{x'} = 1$, dann ist $s_{x'}^2 = 1^2 = 1$

Auf der Basis dieser Überlegungen können wir folgende Transformation bilden:

Es sei

$$z_i = \frac{x_i - \overline{x}}{s_x}. \quad \text{Dann ist}$$

$$\overline{z} = 0$$

$$s_z^2 = 1 \ .$$

$$s_z = 1$$

Der Mittelwert von sogenannten „standardisierten" Variablen (statt x_i' wird hier zumeist z verwendet) ist Null, Ihre Varianz und Standardabweichung haben den Wert 1. Standardisierung von Variablen hat gewisse praktische und rechentechnische Vorteile. Denn alle Rechenverfahren, die invariant gegenüber linearen Transformationen sind, können so behandelt werden, als ob wir standardisierte Variablen hätten, selbst dann, wenn wir sie nicht haben. Es gibt Rechenverfahren, bei denen wir dieselben Ergebnisse erzielen, wenn wir entweder die ursprünglichen Messwerte oder standardisierte Messwerte zur Berechnung verwenden. Letztere bringen oft rechnerische Vorteile. Ein Beispiel hiefür ist der Korrelationskoeffizient. Dazu mehr weiter unten.

Exkurs: Mittelwert und Varianz einer Summe von zwei oder mehreren Variablen. Kovarianz und Korrelation.

Weiter unten werden wir uns dafür interessieren, wie Parameter einer Verteilung von Variablen aussehen, die durch Summation der Werte zweier Variablen zustande gekommen sind. Auch wenn im vorliegenden Zusammenhang vielleicht noch nicht erkennbar ist, wozu eine solche Summation gut sein soll, sei sie doch – gewissermaßen als Gedankenexperiment – hier einmal vorgeführt. Wir werden einige Erkenntnisse aus diesem Experiment später gut brauchen können.

Wenn eine Variable z dadurch entstünde, dass etwa das Gewicht (x) einer Person und die Körpergröße (y) derselben Person summiert würden, dann wäre der Mittelwert der Variablen z eine zunächst zwar recht sinnlos erscheinende, aber leicht berechenbare Größe:

$$z = x + y$$

$$\bar{z} = \frac{1}{n}\sum_{i=1}^{n}(x_i + y_i) = \frac{1}{n}\sum_{i=1}^{n}x_i + \frac{1}{n}\sum_{i=1}^{n}y_i = \bar{x} + \bar{y}$$

Genauso zunächst scheinbar sinnlos, aber an sich berechenbar, ist die Varianz einer solchen Summe. Allerdings zeigt sich bei dieser Berechnung ein „Nebenprodukt", das nähere Betrachtung verdient.

$$s_z^2 = \frac{1}{n}\sum_{i=1}^{n}[(x_i + y_i) - (\bar{x} + \bar{y})]^2 = \frac{1}{n}\sum_{i=1}^{n}[x_i + y_i - \bar{x} - \bar{y}]^2 = \frac{1}{n}\sum_{i=1}^{n}[(x_i - \bar{x}) + (y_i - \bar{y})]^2 =$$

$$= \frac{1}{n}\sum_{i=1}^{n}[(x_i - \bar{x})^2 + (y_i - \bar{y})^2 + 2(x_i - \bar{x})(y_i - \bar{y})] =$$

$$= \frac{1}{n}\sum_{i=1}^{n}(x_i - \bar{x})^2 + \frac{1}{n}\sum_{i=1}^{n}(y_i - \bar{y})^2 + 2\frac{1}{n}\sum_{i=1}^{n}(x_i - \bar{x})(y_i - \bar{y}) =$$

$$= s_x^2 + s_y^2 + 2\frac{1}{n}\sum_{i=1}^{n}(x_i - \bar{x})(y_i - \bar{y})$$

Statistische Kennzahlen

Wir sehen, dass aus der Varianz einer Summe von zwei Variablen durch einfache Umformung zunächst die Summe der Varianzen der beiden Variablen wird.

Dazu kommt allerdings der Ausdruck $2\frac{1}{n}\sum_{i=1}^{n}(x_i - \bar{x})(y_i - \bar{y})$,

den wir zunächst als doppelte „Kovarianz" s_{xy} bezeichnen wollen, und der nähere Betrachtung verdient. Er ist das oben versprochene „Nebenprodukt".

Welche Werte kann diese Kovarianz s_{xy} annehmen?

Betrachten wir zunächst den Fall, dass die beiden Variablen voneinander linear *abhängig* wären, etwa wie bei einer Messung der Körpertemperatur einmal in Celsius, und einmal in Fahrenheit. In einem solchen Fall würde es ja genügen, nur eine der beiden Variablen überhaupt zu erheben, und sich die andere dann auszurechnen, aus der bekannten Beziehung: $y=bx+a$. b und a wären hierbei Konstanten, und für jeden Wert y würde gelten, dass er sich durch Multiplikation des zugehörigen Wertes von x mit b, und Addition von a errechnen ließe.

Wie wir schon früher festgestellt haben, wäre, wenn für jedes y gilt: $y=bx+a$,
der Mittelwert $\bar{y} = b\bar{x} + a$,
die Standardabweichung $s_y = bs_x$,
und die Varianz $s_y^2 = b^2 s_x^2$.
Die Kovarianz wäre in einem solchen Falle:

$$\frac{1}{n}\sum_{i=1}^{n}(x_i - \bar{x})(bx_i - b\bar{x}) = \frac{1}{n}\sum_{i=1}^{n}(x_i - \bar{x})b(x_i - \bar{x}) = b\frac{1}{n}\sum_{i=1}^{n}(x_i - \bar{x})(x_i - \bar{x}) =$$

$$= b\frac{1}{n}\sum_{i=1}^{n}(x_i - \bar{x})^2 = bs_x^2$$

oder $bs_x s_x$.

Da bs_x aber soviel ist wie s_y,

können wir sagen: Im Falle linearer *Abhängigkeit* von x und y gilt: die Kovarianz

$$s_{xy} = s_x s_y.$$

Was gilt im anderen Falle, im Falle von linearer *Unabhängigkeit*?

Statistische Kennzahlen

Für den Ausdruck $\frac{1}{n}\sum_{i=1}^{n}(x_i - \bar{x})(y_i - \bar{y})$, also die Kovarianz, gilt:

es gehört zwar zu jedem Faktor $x_i - \bar{x}$ je ein Faktor $y_i - \bar{y}$. Da die beiden Faktoren aber in keiner systematischen Weise miteinander variieren (– und nur deshalb! –) können wir die Rechenoperationen der Multiplikation und der Addition auch vertauschen und die Kovarianz *unabhängiger* Variablen auch anschreiben als:

$$\frac{1}{n}\sum_{i=1}^{n}(x_i - \bar{x})\sum_{i=1}^{n}(y_i - \bar{y})$$

In dieser Schreibweise wird leicht erkennbar, dass die Kovarianz unabhängiger Variablen den Wert 0 haben muss: Wir summieren ja über Variablen, von denen der Mittelwert abgezogen wurde. Eine solche Summe muss den Wert 0 haben, und zwei solcher Summen miteinander multipliziert ebenso.

Auch *grafisch* lässt sich dieser Gedanke verdeutlichen.

Der erste besprochene Fall, der Fall von linearer Abhängigkeit, würde sich im Diagramm so darstellen: Jedem Wert von x entspricht genau ein Wert von y, die Punkte, die die Werte von x und y in einer zweidimensionalen Darstellung repräsentieren, liegen auf einer Linie.

Statistische Kennzahlen

Abbildung 3.13

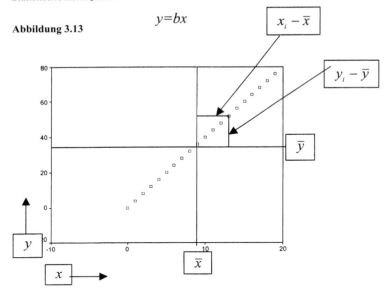

Der Ausdruck $(x_i - \bar{x})(y_i - \bar{y})$ wird im obigen Diagramm nur positive Werte annehmen können: Denn für alle Werte von x_i, die kleiner sind als der Mittelwert, sind auch die zugehörigen Werte von y_i kleiner als der Mittelwert. Wir haben daher zwei negative Zahlen miteinander zu multiplizieren, was eine positive Zahl ergibt.

Für alle Werte von x_i, die größer sind als der Mittelwert, gilt das gleiche für die zugehörigen Werte von y_i sodass es wieder nur positive Summanden für die Kovarianz geben kann. Die Höhe dieser Summe von Produkten haben wir oben schon ermittelt mit $s_x s_y$.

Im zweiten besprochenen Fall haben wir eine Mischung von negativen und positiven Summanden vor uns. Für alle x_i, die kleiner als ihr Mittelwert sind und ein zugehöriges y_i haben, das größer als sein Mittelwert ist, erhalten wir einen negativen Summanden, im gegengleichen Falle ebenso. Bei vollkommener Unabhängigkeit von x und y können wir deshalb erwarten, dass sich die positiven und die negativen Summanden gegenseitig im großen und ganzen aufheben werden, der Wert der Kovarianz wird gegen 0 gehen.

Abbildung 3.14

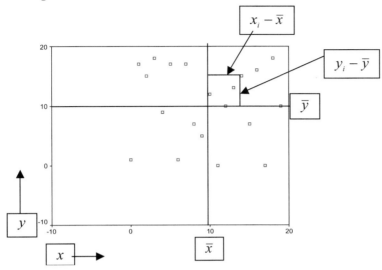

Interessant wird es aber erst in jenen Fällen, in denen keine vollkommene Abhängigkeit, aber auch keine vollkommene Unabhängigkeit besteht. In diesen Fällen werden wir nämlich daran, ob die positiven Summanden überwiegen, ob die negativen Summanden überwiegen, oder ob sie einander die Waage halten, erkennen können, wie stark das Ausmaß der Abhängigkeit der beiden Variablen voneinander ist. Wenn wir deshalb die Kovarianz dadurch standardisieren, dass wir sie durch den höchsten Wert dividieren, den sie im Falle maximaler Abhängigkeit annehmen kann, nämlich $s_x s_y$, dann erhalten wir ein brauchbares Maß für das Ausmaß an Abhängigkeit zweier Variablen voneinander. Dieses Maß wird als Korrelationskoeffizient r bezeichnet und errechnet sich somit als

$$r = \frac{s_{xy}}{s_x s_y},$$

beziehungsweise wenn wir die Varianzen und Kovarianzen vollständig anschreiben:

Statistische Kennzahlen

$$r = \frac{\frac{1}{n}\sum_{i=1}^{n}(x_i - \bar{x})(y_i - \bar{y})}{\sqrt{\frac{1}{n}\sum_{i=1}^{n}(x_i - \bar{x})^2}\sqrt{\frac{1}{n}\sum_{i=1}^{n}(y_i - \bar{y})^2}},$$

oder, wenn wir mit n multiplizieren:

$$r = \frac{\sum_{i=1}^{n}(x_i - \bar{x})(y_i - \bar{y})}{\sqrt{\sum_{i=1}^{n}(x_i - \bar{x})^2}\sqrt{\sum_{i=1}^{n}(y_i - \bar{y})^2}}$$

Weitere Parameter zur Beschreibung von Verteilungen

Modalwert

Der Modalwert ist der häufigste Wert; die Verteilung ist hier am höchsten. Wann ist es sinnvoll sein, den Modalwert zu verwenden? Es gibt 2 prototypische Fälle:
1. Wenn der Modalwert vom Mittelwert stark verschieden ist: d. h. bei besonders schiefen Verteilungen ist es sinnvoll, den Modalwert *und* den Mittelwert anzugeben.
2. Wenn der Mittelwert keinen Sinn ergibt. Beispiel: Ein Histogramm, das die Verteilung der Haarfarben wiedergibt. Es gibt etwa eine bestimmte Anzahl braunhaariger, schwarzhaariger, blonder Personen, und es wäre sinnlos, darüber einen Mittelwert zu berechnen; aber es könnte sinnvoll sein, zu sagen, dass der häufigste Wert jener mit z. B. braunen Haaren wäre.

Perzentile

Besonders wichtige deskriptive Maße sind die sogenannten Perzentile. Sie sind jene Werte, bei denen ein bestimmter Prozentsatz von Befragten erreicht ist. Dazu zählen u. a.: die sogen. Quartile, Terzile und der Median. Das Quartil ist jener Wert, bei dem wir 25 % der Fälle erreicht haben. Das untere Quartil gibt an, bei welchem Wert von x die ersten 25 % der Fälle erreicht sind (die kleinsten, ärmsten, etc. 25% einer Stichprobe) Entsprechend würde das obere Quartil angeben, bei welchem Wert von x die größten, reichsten, etc. 25% der Personen einer Stichprobe beginnen. Quartile können z. B. verwendet werden, um die Personen mit den kleinsten Einkommen (unteres Viertel) und den größten Einkommen (oberes Viertel) miteinander zu vergleichen

Lägen z. B. in der ersten Kategorie (= im ersten Balken des Histogramms) bereits 70% aller Einzelwerte, könnten wir mit Hilfe der Quartile über die Verteilung wenig aussagen. In so einem Fall müssten wir durch genauere Messung die erste Kategorie in mehrere Kategorien unterteilen, wodurch die Perzentile wieder an Aussagekraft gewinnen könnten.

Median

Der **Median** oder mittlere Wert ist jener Wert, bei dem in einer Verteilung die 50%-Grenze (50 % der Werte liegen je rechts und links vom Median auf der x-Achse (Abb.3.15) erreicht wird.

Abbildung 3.15: Median

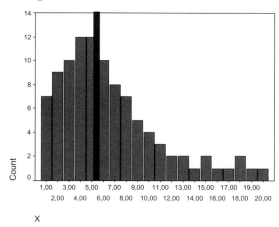

Mittelwert: 6,55; Median: 5,5
(Die ersten 50% der Werte liegen in den Kategorien 1 bis 5; daher liegt der Median genau zwischen 5 und 6)

Liegen *Median* und *Mittelwert* auseinander, hat z. B., wie in Abbildung 3.15, der Median den Wert 5.5 und der Mittelwert den Wert 6,55, dann ist die Verteilung linkssteil bzw. rechtsschief, d. h. wir können an der Differenz zwischen Mittelwert und Median erkennen, dass es nach rechts hin viele Werte geben muss. Die Unterscheidung zw. Median und Mittelwert lässt also auf die Schiefe einer Verteilung schließen. Sind sie identisch, so bedeutet dies, dass die Verteilung symmetrisch ist.

4. Grundlagen der statistischen Induktion:
Das Beispiel der Vierfeldertafel

Wir haben uns anlässlich der einleitenden Überlegungen zum Wesen der induktiven Schlüsse in der Statistik mit der Fragestellung befasst, wie Zahlen zum Alter und zum Geschlecht von HörerInnen beschaffen sein müssten, um uns einen Schluss zu erlauben; etwa des Typs: „weibliche Studierende sind eher jünger als männliche Studierende".

Wir haben uns dafür zunächst die Frage gestellt, wie die Zahlen in den Zellen einer Vierfeldertafel aussehen müssten, wenn die angenommene Wenn-Dann-Beziehung *nicht* stimmt, wenn also gleich viele Ausnahmen wie „Regelfälle" existieren. Der Wert des Korrelationskoeffizienten wäre in diesem Fall Null. Technisch gesprochen, läge *stochastische Unabhängigkeit* vor; d. h. es bestünde der perfekte Fall von *keinem* gesetzmäßigem Zusammenhang.

Wir hatten in unserem früheren Beispiel in Abb. 2.1, Kapitel 2, 38 Männer und 81 Frauen bzw. 66 „junge" und 53 „alte" Menschen. Diese beiden Informationen (Randsummen) waren gegeben; sie sind nicht Teil des Arguments. Wenn, gemäß unserer Überlegung, das Geschlecht in keinem Zusammenhang damit steht, ob man alt oder jung ist, könnten wir auch sagen: Die 66 jungen Personen sind eine Zufallsauswahl von den 119 untersuchten Personen insgesamt. Oder: Die 38 Männer sind eine Zufallsauswahl aller 119 Personen.

Wären also die 38 Männer eine Zufallsauswahl, würden wir intuitiv erwarten, dass bei den Männern anteilsmäßig jeweils genau so viele alte oder junge Personen zu finden sind, wie bei allen 119 erhobenen Personen. Dasselbe gilt in bezug auf die Frauen. Es müssten von den 81 Frauen anteilsmäßig genauso viele junge Frauen sein, wie insgesamt (in unserem Fall 55,5 % aller HörerInnen). Denn bei einer Zufallsauswahl erwarten wir, dass die Zahlenverhältnisse in einer zufällig ausgewählten Gruppe die gleichen sein werden wie in der gesamten Stichprobe.

Die Vierfeldertafel unseres Beispiels (Abb.2.1) müßte bei stochastischer Unabhängigkeit der beiden interessierenden Variablen folgende Verteilung haben:

Abbildung 4.1

	'jung'	'alt'	
M	21	17	38
W	45	36	81
	66	53	119

Wie sich leicht nachrechnen lässt, ist der Anteil der „jungen" bei männlichen und weiblichen HörerInnen gleich dem Anteil der „jungen" **insgesamt** , nämlich jeweils 55,5% „junge" und 44.5% „alte" (abgesehen von Rundungsfehlern). Wie errechnen sich nun diese Zahlen?

Die Indifferenztabelle

Nehmen wir an, wir hätten zwei Merkmale, deren gemeinsame Verteilung uns interessiert, bei einer Anzahl von Personen (n) mit Hilfe einer Stichprobe erhoben (z. B. Alter und Geschlecht) und tragen diese in die Vierfeldertafel ein. Die dabei erhobenen Häufigkeiten symbolisieren wir mit a,b,c,d,e,f,g,h und n.

Abbildung 4.2

	jung	alt	
M	a	b	e
W	c	d	f
	g	h	n

Wir haben also a junge Männer, b alte Männer, c junge Frauen und d alte Frauen, e Männer, f Frauen, g junge Personen, h alte Personen und n Personen insgesamt. Diese Verteilung von a, b, c und d wollen wir beurteilen.

Die Frage, die wir zunächst zu beantworten haben, lautet: Wie groß ist der Fehler, den wir machen, wenn wir aufgrund der Zahlen innerhalb der Tabelle vereinfachend sagen, dass im Großen und Ganzen die Männer jünger als die Frauen sind? Wie viel *mehr* jüngere Männer als Frauen müssen wir haben, um behaupten zu können, dass die angenommene Wenn-Dann-Beziehung allgemeine Gültigkeit hat?

An dieser Stelle entfernen wir uns von der bloßen Deskription und begeben uns in den Bereich der Induktion. Wir wollen wissen, ob wir den allgemeinen Schluss ziehen können, dass Männer jünger als Frauen sind (induktiver Schluss).

Welche Informationen brauchen wir, um diesen Schluss zu ziehen?:

1. Die erste in diesem Zusammenhang wichtige Frage lautet: Wie müsste die Verteilung in den Zellen der Tabelle aussehen, damit sich unser Schluss bestätigt? Das Maximum an Zusammenhang wäre dann gegeben, wenn $a = e$ und $d = f$. Die beiden übrigen Zellen im Inneren der Tabelle wären leer.

   Ein Maximum an Zusammenhang, wenn auch nicht im erwarteten Sinne, läge auch dann vor, wenn die Hypothese in der anderen Richtung stimmen sollte: Ein solcher sogenannter *negativer* Zusammenhang wäre gegeben, wenn $b = e$ und $c = f$.

Grundlagen der statistischen Induktion: Das Beispiel der Vierfeldertafel

2. Die zweite wichtige Frage lautet: Wie wäre die Besetzung der Zellen, wenn *kein* statistischer Zusammenhang vorhanden wäre? Wir hätten es dann mit einer sogen. **Indifferenztabelle** zu tun (siehe unten: Abb. 4.3). Ihre Zellen geben die Häufigkeiten wieder, die unter der Annahme der Unabhängigkeit der beiden untersuchten Merkmale vorliegen müssten. Für jede Kontingenztabelle, wie etwa eine Vierfeldertafel, können wir eine solche Indifferenztabelle errechnen.

Wie weiter unten noch deutlicher werden wird, können wir zu jeder der Zellen (in unserem Beispiel: a, b, c, d) eine *Erwartung* formulieren, welche Zahlen unter der Annahme der Unabhängigkeit in diesen Zellen stehen *müssten*. Die dafür wichtige Überlegung ist, dargestellt an unserem Beispiel, die folgende: Der Anteil der „Jungen" ist 55.5%. Wenn die Männer im Durchschnitt genauso häufig „jung" sind wie die Frauen, dann muss auch bei den Männern, ebenso wie bei den Frauen, unter dieser als „Unabhängigkeit" gedachten Bedingung, der Anteil der „Jungen" 55.5% sein. Ein solcher Anteil errechnet sich wie folgt: $x: 38=66:119$. Dabei ist x der gesuchte Anteil, 66 ist die Anzahl der „Jungen", 119 die Gesamtzahl, $66:119$ die Proportion der „Jungen" an der Gesamtzahl. Aufgelöst ergibt diese Proportionalitätsrechnung:

$x/38=66/119$, bzw.

$x=38\ (66/19)$.

Im allgemeinen Fall ist für die Zelle a die Größe x auch als „Erwartung" oder „Erwartungswert" von a, oder $E(a)$ formulierbar:

$E(a)=eg/n$,

$E(b)=eh/n$,

$E(c)=fg/n$, und

$E(d)=fh/n$.

Abbildung 4.3: Berechnung der Indifferenztabelle

	'jung'	'alt'	
M	eg/n	eh/n	e
W	fg/n	fh/n	f
	g	h	n

Bei jeder Beurteilung von Zahlenverhältnissen hinsichtlich der Frage 'Erlauben sie einen allgemeinen Schluss oder nicht' ist somit die folgende Sequenz von Schritten notwendig

Die drei Schritte des statistischen Schließens

1. Wir fragen uns, wie die Zahlen in den Zellen unter *Unabhängigkeit* aussehen müssten (wenn wir aus ihnen *keinen* Schluss ziehen könnten). Im vorliegenden Fall: *Berechnung der Indifferenztabelle*

2. Wir *vergleichen* diese Zahlen (Erwartungswerte: E) mit den empirischen Daten, die wir erhoben haben.

3. Wir versuchen, die Differenz zwischen den empirischen Werten und den Erwartungswerten zu *bewerten*: *Wie sehr* unterscheiden sie sich? Wie wahrscheinlich ist es, dass ein Unterschied des gefundenen Ausmaßes zufällig zustande gekommen sein könnte?

Bei der Interpretation unseres empirischen Ergebnisses z.B. einer Vierfeldertafel interessiert uns also im Grunde gar nicht der Wert von a, sondern die *Differenz* zwischen dem Wert von a und demjenigen von eg/n (bzw. entsprechend für die anderen Zellen). Die Frage lautet ja: Wie viel junge Männer *mehr* als die Berechnung von eg/n ergibt, müssen in Zelle a stehen, damit wir behaupten können, dass unsere Annahme (die Männer sind jünger als die Frauen) stimmt. Dies hängt u.a. von der Stichprobengröße n ab.
    Wenn a und eg/n fast identisch sind, ist es einleuchtend, dass kein Zusammenhang (keine Abhängigkeit) zwischen den Merkmalen besteht. Wenn zwischen a und eg/n große Unterschiede bestehen, dann liegt ein Zusammenhang zwischen ihnen nahe. Schwierig wird es, in den Grenzfällen zwischen den beiden Alternativen die Frage nach einer Abhängigkeit zwischen den interessierenden Variablen zu entscheiden. Gerade diese Grenzfälle sind aber das häufigere Ergebnis empirischer Erhebungen.
    Auf unser Beispiel übertragen, heißt dies: Wir werden aufgrund irgendwelcher Prozesse, die wir geneigt sind, Zufall zu nennen, anteilsmäßig mehr junge Männer als junge Frauen vorfinden (oder umgekehrt). Wollen wir unser empirisches Ergebnis interpretieren, müssen wir eine Beantwortung auf die Frage finden, *bis wann* wir die gemeinsame empirische Verteilung zweier uns interessierender Merkmale einen Zufall nennen und *ab wann* nicht mehr?

5. Zufall und Wahrscheinlichkeit

Was ist ein Zufall?

Wenn wir den Sinn des alltagssprachlichen Begriffs von Zufall suchen, erhalten wir sehr viele verschiedene Konzepte. Es gibt keine sehr klare und selbstverständliche Vorstellung darüber, was „Zufall" im Alltagsverständnis bedeutet. D. h. wir wissen nicht wirklich, was wir eigentlich meinen, wenn wir z.B. sagen: „Gestern habe ich meinen Freund zufällig getroffen." Denn wenn wir versuchen, das Zustandekommen des „zufällig" Geschehenen im Nachhinein zu rekonstruieren, kommen wir meist zum Schluss, dass es keine Zufälle gibt, sondern alles durch eine Serie von Ereignissen entstanden ist, von denen keines zufällig, sondern jedes höchst beabsichtigt war. Höchstens das Endergebnis mag als solches nicht beabsichtigt gewesen sein. Die rückwirkende Sammlung von Fakten führt – wenn sie genau genug unternommen wird – dazu, dass der Zufall aufhört, ein Zufall zu sein. Ein Zufall kann also nur in der Vorausschau definiert werden. Er ist eine Hilfskonstruktion.

Nur wenn wir ein Modell darüber haben, wie ein solcher Zufall zustande gekommen ist, können wir Berechnungen darüber anstellen, in welchen Grenzen Zufälle mit wie großer Wahrscheinlichkeit passieren können. Wir brauchen für die Frage der Berechnung, wie wahrscheinlich Abweichungen von einem hypothetisch angenommenen Zustand sind, also offensichtlich noch ein zweites Element: die Wahrscheinlichkeit.

Die Notwendigkeit eines Wahrscheinlichkeitskonzepts hat auch damit zu tun, dass wir niemals mit Sicherheit eine Annahme (Hypothese) bestätigen können. D. h. wir können nur eine Wahrscheinlichkeit angeben, dass eine Abweichung wie z.B. $a - E(a)$ zufällig zustande gekommen ist oder nicht. Wir können lediglich sagen: „Wahrscheinlich ist sie zufällig" (= Unabhängigkeit der Variablen) oder, im anderen Fall, „Wahrscheinlich geht sie nicht auf den Zufall zurück" (= Abhängigkeit/Zusammenhang der Variablen). Endgültig, definitiv und mit Sicherheit festzustellen, dass diese Abweichung zufällig oder nicht zufällig zustande gekommen ist, wird uns nie gelingen. Allerdings ermöglicht uns das Wahrscheinlichkeitskonzept eine Bewertung dieser Unsicherheit, dieses „Nicht-Wissens".

Das Wahrscheinlichkeitskonzept im Alltagsverständnis

Wie kommen wir im Alltag zu der Einschätzung, dass etwas „wahrscheinlich" ist? Was meinen wir, wenn wir z. B. sagen: „Es wird wahrscheinlich regnen"?

Einerseits bilden *vergangene Erfahrungen* die Grundlage von Wahrscheinlichkeitseinschätzungen in der Alltagserfahrung. Die Summe all dieser Erfahrungen konzentrieren sich in der Alltagserfahrung in einer subjektiven Einschätzung von Wahrscheinlichkeiten. Je sorgfältiger unsere Beobachtungen sind, je mehr Bedingungen wir sammeln, desto genauer können wir meistens Wahrscheinlichkeiten definieren.

Dazu tritt noch das Ausmaß der *Lust*, das wir haben, darüber nachzudenken, ob es regnen wird oder nicht. In der Regel haben die meisten Menschen nicht besonders viel Lust, darüber nachzudenken, wie wahrscheinlich ihnen ein Autounfall passieren wird. Deshalb ist die Bereitschaft, Versicherungsprämien für Haftpflicht- und Unfallversicherungen für Autounfälle zu zahlen sehr viel geringer, als der empirischen Wahrscheinlichkeit, der Häufigkeit von Autounfällen, entsprechen würde.

Wahrscheinlichkeiten sind also eine zunächst völlig subjektive Einschätzung, inwieweit ein zukünftiges Ereignis zu erwarten ist. Sie werden alltagssprachlich zumeist in Prozentzahlen angegeben, wobei 100% andeutet, dass ein Ereignis als sicher zu erwarten gilt, 0%, dass ein Ereignis ausgeschlossen werden kann.

Die Prozesse, nach denen im Alltag Wahrscheinlichkeiten eingeschätzt werden, sind:
a) Hoffnung: „Wenn ich Glück habe, werde ich gewinnen". Davon lebt u.a. die Glücksspielindustrie.
b) Angst: „Wer weiß, vielleicht kommt ein Einbrecher". Davon lebt u.a. die Versicherungsbranche.
c) Verdrängung: „Mir wird schon nichts passieren, außerdem passe ich gut auf und bin topfit". Davon leben u.a. Motorradhersteller.
d) Frühere Erfahrungen: „Wenn der Himmel sich eintrübt und die Luft feucht wird, wird es bald regnen". Oder: Wenn sie im Fernsehen Regen voraussagen, dann kommt er auch meistens". Davon leben u.a. Meteorologen.

Frühere Erfahrungen sind die Basis des statistischen Wahrscheinlichkeitsbegriffes. Das bedeutet allerdings nicht, dass andere Wahrscheinlichkeitsbegriffe bedeutungslos wären. Subjektive Einschätzungen von Wahrscheinlichkeiten sind z.B. wirtschaftlich von großer Bedeutung. Wenn etwa sehr viele Personen zunächst fälschlich vermuten, dass eine Aktie im Kurs steigen wird und sich gemäß dieser Vermutung verhalten, dann wird die sogenannte „objektive Wirklichkeit" schließlich nachgeben: Aufgrund steigender Nachfrage werden die Aktien tatsächlich im Kurs steigen. Man nennt diesen Prozess die „self-fulfilling prophecy". Dieser Typus von Prozessen ist in den gesamten Sozialwissenschaften, und natürlich auch in den Wirtschaftswissenschaften, von enormer Bedeutung. Sind doch ganz ähnliche Prozesse bei der Einschätzung politischer Kandidaten und nicht zuletzt im Bereich von Partnerschaft und zwischenmenschlicher Kommunikation am Werk. Der chronische Optimismus von Wahlkandidaten hängt mit deren Einschätzung zusammen, dass viele Menschen lieber Gewinner wählen als Verlierer. Und angeblich sollen Gewinnertypen sogar die besseren Heirats-Chancen haben, zumindest in manchen Kulturkreisen.

Zur Übung sei hiezu empfohlen: Suchen Sie sich eine Ihnen ganz besonders unsympathische Person aus und verhalten Sie sich probeweise gegenüber dieser Person einen Tag lang so, als hätten Sie die subjektive Einschätzung, dass diese Person sich Ihnen gegenüber ganz besonders freundlich verhalten wird. Führen Sie dieses Experiment mehrmals durch und beobachten Sie, wie oft Ihre experimentell konstruierte subjektive Einschätzung stärker ist als die objektive Wirklichkeit.

Das Wahrscheinlichkeitskonzept in der Statistik

Bei der Heranziehung *früherer Erfahrungen* zur Abschätzung der Wahrscheinlichkeit zukünftiger Ereignisse gilt folgende Terminologie:
P(A): Die Wahrscheinlichkeit, dass ein Ereignis *A* eintreffen wird, bzw.
P(nicht A) oder *P(n.A):* Die Wahrscheinlichkeit, dass ein Ereignis *A nicht* eintreffen wird.

Schätzungen für eine solche Wahrscheinlichkeit aufgrund vergangener Erfahrungen werden aus der relativen Häufigkeit gewonnen, mit der dieses Ereignis eingetroffen ist. Allerdings spielen bei einer solchen Einschätzung auch jene Fälle eine Rolle in denen das Ereignis *A* eintreten hätte können, aber nicht eingetreten ist.

Wir stellen also theoretische Überlegungen an, welche Möglichkeiten die Wirklichkeit überhaupt hat, stattzufinden; daraus kann man Wahrscheinlichkeiten errechnen.

Solche theoretischen Möglichkeiten sind die Basis theoretischer Verteilungen. Es gibt eine ganze Klasse von theoretischen Verteilungen. Das sind Verteilungen von Ereignissen, die nicht stattgefunden haben, aber stattfinden könnten. Die theoretischen Verteilungen solcher Ereignisse geben an, wie groß die jedem Ereignis zuzuordnende Wahrscheinlichkeit ist. Ein erstes Beispiel für eine theoretische Verteilung, das weiter unten diskutiert werden wird, ist das Ereignis, beim mehrmaligen Wurf mit einer Münze oder einem Würfel eine bestimmte Anzahl von Malen einen Sechser, einen Adler, o.ä. zu werfen.

Die Summe aller Fälle, in denen ein Ereignis *A* entweder eingetreten ist, oder aber eintreten hätte können und nicht eingetreten ist, nennt man die „**möglichen**" Fälle. Die Fälle, in denen das Ereignis *A* tatsächlich eingetreten ist, werden zumeist die „**günstigen**" Fälle genannt. Dies auch dann, wenn es sich dabei um ein äußerst ungünstiges Ereignis handeln sollte.

Als Schätzungen für Wahrscheinlichkeiten von A zieht man den Quotienten der „günstigen" durch die „möglichen" Fälle heran.

P(A) = (Anzahl der günstigen Fälle)/(Anzahl der möglichen Fälle)

P(A) kann daher mindestens Null (kein günstiger Fall unter den möglichen Fällen) und höchstens Eins (alle möglichen Fälle sind auch günstige) betragen. Dabei wird ein Ergebnis mit der Wahrscheinlichkeit „0" zumeist als ein unmögliches Ereignis, und ein Ereignis mit der Wahrscheinlichkeit „1" als sicheres Ereignis interpretiert.

Auch diese Bezeichnungsweisen sind streng genommen nicht ganz exakt. So ist z.B. die Wahrscheinlichkeit, mit einer punktförmigen Kugel ein punktförmiges Ziel zu treffen, als Grenzwert mit 0 errechenbar. Trotzdem ist es nicht unmöglich, zwei Punkte zur Deckung zu bringen. Abgesehen von solchen Sonderfällen ist aber die obige Definition der Wahrscheinlichkeiten sicherer und unmöglicher Ereignisse mit 1 und 0 für die Praxis ausreichend.

Wenn wir eine- Ein-Euro-Münze werfen, ist die Wahrscheinlichkeit P, dass der Einser oben zu liegen kommt 1/2 oder 50%. (P steht für Probability; Wahrscheinlichkeit – Die Prozentzahl ergibt sich aus P mal 100.). Werfen wir die Münze sehr oft, werden wir zu dem Ergebnis kommen, dass in der Hälfte der Fälle die Münze auf der 1er Seite zu liegen kommt, in der anderen Hälfte auf der nicht-1-er-Seite.

Eine Wetterprognose aufgrund *einfacher Wahrscheinlichkeiten* wäre:

P(A), geschätzt aufgrund der relativen Anzahl der Regentage pro Jahr in Österreich, sei 150:365, also 0,41. Somit ist die einfachste Möglichkeit die Wahrscheinlichkeit, dass es morgen regnet, zu schätzen, 0,41. Die Frage „soll ich einen Schirm nehmen", ist damit allerdings relativ schlecht beantwortbar, denn die Wahrscheinlichkeit des Regens ist dafür weder groß genug, noch klein genug. Das Risiko, ohne Schirm doch nass zu werden, ist 0,41; das Risiko, einen mitgenommenen Schirm umsonst herumzuschleppen, ist 0,59. Aber immerhin ließe sich unter Zuhilfenahme einer Bewertung der Kosten der beiden Risken schon aufgrund dieser einfachen Wahrscheinlichkeitsangabe ermitteln, welche Strategie langfristig zu geringeren Verlusten führt.

Schätzungen von Wahrscheinlichkeiten von Ereignissen werden sozialwissenschaftlich allerdings erst einigermaßen interessant, wenn wir andere Ereignisse zur Verbesserung der Schätzung heranziehen. Wir könnten uns z. B. dafür interessieren, wie oft es regnet, (Ereignis A), wenn ein Meteorologe dies vorhersagt (Ereignis B). Wir fragen nach der Verknüpfung von Ereignissen und haben damit ein erstes Beispiel für einen Anwendungsfall für die Induktion vor uns.

Eine Einschätzung der Wahrscheinlichkeiten aufgrund von Verknüpfungen von Ereignissen erfordert zunächst zusätzliche Konventionen zur Bezeichnung von Ereignisverknüpfungen:

Zufall und Wahrscheinlichkeit

Man bezeichnet als *P(A/B)* die Wahrscheinlichkeit, dass *A* eintritt, wenn *B* bereits sicher ist, z. B. schon eingetreten ist. *P(A/B)* wird auch als bedingte Wahrscheinlichkeit bezeichnet: Die Wahrscheinlichkeit von *A* unter der Bedingung *B*.

Man bezeichnet als *P(AB)* die Wahrscheinlichkeit, dass sowohl *A* als auch *B* eintreten (gleichzeitiges Auftreten der Ereignisse *A* und *B*).

Um nun die Prognosequalität des Meteorologen in unserem Beispiel zu beurteilen, ist es offensichtlich wichtig, zu beobachten, wie das Verhältnis von *P(A/B)* (Es regnet nach seiner Vorhersage) zu *P(A)* (es regnet insgesamt) ist. Würde es nämlich nach den Regenprognosen des Meteorologen im Schnitt nur mit einer Wahrscheinlichkeit von *P(A) = 0.41* regnen (also in 41 % der Fälle, oder 150 von 365 Tagen im Jahr), dann würde uns ja schon diese Durchschnittsinformation genügen, und wir würden für unsere Entscheidung, den Schirm zu nehmen oder nicht, keine Wettervorhersage brauchen. Für eine solche wertlose Wetterinformation kann auch die Formulierung verwendet werden:

Die Ereignisse *A* und *B* sind voneinander stochastisch unabhängig.

Es gilt also für stochastisch unabhängige Ereignisse:

P (A/B) = P (A).

In Worten: Die Wahrscheinlichkeit des Eintretens von *A*, wenn *B* schon eingetreten ist, ist genau so groß wie die Wahrscheinlichkeit des Eintretens von *A*, wenn wir *B* außer acht lassen. *B* verhilft uns nicht dazu, die Prognose von *A* zu verändern oder zu verbessern.

Man bezeichnet ferner mit *P(AB)* die Wahrscheinlichkeit, dass sowohl *A* als auch *B* eintreten. Diese Ereignisverknüpfung kommt folgendermaßen zustande: Zunächst einmal muss *A* eintreten; das geschieht mit der Wahrscheinlichkeit *P(A)*. Dann muss *B* eintreten, nachdem *A* schon eingetreten ist, das geschieht mit der Wahrscheinlichkeit *P(B/A)*. Wenn wir uns nun noch daran erinnern, dass wir Wahrscheinlichkeiten immer aus relativen Häufigkeiten, also aus Anteilen, ableiten, dann ist die relative Häufigkeit von *zwei* Ereignissen zu berechnen als *Anteil eines Anteils*: Wenn *P(A)* den Anteil der Fälle angibt, in denen *A* eingetreten ist, und *P(B/A)* den Anteil der Fälle, in denen nach dem Eintreten von *A* auch *B* eingetreten ist, dann muss *P(AB)* der Anteil *P(B/A)* am Anteil *P(A)* sein. Und Anteile von Anteilen berechnet man, indem man die relativen Häufigkeiten miteinander multipliziert. Somit ist *P(AB)* gegeben mit *P(A) · P(B/A)*. Genau so gut kann man es in zeitlich umgekehrter Reihenfolge betrachten: Zunächst muss *B* eintreten; das geschieht mit der Wahrscheinlichkeit *P(B)*. Dann muss *A* eintreten, nachdem *B* schon eingetreten ist, das geschieht mit der Wahrscheinlichkeit *P(A/B)*. Es gilt somit **allgemein:**
P(AB) = P(A) · P(B/A) bzw.

$P(AB) = P(B) \cdot P(A/B)$ **allgemeine** Formel für die Wahrscheinlichkeit miteinander verbundener Ereignisse

Nach unseren obigen Überlegungen besteht stochastische Unabhängigkeit dann, wenn $P(A/B) = P(A)$, bzw. $P(B/A) = P(B)$.
Daher gilt für **unabhängige Ereignisse**

$P(AB) = P(A) \cdot P(B)$ bzw.
$P(AB) = P(B) \cdot P(A)$

Genau diese Bedingung ist es, die als Kriterium für die Prüfung von Abhängigkeit bzw. Unabhängigkeit von Ereignissen herangezogen wird. Wir fragen uns also immer, ob die bedingte Wahrscheinlichkeit für das gemeinsame Auftreten zweier Ereignisse genau so groß ist, wie die Wahrscheinlichkeit für das einfache Auftreten eines der beiden Ereignisse: $P(B/A) = P(B)$ bzw. $P(A/B) = P(A)$ bedeutet, die beiden Ereignisse sind unabhängig voneinander; das eine Ereignis beeinflusst das Auftreten des anderen nicht; ihr gemeinsames Auftreten kommt gerade so häufig vor, wie aufgrund derselben Prozesse zu erwarten ist, die das Auftreten jedes einzelnen Ereignisses bewirken. Verglichen mit dem Auftreten von A ist das Auftreten von A/B als zufällig zu bezeichnen, weil es anteilsmäßig gleich häufig vorkommt wie A. Anders gesagt: Die Häufigkeit von A ändert sich nicht, egal, ob B vorher eingetreten war, oder nicht. Oder, wieder anders formuliert: Die Fälle, in denen B eingetreten ist, können hinsichtlich des Auftretens von A als eine Zufallsauswahl aus allen Fällen betrachtet werden.
Gilt allerdings $P(B/A) \neq P(B)$ bzw. $P(A/B) \neq P(A)$, unterscheiden sich also die beiden Wahrscheinlichkeiten voneinander, dann nehmen wir stochastische *Abhängigkeit* beider Ereignisse voneinander an. Dabei sind zunächst die *Unterschiede* in den Wahrscheinlichkeiten für die Stärke der Abhängigkeit wichtig, und *nicht* die *Richtung*, in die diese Unterschiede gehen: auch wenn sich herausstellte, dass immer, wenn der Meteorologe Regen voraussagt, die Sonne scheint, wäre dies eine wertvolle Information. Die Wetterprognosen des Meteorologen hätten auch dann hohen Voraussagewert. Man muss sie nur richtig verstehen. Die Unabhängigkeitsannahme gilt auch dann nicht, wenn ein Zusammenhang in einer anderen als der erwarteten Richtung besteht. Das gemeinsame Auftreten der Ereignisse lässt sich auch dann nicht durch den Zufall erklären.
Fassen wir zusammen:
Das Verhältnis der bedingten Wahrscheinlichkeit $P(A/B)$ zur nicht bedingten Wahrscheinlichkeit $P(A)$ ist das entscheidende Kriterium für die Beurteilung von stochastischer Abhängigkeit.

Zufall und Wahrscheinlichkeit

Der Satz von Bayes zum Verhältnis bedingter Wahrscheinlichkeiten

Wie wir gerade festgestellt haben, gilt im allgemeinen Fall, also *ohne* Annahme von Unabhängigkeit:

$P(AB)=P(A)*P(B/A)$, und gleichermaßen:
$P(AB)=P(B)*P(A/B)$.

Daraus folgt:

$P(A)*P(B/A)=P(B)*P(A/B)$, oder
$P(B/A)=P(A/B)*P(B):P(A)$.

Die Bedeutung dieses Zusammenhanges kann u.a. an folgendem Beispiel gezeigt werden:

Annahme: Ein Wirtschaftsexperte sei in der Lage, die Insolvenz eines wirtschaftlich schwachen Unternehmens mit folgender Fehlerwahrscheinlichkeit vorauszusagen: Wenn ein Unternehmen tatsächlich insolvent wird, erkennt dies der Experte in 100% aller Fälle. Wenn ein Unternehmen wirtschaftlich überlebt, irrt er sich in 1% aller Fälle: er sagt also in 1% der Fälle Insolvenz voraus, obwohl diese nicht eintritt. Der Anteil der Unternehmen, die tatsächlich insolvent werden, sei 1 Promill. Die Frage ist nun: Wie groß ist die Wahrscheinlichkeit, dass ein Unternehmen, dem der Experte Insolvenz vorausgesagt hat, tatsächlich insolvent wird?

Anleitung 1.: Nehmen Sie eine Grundgesamtheit von einer Million Personen an und tragen Sie die entsprechenden Häufigkeiten in einer 4-Felder-Tafel ein
oder
Anleitung 2.: Benutzen Sie folgende Beziehung für das gleichzeitige Auftreten nicht unabhängiger Ereignisse:
$P(AB)=P(A)*P(B/A)$
$P(AB)=P(B)*P(A/B)$, woraus folgt:
$P(A)*P(B/A)=P(B)*P(A/B)$, oder
$P(B/A)=P(A/B)*P(B):P(A)$, bzw.
$P(A/B)=P(B/A)*P(A):P(B)$
Setzen Sie für *A* und *B* die entsprechenden Ereignisse ein.

Zunächst würden wir aufgrund des gesunden Hausverstandes vielleicht geneigt sein, zu sagen: Wenn sich dieser Experte nur in 1% der Fälle irrt, dann ist doch offenbar die Wahrscheinlichkeit, tatsächlich zugrunde zu gehen, wenn er uns dies voraussagt, 99%?

Zufall und Wahrscheinlichkeit

Wir können also, wenn uns dieser Experte den Untergang voraussagt, getrost gleich zusperren. Genauere Betrachtung zeigt uns allerdings, dass es Fälle geben kann, in denen der gesunde Hausverstand zu ungesunden Entscheidungen verführt. Wir folgen dabei zunächst dem Vorschlag in Anleitung 1 und gehen von einer Grundgesamtheit mit einer Million Personen aus, deren Häufigkeiten wir in einer 4-Felder-Tafel eintragen.

Abbildung 5.1: Die Bedeutung bedingter Wahrscheinlichkeiten für die Beurteilung von Prognosen

	Ereignis A: Insolvenz vorausgesagt	Ereignis **nicht A**: Insolvenz nicht vorausgesagt	Summe
Ereignis B: Insolvenz eingetroffen	1.000	0	1.000
Ereignis **nicht B**: Insolvenz nicht eingetroffen	9.990	989.010	999.000
Summe	10.990	989.010	1.000.000

Wie wir der obigen Aufstellung leicht entnehmen können, gibt es 10.990 Fälle von einer Million, in denen unser Experte Insolvenz voraussagen wird; nämlich 1% von den 999.000, die nicht insolvent werden, und die 1000, die es werden. Aber eben nur 1000 Fälle von den 10.990 werden tatsächlich insolvent. In anderen Worten: für eine Firma, der vom Experten Insolvenz vorausgesagt wurde, ist die Wahrscheinlichkeit, tatsächlich insolvent zu werden, 1000/10.990, oder rund 9,1%, und nicht, wie man bei ungenauem Lesen hätte vermuten können, 99%.

Die gleiche Überlegung hätten wir nach Anleitung 2 auch ohne unsere hypothetische Million von Fällen zustande gebracht:

Wenn A das Ereignis bezeichnet, Insolvenz prognostiziert bekommen zu haben und B das Ereignis, tatsächlich insolvent zu werden, dann ist die gefragte Wahrscheinlichkeit, tatsächlich insolvent zu werden (B), nachdem der Experte dies vorausgesagt hat (A), so viel wie $P(B/A)$. Die Wahrscheinlichkeit andersherum, nämlich die Wahrscheinlichkeit dass der Experte Insolvenz voraussagt, wenn diese tatsächlich eintrifft, also $P(A/B)$, kennen wir, die ist nämlich 1. Nach dem Satz von Bayes ist nun $P(B/A)=P(A/B)*P(B):P(A)$. Die Wahrscheinlichkeit $P(B)$, insolvent zu werden, kennen wir ebenfalls. Die war mit 1/1000 angegeben. Fehlt nur noch die Wahrscheinlichkeit von A: Die Wahrscheinlichkeit dafür, dass einem Unternehmen Insolvenz vorausgesagt wird. Diese Wahrscheinlichkeit steht zwar nicht unmittelbar in der Angabe, aber sie ist erkennbar als das 1/1000-stel, die Wahrscheinlichkeit, tatsächlich insolvent zu werden, plus das eine Prozent des Restes derer, die nicht insolvent werden, denen aber Insolvenz vorausgesagt wird:

$P(A)$=1/1000+(1-1/1000)/100, oder 1/1000+(999/1000)/100, oder 0,001+0,999/100 oder 0,001+0,00999, oder 0,01099.
Somit ist die gesuchte Wahrscheinlichkeit $P(B/A)$=1*0,001/0,01099, oder 0,0909918, also rund 9,1%.

Statistisches Wahrscheinlichkeitskonzept und 4-Felder-Tafel

Die Kontingenztabelle zeigt empirische Häufigkeiten. Bei der Ermittlung der theoretischen Häufigkeiten unter Annahme der Unabhängigkeit beider interessierende Variablen (Indifferenztabelle) sind wir bis jetzt aufgrund intuitiver Überlegungen genau so vorgegangen, wie wir es tun, wenn wir das statistische Wahrscheinlichkeitskonzept anwenden.

Abbildung 5.2: Häufigkeitstabelle: (4-Felder- Tafel)

	Ereignis A: Es regnet	Ereignis *nicht A*: Es regnet nicht	
Ereignis B: Meteorologe hat Regen vorausgesagt	a	b	e
Ereignis *nicht B*: Meteorologe hat keinen Regen vorausg.	c	d	f
	g	h	n

Forts. Abbildung 5.2:

a: Häufigkeit, mit der sowohl *A* als auch *B* eingetroffen sind.

b: Häufigkeit, mit der *A **nicht*** eingetroffen ist und *B* eingetroffen ist.

c: Häufigkeit, mit der *B **nicht*** eingetroffen ist und *A* eingetroffen ist.

d: Häufigkeit, mit der *A **nicht*** eingetroffen ist und *B **nicht*** eingetroffen ist.

e: Häufigkeit, mit der *B* eingetroffen ist, ohne Rücksicht darauf, ob *A* eingetroffen ist oder nicht: $e=a+b$

f: Häufigkeit, mit der *B **nicht*** eingetroffen ist, ohne Rücksicht darauf, ob *A* eingetroffen ist oder nicht: $f=c+d$

g: Häufigkeit, mit der *A* eingetroffen ist, ohne Rücksicht darauf, ob *B* eingetroffen ist oder nicht: $g:a+c$

h: Häufigkeit, mit der *A **nicht*** eingetroffen ist, ohne Rücksicht darauf, ob *B* eingetroffen ist oder nicht: $h=b+d$

n: Häufigkeit, mit der irgend eines der betrachteten Ereignisse (*A, nicht A, B, nicht B*) eingetroffen ist. $n=a+b+c+d$, bzw. $n: e+f$, bzw. $n=g+h$

Auf unser letztes Beispiel angewandt, interessierte uns das Verhältnis zwischen der Häufigkeit, mit der es nach der Voraussage des Meteorologen geregnet hat, und der Häufigkeit, mit der es überhaupt regnete. Oder, anders ausgedrückt: *ändert sich etwas an der relativen Häufigkeit des Regens, wenn er vorausgesagt wurde, oder nicht?*

Wir vergleichen ja zwei relative Häufigkeiten bzw. Wahrscheinlichkeiten: die *bedingte* Wahrscheinlichkeit, dass es regnet, wenn der Meteorologe es vorausgesagt hat (a/e) wird mit der Wahrscheinlichkeit, dass es *überhaupt* regnet (g/n) verglichen.

In Bezug auf unser bisheriges Vorgehen bedeutet dies: Wir ermittelten aufgrund von plausiblen Überlegungen, was in Zelle *a* (Regentage, die der Meteorologe auch voraussagte) bei Unabhängigkeit stehen müsste; *a* müsste eine unabhängige Stichprobe aus *e* sein (die Anzahl der vom Meteorologen vorhergesagten Regentage müsste eine Stichprobe aus der Anzahl der Regentage überhaupt sein). Wenn die Vorhersage keinen Einfluss (= keine Prognosekraft in bezug) auf die tatsächlichen Regentage hat, dann wäre $a/e=g/n$, oder $a/g=e/n$. Dies stimmt mit der Unabhängigkeitsannahme bei statistischen Wahrscheinlichkeiten überein, die ja lautet:

$$P(A/B) = P(A) \text{ bzw. } P(B/A) = P(B).$$

Anders ausgedrückt: Die Wahrscheinlichkeit, dass ein Ereignis *A* auftritt, ist g/n. Sie gibt den Anteil der Fälle an, in denen *A* eingetreten ist. Von diesem Anteil g/n gibt es wiederum einen Anteil, in dem *auch B* eingetreten ist.

Dieser *Anteil am Anteil* g/n muss bei Unabhängigkeit lediglich aufgrund der Wahrscheinlichkeit für *B* zustande kommen: e/n. Wir multiplizieren also relative Häufigkeiten miteinander, um Anteile von Anteilen zu berechnen. Anders ausgedrückt: Wir

Zufall und Wahrscheinlichkeit

multiplizieren Wahrscheinlichkeiten miteinander, um die Anteile zu bestimmen, von denen wir erwarten, dass sie die relativen Häufigkeiten jener Ereignisse ausdrücken, die unter Unabhängigkeit gleichzeitig eintreten würden.

Die Wahrscheinlichkeit, mit der wir erwarten, dass *sowohl A (e/n) als auch B (g/n)* unter Unabhängigkeit eintreten würden, ist somit
$P(A)P(B)$, also $e/n \cdot g/n$
(Noch einmal: bei stochastischer *Unabhängigkeit* der Ereignisse).

Die *Anzahl der Fälle*, die in Zelle *a* zu erwarten wären, wenn Unabhängigkeit zwischen den beiden Ereignissen herrschte, wird durch die Multiplikation der obigen Wahrscheinlichkeit mit *n* erreicht: die erwartete Häufigkeit von *a* unter der Annahme der Unabhängigkeit beider Ereignisse. Dies ist lediglich die Umkehrung einer bereits ausgeführten Überlegung; nämlich: Die statistische Wahrscheinlichkeit wird als die Anzahl der günstigen Fälle durch die Anzahl der möglichen Fälle definiert (relative Häufigkeit). Die aufgrund der statistischen Wahrscheinlichkeit zu erwartende Anzahl „günstiger Fälle" ist dann nichts anderes als die Umkehrung des Rechenvorganges: die Multiplikation der Wahrscheinlichkeit mit der Anzahl der möglichen Fälle.

Ermitteln wir eine Wahrscheinlichkeit aufgrund einer Häufigkeit, müssen wir also, um die Erwartungswerte für das gemeinsame Auftreten zweier (oder mehrerer) Ereignisse zu erlangen, diese Wahrscheinlichkeit wieder mit der Anzahl der möglichen Fälle multiplizieren:

Ein Ereignis *AB* kommt *a* mal vor.
$P(A) = g/n$
$P(B) = e/n$

Die Erwartung der Häufigkeit von *a* ist dann
$E(a) = n \cdot [P(A) \cdot P(B)] = n(e/n)(g/n) = (e\,g)/n$

Dieser Unterschied zwischen dieser theoretischen (oder erwarteten) Häufigkeit und der wirklichen (= empirischen) Häufigkeit steht für uns im Zentrum des Interesses. Um die empirische Häufigkeit beurteilen zu können, brauchen wir also die theoretische Häufigkeit (Produkt der Wahrscheinlichkeiten multipliziert mit der Anzahl der Fälle), also den Erwartungswert unter der Annahme von Unabhängigkeit. Dabei ist zunächst nicht die Richtung der Abweichung von Bedeutung, sondern lediglich ihr Ausmaß

$a - E(a)$.

Zufall und Wahrscheinlichkeit

Zur Illustration seien noch die aus der Häufigkeitstab. 5.2 zu schätzenden Wahrscheinlichkeiten angegeben:

Abbildung 5.3: Die Schätzung von Wahrscheinlichkeiten in der 4-Felder-Tafel

	Ereignis **A**: Es regnet	Ereignis **nicht A**: Es regnet nicht	
Ereignis **B**: Meteorologe hat Regen vorausgesagt	*a* $P(AB) = a : n$ $P(A/B) = a : e$ $P(B/A) = a : g$	*b* $P(n.AB) = b : n$ $P(n.A/B) = b : e$ $P(B/n.A) = b : h$	*e* $P(B) = e : n$
Ereignis **nicht B**: Meteorologe hat keinen Regen vorausgesagt	*c* $P(A\,n.B) = c : n$ $P(A/n.B) = c : f$ $P(n.B/A) = c : g$	*d* $P(n.A\,n.B) = d : n$ $P(n.A/n.B) = d : f$ $P(n.B/n.A) = d : h$	*f* $P(n.B) = f : n$
	g $P(A) = g : n$	*h* $P(n.A) = h : n$	*n* $P(A+n.A) = n : n = 1$ $P(B+n.B) = n : n = 1$

6. Wahrscheinlichkeitsverteilungen

Das Multiplikationstheorem für Wahrscheinlichkeiten (d. h. der Satz, dass sich die Wahrscheinlichkeit des gleichzeitigen Auftretens zweier voneinander *unabhängiger* Ereignisse aus der Multiplikation der beiden Einzelwahrscheinlichkeiten ermittelt) gilt nicht nur für zweidimensionale Verteilungen, wie sie eine Vierfeldertafel darstellt. Es lässt sich am Beispiel der Vierfeldertafel die Grundidee des Wahrscheinlichkeitskonzepts und der daraus abzuleitenden statistischen Induktion gut erläutern. Das Multiplikationstheorem gilt aber ganz analog, wenn wir die Wahrscheinlichkeit des gemeinsamen Auftretens von mehreren Ereignissen unter der Annahme von Unabhängigkeit berechnen wollen.

Aufgrund des Wahrscheinlichkeitskonzepts in der Statistik lassen sich theoretische Verteilungen von Ereignissen bilden, die nicht stattgefunden haben, aber stattfinden könnten. Dabei entsprechen die möglichen Fälle bei der Ermittlung von theoretischen Wahrscheinlichkeiten der Grundgesamtheit bei der Ermittlung von Häufigkeiten.

Die in der Empirie gemessene Wahrscheinlichkeit (= die relative Häufigkeit, wie oft das Ereignis anteilsmäßig stattgefunden hat) und die theoretische Wahrscheinlichkeit sind – technisch gesprochen – das Gleiche. Wahrscheinlichkeiten werden genauso untersucht, betrachtet und berechnet, als ob es relative Häufigkeiten wären.

Beispiel eines komplexen Ereignisses: Wir werfen fünf Ein-Euro-Münzen dreißig Mal. Jede Münze hat die Einzelwahrscheinlichkeit von $1/2$, d. h. sie kann entweder auf „1" oder „0" (= Nicht-eins) fallen. Wir interessieren uns für die Häufigkeit, wie oft bei dreißig Versuchen von fünf gleichzeitig geworfenen Münzen alle 5 auf „1" fallen.

Es könnten beispielsweise die folgenden vier empirischen Verteilungen derartiger Würfe aufgetreten sein:

Abbildung 6.1

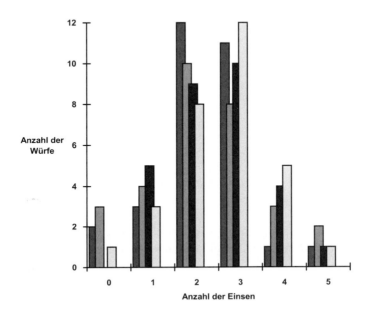

Wir erkennen eine doch beträchtliche Übereinstimmung zwischen den vier empirischen Verteilungen. In der Mitte (zwei und drei „1"er) treten mehr Wurfergebnisse auf als an den Rändern; die Anzahl der für das Experiment gleichwertigen Ereignisse (= die verschiedenen möglichen Realisierungen jedes Wurfergebnisses) sind in der Gegend um den Mittelwert am höchsten. – Warum?

Die Mittelwerte der obigen 4 Verteilungen sind: 2,3; 2,2; 2,5; 2,7. Keiner dieser Mittelwerte liegt über 2,7 oder unter 2,2. Hätten alle anwesenden HörerInnen ein solches Münzwurfexperiment gemacht und den zugehörigen Mittelwert für die von ihnen gefundene empirische Verteilung ausgerechnet (viele Stichproben), würde er im Durchschnitt dem theoretischen Erwartungswert sehr nahe gekommen sein. Im Fall von fünf Münzen mit einer Einzelwahrscheinlichkeit von 0,5 hätte dieser Erwartungswert gemäß unserer Überlegungen des vorigen Kapitels $n \cdot p = 2,5$ betragen. Wir würden erwarten, dass beim gleichzeitigen Wurf von fünf Münzen im Durchschnitt 2,5-Mal der „1"er oben zu liegen kommt.

Es gibt zwei Möglichkeiten, Wahrscheinlichkeitsverteilungen zu ermitteln; entweder anhand empirischer Versuche (unser Münzwurfexperiment) oder mit Hilfe theoretischer Überlegungen. Diese basieren auf dem Konstruktionsprinzips des Gegenstands (hier: Münzen), der uns interessiert. Münzen brauchen wir in der Regel nicht zu werfen, um zu ermitteln, wie oft sie auf eine bestimmte Seite fallen. Schon aus ihrem „Bauplan" können wir uns dies überlegen. Auch Würfel müssen wir nicht werfen, um zu ermitteln,

Wahrscheinlichkeitsverteilungen

wie oft im Durchschnitt der „6er" vorkommt. Wir können uns dies aus der Bauart des Würfels überlegen. Würfel mit einer solchen Bauart

Abbildung 6.2

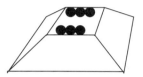

werden vermutlich nicht in einem Sechstel der Würfe die Seite mit dem 6er nach oben zeigen. Es gibt bestimmte Würfelformen, bei denen man sofort die Wahrscheinlichkeiten für jede Seite angeben kann. Bei der obigen Skizze (Abb. 6.2) müssten wir etwas länger rechnen, um sie zu ermitteln; und es ist einfacher und genau genug, mit einem derartigen Würfel oft zu würfeln, um daraus die Wahrscheinlichkeit zu ermitteln.

In der Praxis gibt es viele Fälle, in denen das Ausrechnen (die theoretische Ermittlung von Wahrscheinlichkeiten) so mühsam ist, dass es viel einfacher ist, mögliche Ergebnisse eines Experimentes und deren Häufigkeiten mit Hilfe eines Computers zu simulieren. Viele komplizierte Wahrscheinlichkeitsfragen werden tatsächlich durch schlichtes Ausprobieren gelöst.

Zurück zum Münzwurfexperiment: Die Wahrscheinlichkeit, dass alle fünf Münzen auf „1" fallen = $0,5^5$ (Multiplikationstheorem unter der Annahme, dass sich die fünf Münzen nicht gegenseitig beeinflussen, also ihrer Unabhängigkeit voneinander). Die Wahrscheinlichkeit, dass die erste Münze auf „1", die Zweite auf „1" und die übrigen drei Münzen auf „0" (Nicht-eins) fallen, ist in unserem Beispiel allerdings ebenfalls $0,5^5$, ebenso wie alle anderen möglichen Anordnungen der fünf geworfenen Münzen in unserem Münzwurfexperiment. Die Wahrscheinlichkeit für jede beliebige Anordnung von „1ern" und „0"-Ergebnissen ist also mit 0.5^5 immer gleich groß.

In unserem Experiment gibt es sowohl für das Summenergebnis Null „1er" als auch für das Summenergebnis fünf „1er" nur je eine einzige mögliche Realisierung; alle fünf Münzen müssten auf jeweils eine bestimmte Seite fallen (0,0,0,0,0 bzw. 1,1,1,1,1). Dreißigmal haben wir geworfen; die Wahrscheinlichkeit

$1/2^5 = 1/32$.

Wir **erwarten** (theoretisch) für ein Summenergebnis von Null „1ern" und für eines von fünf „1ern" bei unserem Experiment von 30 Würfen mit 5 Münzen eine Häufigkeit von annähernd 1 (= $30/32$).

Beim Vergleich mit Abb. 6.1 fällt auf: Bei drei der vier empirischen Verteilungen taucht das Münzwurfergebnis „fünf 1-er", bzw. „keine Münze mit 0" (= 1,1,1,1,1) nur einmal auf. Würden wir mehr empirische Verteilungen (Stichproben) einbeziehen, kämen wir unserem Erwartungswert von 1/32 immer näher.

Die Binomialverteilung

Experimente mit Münzen sind – wie gesagt – ein Weg, zu der für solche Experimente geltenden Wahrscheinlichkeitsverteilung zu kommen. Wir können uns aber auch theoretisch überlegen, wie groß die Wahrscheinlichkeit ist, dass bei einem solchen Experiment null, eins, zwei, drei, vier oder fünf „1er" herauskommen – so wie wir es oben in bezug auf das Münzwurfergebnis von null bzw. fünf „1ern" getan haben. Noch einmal zur Terminologie:

n ...   Gesamtanzahl der Münzen
k ...   interessierendes Ereignis; hier ein bestimmtes Wurfergebnis, d.i., eine bestimmte Anzahl an „1ern" zu werfen;
$n - k$ ...   die nicht interessierenden Ereignisse
p ...   die (Einzel-)Wahrscheinlichkeit, bei einer Münze die „1" zu werfen (= Wahrscheinlichkeit für die interessierende Alternative);
$(1 - p) = q$ ... die Wahrscheinlichkeit, nicht die interessierende Alternative, sondern ihr Gegenteil zu bekommen (hier: Bild)

Daraus folgt: Die Wahrscheinlichkeit, dass von 5 Münzwürfen fünf Mal *keine* Zahl auftritt (d. h. $k = 0$, unser Wurfergebnis wäre: 0,0,0,0,0), ergibt sich aus:

$$P(k = 0) = p^0 \cdot (1-p)^5$$

Bzw. die Wahrscheinlichkeit, bei allen Münzen mit einem Wurf 5 Mal „1" zu erzielen, ist:

$$P(k = 5) = p^5 \cdot (1-p)^0$$

Die Wahrscheinlichkeit für eine bestimmte Realisierung von k = 2, also z.B.:
1. Münze: „1"; 2. Münze: „1"; 3. bis 5. Münze: „0" wäre zunächst einmal:

$$P(k = 2) = p^2 \cdot (1-p)^3$$

Dieses Münzwurfergebnis: 1,1,0,0,0 ist allerdings nur *eine* mögliche Realisierung, d. h. eine von mehreren möglichen Sequenzen, bei denen ein Münzwurfergebnis mit zwei „1ern" auftritt. Wir würden dieselbe Wahrscheinlichkeit für eine andere Sequenz (etwa: 0,0,1,0,1 oder 1,0,0,1,0) erhalten.

Die Wahrscheinlichkeit für jede beliebige Sequenz mit k gleichzeitig auftretenden „1ern" bei n Würfen ist angebbar; im Fall des Münzwurfexperiments ist sie sogar gleich für alle k. Dies deshalb, weil die Wahrscheinlichkeit für einen „1er" gleich groß ist wie die Wahrscheinlichkeit für einen „nicht-1er". Beim Würfelwurf ist die Wahrscheinlich-

Wahrscheinlichkeitsverteilungen

keit für die möglichen Sequenzen mit k Sechsern aus n Würfen nicht für alle k gleich groß. Aber auch hier gilt, dass für ein bestimmtes k alle Sequenzen, die zu diesem k führen, gleich wahrscheinlich sind.

Der allgemeine Ausdruck für die Wahrscheinlichkeit einer einzelnen Sequenz lautet:

$p^k \cdot (1-p)^{n-k}$ (Multiplikationstheorem für unabhängige Einzelereignisse!)

In Worten, am Beispiel des Münzwurfs: Die Wahrscheinlichkeiten (p), einen „1er" zu werfen, sind so oft miteinander zu multiplizieren, als es unabhängige Würfe mit dem Ergebnis „1" geben soll. Die Wahrscheinlichkeiten ($1-p$), einen „nicht-1er" zu werfen, sind so oft miteinander zu multiplizieren, als es unabhängige Würfe mit dem Ergebnis „nicht-1" geben soll.

Da aber offensichtlich mehrere verschiedene Sequenzen zu demselben Ergebnis von k „1ern" führen können, stellt sich die Frage:
Wie viele Sequenzen sind für jedes k möglich?
– Wie oft kann man k aus n Elementen auswählen?
In unserem Beispiel gibt es nur eine Sequenz, die zum Ergebnis null „1er" führt ($k = 0$), nämlich 0,0,0,0,0.
Es gibt ebenfalls nur eine Sequenz, die zum Ergebnis fünf „1er" führt: 1,1,1,1,1 ($k = 5$).

Zum Ergebnis ein „1er" beim gleichzeitigen Wurf von fünf Münzen führen hingegen bereits fünf verschiedene Sequenzen:
(1,0,0,0,0), (0,1,0,0,0) (0,0,1, 0,0) (0,0,0,1,0) (0,0,0,0,1).
Zum Ergebnis vier „1er" führen ebenfalls fünf Sequenzen:
(1,1,1,1,0) (1,1,1,0,1) (1,1,0,1,1) (1,0,1,1,1) (0,1,1,1,1).

Die Frage, wie viele Möglichkeiten es gibt, beim fünfmaligen Wurf zwei „1er" zu werfen, lässt sich analog der Frage untersuchen, *wie viele Paare man aus n Elementen bilden kann*:

Wahrscheinlichkeitsverteilungen

Abbildung 6.3: Wie viele Paare kann man aus *n* Elementen bilden? – Matrixdarstellung

Erster Einser mit Münze: zweiter Einser mit Münze:

	1	2	3	4	5
1	x		*		
2		x			
3	*		x		
4				x	
5					x

Wenn wir die Zeilen einer Matrix in Abb. 6.3 als die Nummer der Münze auffassen, mit der der erste „1er" geworfen wurde, und die Spalten als die Nummer der Münze, mit der der zweite „1er" geworfen wurde, dann sehen wir die Antwort auf unsere Frage in den Zellen links unten, oder rechts oben von der Matrix. Da im Wurf mit ein- und derselben Münze nicht der erste und der zweite „1er" geworfen werden kann, scheidet die Diagonale aus. Zellen, die bezüglich dieser Diagonale zueinander symmetrisch sind, bezeichnen das gleiche Ereignis. (Beispiel: der Stern in Zeile 1 und Spalte drei bzw. Zeile 3 und Spalte 1 bezeichnet 2 identische Ereignisse: „1er" mit dem ersten und dem dritten, bzw. mit dem dritten und mit dem ersten Wurf).

Die Antwort auf unsere Frage, wie viele solcher Paare es gibt, ergibt sich also als Antwort auf die Frage, wie viele Zellen im linken unteren, bzw. im rechten oberen Dreieck der Matrix enthalten sind. Die Gesamtzahl der Zellen der Matrix ist $n*n$. Da die Matrix n Diagonalelemente enthält, ist die Anzahl der Zellen außerhalb der Diagonale $n*n-n$, oder $n(n-1)$. Da beide Dreiecke (rechts unten und links oben) gleich viele Elemente enthalten, die jeweils dasselbe Ereignis bezeichnen, ist der Ausdruck $n(n-1)$ zu halbieren, und wir erhalten als Lösung:

Anzahl der Paare aus n Elementen: $n(n-1)/2$.

In der vorliegenden allgemeinen Fragestellung, wie viele Möglichkeiten es gibt, k Elemente aus einer Gesamtzahl von n Elementen auszuwählen, ist dies die Antwort auf den Sonderfall $k=2$. Dieser Sonderfall kommt allerdings auch in anderen sozialwissenschaftlichen Fragestellungen sehr häufig vor, und deshalb ist es günstig, diese Formel parat zu haben. Solche Fragestellungen sind z.B.:

Wahrscheinlichkeitsverteilungen

Wie viele verschiedene und sinnvolle Korrelationskoeffizienten enthält eine Korrelationsmatrix mit n Variablen (s. weiter unten), oder

Wie viele Beziehungen zwischen je zwei Personen können in einer Gruppe mit n Personen bestehen? Diese Anwendung führt uns übrigens zu einer ganz interessanten Feststellung: 2 Personen haben zueinander eine Beziehung. Bei 3 Personen gibt es 3 Beziehungen. Wir könnten daraus mikrosoziologisch vermuten, dass das Beziehungssystem dreier Personen eine gute Chancen hat, dreimal so kompliziert zu sein wie das zweier Personen, was in der Alltagserfahrung vermutlich häufig bestätigt sein dürfte. Und die Kompliziertheit von Gruppenprozessen steigt mit dem halben Quadrat der Gruppengröße, also weit mehr als proportional, auch diese Beobachtung scheint mit der Alltagserfahrung recht gut überein zu stimmen.

Für die allgemeine Fragestellung, wie viele Möglichkeiten es gibt, k aus n Elementen auszuwählen, könnten wir das Problem zunächst durch Auszählen zu lösen versuchen. Wenn wir sämtliche Möglichkeiten eines Wurfes mit 5 Münzen aufschreiben und die für jede Münze möglichen 2 Ergebnisse mit 0 und 1 symbolisieren, erhalten wir die folgende Aufstellung:

Wahrscheinlichkeitsverteilungen

Abbildung 6.4: Anzahl der „1er" beim Wurf mit 5 Münzen

Kombination	# „1"	0	1	2	3	4	5
		1	5	10	10	5	1
0 0 0 0 0	0	x					
0 0 0 0 1	1		x				
0 0 0 1 0	1		x				
0 0 0 1 1	2			x			
0 0 1 0 0	1		x				
0 0 1 0 1	2			x			
0 0 1 1 0	2			x			
0 0 1 1 1	3				x		
0 1 0 0 0	1		x				
0 1 0 0 1	2			x			
0 1 0 1 0	2			x			
0 1 0 1 1	3				x		
0 1 1 0 0	2			x			
0 1 1 0 1	3				x		
0 1 1 1 0	3				x		
0 1 1 1 1	4					x	
1 0 0 0 0	1		x				
1 0 0 0 1	2			x			
1 0 0 1 0	2			x			
1 0 0 1 1	3				x		
1 0 1 0 0	2			x			
1 0 1 0 1	3				x		
1 0 1 1 0	3				x		
1 0 1 1 1	4					x	
1 1 0 0 0	2			x			
1 1 0 0 1	3				x		
1 1 0 1 0	3				x		
1 1 0 1 1	4					x	
1 1 1 0 0	3				x		
1 1 1 0 1	4					x	
1 1 1 1 0	4					x	
1 1 1 1 1	5						x

Wahrscheinlichkeitsverteilungen

Im allgemeinen Fall müssen wir uns alle Möglichkeiten aufschreiben und uns das Entwicklungsgesetz, wie diese Möglichkeiten zustande gekommen sind, überlegen.

               1 = interessierende Alternative („1" bei Münzwurf)
               0 = ihr Gegenteil („Nicht-1")

00000   kein Mal „1" ($k=0$)

10000
01000
00100   ein Mal „1" ($k=1$)
00010
00001

11000   2 Mal „1" ($k=2$)
10100
10010   1.)   1 beim ersten Wurf,
10001   1 beim 2.,3.,4. oder 5. Wurf

11000*
01100   2.)   1 beim zweiten Wurf,
01010   1 beim 1.,3.,4. oder 5. Wurf
01001

10100*
01100*   3.)   1 beim dritten Wurf,
00110   1 beim 1.,2.,4.oder 5. Wurf
00101

10010*
01010*   4.)   1 beim vierten Wurf,
00110*   1 beim 1.,2.,3. oder 5. Wurf
00011

10001*
01001*   5.)   1 beim fünften Wurf,
00101*   1 beim 1.,2.,3. oder 4. Wurf
00011*

Wahrscheinlichkeitsverteilungen

Für den Fall $k=3$ gilt die gleiche Überlegung wie für $k=2$, nur dass die „1er" durch „nicht 1"er, also 0 zu ersetzen sind, und die 0 durch „1er".
Entsprechend ist der Fall $k=4$ äquivalent mit $k=1$, und $k=5$ mit $k=0$.

Bei der Beschreibung der möglichen Realisierungen haben wir eine systematische Variationsregel eingeführt, um keine Möglichkeit zu übersehen. Daraus wird für den Fall $k=2$, bzw. $k=3$ ersichtlich: Es gibt fünf „Blöcke" zu je vier Möglichkeiten. Von diesen jeweils vier Möglichkeiten sind allerdings diejenigen auszuscheiden, die in einem früheren Block schon aufgetaucht sind(*).

Das Entwicklungsgesetz: Es gibt fünf Möglichkeiten, mit dem ersten Wurf einen '1'er zu werfen. ist. Für jede dieser 5 Möglichkeiten gibt es zunächst 4 Möglichkeiten, mit dem zweiten Wurf einen „1er" zu werfen. Wäre k größer als 2, dann würde es weitere drei Möglichkeiten geben, mit dem dritten Wurf einen „1er" zu erzielen, usf. Die so aufgezählten Möglichkeiten errechnen sich also mit $5*4$ für $k=2$, bzw. für $5*4*3*...$ für ein größeres k. In allgemeiner Schreibweise: *n(n-1)(n-2).....(n-k+1)*. Dies kann auch angeschrieben werden als

$$\frac{n(n-1)(n-2).....1}{k(k-1)(k-2)....1}$$

für den Ausdruck im Zähler wird die abgekürzte Schreibweise *n!* („n faktorielle"), für dem im Nenner *k!* („k faktorielle") verwendet. Der obige Ausdruck kann also auch als

$$\frac{n!}{(n-k)!}$$

angeschrieben werden.

Gleichzeitig steigt aber in jedem Block die Anzahl der Sequenzen, die in einem früheren Block schon aufgetreten sind. Mit der gleichen Logik wie oben ergibt sich ihre Anzahl als *(n-k)(n-k-1)(n-k-2)....1*. Um diese Anzahl verkleinert sich die Anzahl der Möglichkeiten, zum Ergebnis k „1er" zu gelangen. Wir erhalten somit als allgemeine Formel für die Anzahl der Möglichkeiten, mit n Würfen k „1er" zu erhalten, bzw. k Elemente aus n Elementen auszuwählen:

$$\frac{n!}{k!(n-k)!}$$

Dieser Ausdruck wird in abgekürzter Schreibweise auch als

$\binom{n}{k}$ („n über k") dargestellt.

Wahrscheinlichkeitsverteilungen

Die allgemeine Formel der Binomialverteilung

Wir können somit die Wahrscheinlichkeit, mit n Würfen k „1er" zu werfen, angeben. Sie setzt sich zusammen aus der Wahrscheinlichkeit einer Sequenz mit k „1ern", multipliziert mit der Anzahl an Sequenzen, die zum gleichen Ergebnis führen. Diese Wahrscheinlichkeit lautet:

$$p(k,n) = \frac{n!}{k!(n-k)!} p^k (1-p)^{(n-k)}$$

oder

$$p(k,n) = \binom{n}{k} p^k (1-p)^{(n-k)}$$

Im Fall $n=5$ hat jede einzelne Sequenz eine recht geringe Wahrscheinlichkeit von $1/2^5$; oder 1/32. Trotzdem ist es viel wahrscheinlicher, dass zwei oder drei „1er" ($k = 2$ oder $k = 3$) oben zu liegen kommen, als gar kein oder fünf „1er". Denn für $k=2$ oder $k=3$ ist die Wahrscheinlichkeit von 1/32 zu multiplizieren mit 5*4/2, also mit 10. (Vgl. Abb. 6.4). Wir können also erwarten, dass 10/32, rund ein Drittel aller Würfe mit 5 Münzen, 2 „1er", ein weiteres Drittel 3 „1er" als Ergebnis haben werden.
Für die Ermittlung der theoretischen Wahrscheinlichkeit ist der erste Ausdruck

$$\frac{n!}{k!(n-k)!}$$

in unserer Formel der Entscheidende, denn er gibt die Anzahl der möglichen Realisierungen für jedes Ereignis k an.
Der zweite Ausdruck

$$p^k(1-p)^{(n-k)}$$

gibt die Wahrscheinlichkeit je einer Sequenz an; sie ist im Fall des Münzwurfs mit der Wahrscheinlichkeit $p=1/2$ für jedes k gleich. Im Fall eines anderen Experiments (etwa eines Würfels) wird sie vor allem bei größeren n ebenfalls nicht sehr wesentlich zur Größe der Wahrscheinlichkeiten für jedes k beitragen. D. h. zur Form einer Verteilung trägt vor allem der erste Ausdruck bei: Die Anzahl der Möglichkeiten, aus denen man bei einem Wurf mit n Münzen k-mal den „1er" erhält.

Mit Hilfe der Funktion, die für jede Realisierung von k die zugehörige Wahrscheinlichkeit angibt, ist es uns nunmehr möglich, einen theoretischen, auf dieser theoretischen Wahrscheinlichkeitsverteilung beruhenden, Mittelwert auszurechnen. Es handelt sich dabei um jenen Wert, von dem wir berechtigt erwarten werden, dass er bei oftmaliger Durchführung des Experiments im Durchschnitt auftreten wird: Solche theoretischen Mittelwerte werden deshalb auch Erwartungswerte genannt.

Häufigkeitsverteilungen und Wahrscheinlichkeitsverteilungen, deren Mittelwerte und Varianzen

Bisher hatten wir es immer mit empirischen Verteilungen, Häufigkeitsverteilungen, gewonnen durch empirische Versuche (Ausprobieren), zu tun. Der obige Fall ist ein Beispiel einer theoretischen Verteilung: einer Verteilung von relativen Häufigkeiten bzw. Wahrscheinlichkeiten, die wir aufgrund von Kenntnissen über die Natur des Experiments errechnet haben. Wodurch unterscheidet sich eine Wahrscheinlichkeitsverteilung von einer Häufigkeitsverteilung?

Eine Wahrscheinlichkeitsverteilung ist eine theoretisch ermittelte Häufigkeitsverteilung, d. h. eine Verteilung oder ein Histogramm, bei denen wir uns die Balkenhöhen ausgerechnet und nicht durch Versuche ermittelt haben.

Abb. 6.1 repräsentierte eine Häufigkeitsverteilung *absoluter* Häufigkeiten; damit jedoch die Analogie zur Wahrscheinlichkeitsverteilung perfekt ist, müssten wir eine Verteilung *relativer* Häufigkeiten haben. Um zu dieser zu kommen, müssen wir die Verteilung in Anteilen darstellen. D. h. die y-Achse unserer Histogramms repräsentiert nicht mehr absolute Häufigkeiten (symbolisiert durch h), sondern Häufigkeitsanteile, also relative Häufigkeiten: h/n (- die Anzahl der Experimente wird bekanntlich oft durch n symbolisiert; in unserem Beispiel beträgt $n = 30$). Auf der y-Achse steht demnach in unserem Fall nicht mehr eine Zahl zwischen Null und 30, wie bei der Verteilung absoluter Häufigkeiten, sondern – wie bei der Wahrscheinlichkeitsverteilung – zwischen Null und Eins (Verteilung relativer Häufigkeiten).

Damit haben wir zwischen einem Diagramm relativer Häufigkeiten und einem Diagramm von Wahrscheinlichkeiten eine direkte Entsprechung, eine Analogie hergestellt.

Der Unterschied zwischen beiden liegt vor allem in der Interpretation: Wahrscheinlichkeiten können entweder aus der Beobachtung relativer Häufigkeiten geschätzt, oder aber theoretisch ermittelt werden.

Die theoretische Ermittlung einer Wahrscheinlichkeitsverteilung kann beispielsweise aus unserer oben ermittelten Binomialverteilungsformel erfolgen:

Wahrscheinlichkeitsverteilungen

$$p(k,n) = \frac{n!}{k!(n-k)!} p^k (1-p)^{(n-k)} \quad \text{oder}$$

$$p(k,n) = \binom{n}{k} p^k (1-p)^{(n-k)}$$

Sie ergibt, gemäß unserem Beispiel, die Wahrscheinlichkeiten von k „1ern" mit n Münzen. Wir setzen für jedes mögliche k die entsprechenden Zahlen ein und erhalten eine theoretische Verteilung von relativen Häufigkeiten.

Zur selben Wahrscheinlichkeitsverteilung kommen wir durch oftmaliges durchführen (= ausprobieren) des Experimentes. Die y-Achse unseres Diagramms repräsentiert dann zunächst noch nicht p, sondern h/n, und aus diesem ermitteln wir durch oftmalige Wiederholung eine Schätzung für p.

Wir können also den Schritt von den empirisch gewonnenen absoluten zu den relativen Häufigkeiten – technisch gesprochen – dadurch vollziehen, dass wir an der y-Achse des Diagramms h durch h/n ersetzen. Wir verändern den Maßstab der Häufigkeiten, die Form der Verteilung bleibt die Gleiche.

Wir können uns über Häufigkeitsverteilungen einen Mittelwert ausrechnen. Dies geschieht durch Summierung aller Einzelwerte und Division durch ihre Anzahl. Dabei gilt:

$$\bar{x} = \frac{1}{n} \sum_{i=1}^{n} x_i$$

Falls nun die Messwerte x_i in gruppierter Form vorliegen, so dass zu jedem x_i ein f_i existiert, das angibt. wie oft das zugehörige x_i vorkommt, dann wird die obige Formel zu

$$\bar{x} = \frac{1}{n} \sum_{i=1}^{m} f_i x_i$$

Die Obergrenze des Laufindex i oberhalb des Summenzeichens ist jetzt nicht mehr n (Anzahl der Fälle), sondern mit m ist hier die Anzahl der Gruppen bezeichnet, für die ein x_i und ein f_i vorliegt.

$$\bar{x} = \sum_{i=1}^{m} \frac{1}{n} f_i x_i, \text{ bzw., wenn } \frac{1}{n} f_i = p_i, \ \bar{x} = \sum_{i=1}^{m} p_i x_i$$

Wir können also in gruppierten Daten Mittelwerte durch Multiplikation der relativen Häufigkeiten – oder Wahrscheinlichkeiten – mit den zugehörigen *x*-Werten errechnen. Dies sowohl im Fall empirischer, als auch im Falle theoretischer Verteilungen. In diesem letzteren Falle wird der Mittelwert häufig auch als Erwartungswert *E(x)* bezeichnet.

Analoges gilt für die Berechnung von Varianz und Standardabweichung.

$$s_x^2 = \frac{1}{n}\sum_{i=1}^{n}(x_i - \overline{x})^2 \text{ , bzw.}$$

$$s_x^2 = \frac{1}{n}\sum_{i=1}^{m}f_i(x_i - \overline{x})^2 \text{ , bzw.}$$

$$s_x^2 = \sum_{i=1}^{m}\frac{1}{n}f_i(x_i - \overline{x})^2 \text{ , bzw., wenn } \frac{1}{n}f_i = p_i$$

$$s_x^2 = \sum_{i=1}^{m}p_i(x_i - \overline{x})^2$$

wobei auch hier wieder *n* die Anzahl der Fälle ist, und *m* die Anzahl der Gruppen, in die die Fälle eingeordnet wurden.

Mittelwert, bzw. Erwartungswert, der Binomialverteilung

Wir haben oben sowohl den Begriff des Mittelwertes, als auch den des Erwartungswertes verwendet. Rechnerisch sind beide Größen das selbe. Von der Interpretation, dem Konzept her, ist der Erwartungswert eine Größe, die aufgrund einer Wahrscheinlichkeitsverteilung gewonnen wurde. Der Mittelwert wurde aufgrund einer Häufigkeitsverteilung gewonnen; er ist also etwas Empirisches, während der Erwartungswert etwas Theoretisches ist (der Wert, von dem wir erwarten, dass ihn eine Variable wahrscheinlich annehmen wird).

Die Techniken zur Ermittlung der entscheidenden Maßzahlen von Verteilungen (Mittelwert, Varianz etc.) sind für empirische Verteilungen und für Wahrscheinlichkeitsverteilungen genau die gleichen.

Die statistische Erwartung bei einem Binomialverteilungs-experiment, ausgedrückt in einem Erwartungswert, ist also eine theoretische Annahme darüber, wie oft ein Ereignis wahrscheinlich eintreffen wird. Im Fall des Binomialexperiments haben wir die statistische Wahrscheinlichkeit eines Einzelereignisses als die Anzahl der günstigen durch die Anzahl der möglichen Fälle definiert. Die Erwartung, wie oft nun ein solches Einzelereignis unter *n* möglichen Fällen auftreten wird, ist die Umkehrung des Kon-

Wahrscheinlichkeitsverteilungen

zepts: Die Anzahl der günstigen Fälle errechnet sich aus der Anzahl der möglichen Fälle, die mit der Wahrscheinlichkeit des Ereignisses gewichtet wurden. Sie ist die Anzahl der Fälle, mit der das Ereignis (unter Annahme der Zufälligkeit) eingetroffen ist: n, multipliziert mit der Wahrscheinlichkeit p.

Beispiel: Ein Würfel hat eine bestimmte Wahrscheinlichkeit, dass eine „6" geworfen wird. Diese Wahrscheinlichkeit können wir uns theoretisch überlegen oder durch ein Experiment ermitteln. Ermitteln wir sie durch ein Experiment, stellen wir fest, dass im Schnitt von 100 Würfen 16,7 Mal „6" oben zu liegen kommt. Auf diese Weise können wir zur Wahrscheinlichkeit $p = 1/6$ kommen. Die Erwartung, wie oft wir von 100 Würfen „6" erhalten werden, ist die Umkehrung des Konzepts, die Umdrehung der Überlegung. Nämlich $p*n$, also *(1/6) * 100*. Zu jeder Wahrscheinlichkeit gehört eine Erwartung und zu jeder Erwartung gehört eine Wahrscheinlichkeit.

Anhand unserer vorangegangenen Überlegungen erschließen sich uns nun zwei Wege, anhand derer wir errechnen können, wie groß der **Erwartungswert der Binomialverteilung** (- als Wahrscheinlichkeitsverteilung) ist:

1. Der kurze Weg ergibt sich aus der Überlegung, dass die Wahrscheinlichkeit aus relativen Häufigkeiten abgeleitet ist und deshalb die absoluten Häufigkeiten (oder deren statistische Erwartung) wieder von den Wahrscheinlichkeiten abzuleiten sein werden. Die Wahrscheinlichkeit ist ja die Anzahl der zu erwartenden Fälle („günstigen" Fälle) durch die Anzahl der insgesamt möglichen Fälle. Die Erwartung der günstigen Fälle kann demnach nur lauten: Mögliche Fälle multipliziert mit den Wahrscheinlichkeiten. In Bezug auf die Binomialverteilung bedeutet dies:

$$E(k,n) = n\,p$$

2. Der lange Weg wäre (durch Einsetzen in die Formel für die Berechnung eines Mittelwerts):

$$E(k,n) = \sum_{k=0}^{n} k \frac{n!}{k!(n-k)!} p^k (1-p)^{(n-k)}$$

Ausrechnen dieses Formelausdruckes ergibt ebenfalls np.

Wir könnten also aufgrund unserer Wahrscheinlichkeitsverteilung durch schlichtes Einsetzen in die Formel für den Mittelwert ebenfalls zur Berechnung eines Erwartungswertes als Mittelwert gelangen. Mittelwert und Erwartungswert sind, wie gesagt, rechnerisch dasselbe. Wir sprechen von Erwartungswerten dann, wenn ein Mittelwert empirisch nicht vorliegt, sondern aufgrund einer theoretischen Verteilung auszurechnen ist, wie ein solcher Mittelwert voraussichtlich aussehen wird.

Der Typus von Ereignis (Fragestellung), der hinter der Binomialverteilung steht, ist Folgender: Es gibt ein Ereignis, das ein bestimmte Anzahl von Malen vorkommen kann (n). Von dieser Anzahl, mit der es im Prinzip vorkommen könnte, ist es k-mal wirklich aufgetreten. Die Wahrscheinlichkeit dafür ist berechenbar.

Wozu könnte das bisher Besprochene gut sein? Wo können wir die Tatsache brauchen, dass wir uns die Wahrscheinlichkeit, dass ein Ereignis mit einer bestimmten Einzelwahrscheinlichkeit k-mal vorkommt, ausrechnen können?

Die Anwendung dieser Kenntnisse lässt sich wieder am Beispiel unserer Vierfeldertafel veranschaulichen.

Zur Erinnerung:

Abbildung 6.5

	A	nicht A	
B	eg/n a	eh/n b	e
nicht B	fg/n c	fh/n d	f
	g	h	n

Oben stehen die Erwartungen für die jeweilige Zelle. Die Frage, wie stark der Zusammenhang zwischen den beiden Variablen A und B ist, und wie wahrscheinlich es ist, dass ein solcher Zusammenhang zufällig zustande gekommen sein könnte, hat einen Bezug zu unserem Münzwurfbeispiel. Wir haben ja hier eine Erwartung und eine Wahrscheinlichkeit (z. B. für Zelle a: $E(a) = e \cdot g/n$; $P(a) = e \cdot g/n^2$), aus der wir uns ausrechnen können, wie groß eine Differenz $a - e \cdot g/n$ wahrscheinlich werden kann. Diese Wahrscheinlichkeit lässt sich im Prinzip nach der gleichen Logik ausrechnen, wie die Wahrscheinlichkeit, bei einem Wurf mit fünf Münzen a „1er" zu werfen: Wir haben eine Wahrscheinlichkeit und ein empirisches Ergebnis. Wir können uns ausrechnen, ob wir das Ergebnis „glauben" oder nicht: ob die Münzen wahrscheinlich manipuliert worden sind oder nicht, bzw. ob sie die erwartete Bauweise besitzen oder nicht: Beim Münzwurf würde diese erwartete Bauweise dazu führen, dass wir die Wahrscheinlichkeit eines „1ers" mit $p=1/2$ schätzen, im Falle der Vierfeldertafel mit $p=e \cdot g/n^2$.

Die Tatsache, dass wir eine so angenehme Erfindung wie Wahrscheinlichkeitsverteilungen zur Verfügung haben, versetzt uns in die Lage, für konkrete empirische Ergebnisse auszurechnen, wie wahrscheinlich sie sind – unter der Voraussetzung, dass diese empirischen Ergebnisse durch Zufall zustande gekommen sind. *Auf dieser Logik beruht jeder Signifikanztest.*

Wir haben ein tatsächliches empirisches Ergebnis und ein Szenario, wie es aussehen hätte müssen, wenn Zufälligkeit geherrscht hätte. Zwischen den beiden gibt es einen Unterschied, für den wir uns die Wahrscheinlichkeit ausrechnen können. Dafür benötigen wir die Wahrscheinlichkeitsverteilung; eine solche ist die Binomialverteilung, die gewissermaßen die „Mutter" sehr vieler Wahrscheinlichkeitsverteilungen ist: aus ihr heraus lassen sich eine Reihe anderer Wahrscheinlichkeitsverteilungen entwickeln.

Nun ist es zwar möglich, aber relativ unpraktisch, mit Hilfe der Binomialverteilung die Frage zu beantworten, wie wahrscheinlich es ist, dass die linke obere Zelle der Vierfeldertafel die Häufigkeit a und nicht die erwartete Häufigkeit $e \cdot g/n$ enthält.

Die Differenz zwischen dem erwarteten Wert und der empirisch erhobenen Häufigkeit ($a - e \cdot g/n$) ist die kritische Größe; sie gibt an, wie viel mehr oder weniger Personen in Zelle a sitzen als aufgrund des Zufalls bei Unabhängigkeit der interessierenden Variablen/Ereignisse zu erwarten wären.

In Zelle a steht also eine Anzahl von Realisierungen, die tatsächlich zustande kam. Unsere Ausgangsfrage war, wie viele Personen (allgemein: Stichprobeneinheiten) in Zelle a stehen müssten, wenn A (z. B. Regen) mit B (z. B. Die Vorhersage des Meteorologen) nichts zu tun hätte: wenn der Meteorologe den Regen nicht wirklich vorhersagen könnte, d. h. seine meteorologischen Vorhersagen nichts mit dem tatsächlichen Eintreffen von Regen zu tun hätten. Dies würde bedeuten, dass die Fälle, in denen es nach der Voraussage des Meteorologen regnet, eine Zufallsauswahl aus den Fällen wären, in denen es überhaupt regnet; – zufällig hätte der Meteorologe recht gehabt oder nicht. In diesem Fall erwarten wir als Anteil der Regentage, die er vorausgesagt hat (a/e), als genauso viel wie den Anteil der Regentage überhaupt (g/n). Damit gewinnen wir die Erwartung unter der Annahme von Unabhängigkeit (keine Voraussagekraft), dass es dann regnet, wenn der Meteorologe dies vorhergesagt hat. Tatsächlich hat es aber a-Mal geregnet (häufiger oder seltener als unsere Erwartung). Die Abweichung der Größe a von der Erwartung von a ist die entscheidende Maßzahl bei der Beurteilung der Fähigkeit des Meteorologen, Regen vorherzusagen. Wir fragen uns, wie groß die Wahrscheinlichkeit ist, dass diese Abweichung einen bestimmten Wert annimmt. Diese Wahrscheinlichkeit mit Hilfe der Binomialverteilungsformel tatsächlich auszurechnen, bleibt uns allerdings erspart, weil es einfachere Methoden gibt. Sie gäbe uns aber grundsätzlich die Möglichkeit, zu sagen, wie wahrscheinlich es ist, dass a oder mehr Fälle (Regen nach Vorhersage) in der linken oberen Zelle der Vierfeldertafel stehen.

D. h. wir haben es hier mit dem gleichen Typus von Experiment zu tun, wie beim Münzwurfbeispiel: Die Wahrscheinlichkeit von Regen und Vorhersage ist $e/n \cdot g/n$. Die Erwartung für Regen und Vorhersage ist $(e/n \cdot g/n) \cdot n$. Stellen sie sich vor, wir hätten eine Münze. Die eine Seite der Münze steht dafür, dass der Meteorologe Regen vorhergesagt hat und es regnet ($e/n \cdot g/n = p$), sie wurde also so manipuliert, dass sie mit der Wahrscheinlichkeit $e/n \cdot g/n$ auf den „1er" fällt, und ihre andere Seite steht für etwas anderes ($1 - e/n \cdot g/n = q$). Wir könnten nun, wenn wir diese Münze oft genug würfen, die Abweichung der tatsächlichen Fälle von den erwarteten Fällen beurteilen. Das Instrumentarium dazu wäre vorhanden.

Wichtig ist, dass wir, um die Differenzen zwischen Erwartungen und tatsächlichen empirischen Ergebnissen zu bewerten, eine passende Wahrscheinlichkeitsverteilung brauchen. Zu fragen, wie wahrscheinlich es ist, dass diese Abweichung 0 oder 1 oder 2 etc. beträgt, entspricht vom Gedankengang her der Wahrscheinlichkeit, dass n Münzen auf keinen „1e", einen „1er", zwei, bzw. allgemein, k „1er" fallen.

Für welches weitere Ereignis wäre unser Münzwurfexperiment ein Modell? Was funktioniert noch nach derselben Gesetzmäßigkeit wie der Münzwurf? Welche messbare Größe (Variable) hat ebenfalls eine solche Verteilung, in der ein k mit einer bestimmten Häufigkeit (0-Mal, 1-Mal, 2-Mal etc.) auftreten kann?

Ein Beispiel ist die Geburt von Jungen und Mädchen: Die Wahrscheinlichkeit, dass in einer Familie mit n Kindern, k Mädchen vorkommen. Eine Verteilung von Kinderzahlen, etwa bei einer Familie mit insgesamt 5 Kindern, sieht fast genau so wie bei unserem Münzwurfbeispiel aus (die Wahrscheinlichkeit, einen Jungen oder ein Mädchen zu gebären, ist annähernd 0,5). Und zwar schlicht und einfach aufgrund der Tatsache, dass es bei insgesamt fünf Kindern sehr viel mehr Möglichkeiten gibt, zwei Mädchen zu bekommen, als Möglichkeiten, fünf Mädchen zu bekommen. Dabei spielt eben nicht nur die Wahrscheinlichkeit, Mädchen zu gebären, eine Rolle, sondern v. a. die möglichen Realisierungen, die im Auge des Untersuchers gleichwertig sind (kombinatorische Komponente der Binomialverteilungsformel): Es ist gleichgültig, ob das älteste Kind und das jüngste Kind Mädchen sind, oder etwa das Zweite und Dritte. Es gibt nur eine Möglichkeit, fünf Töchter bei fünf Kindern zu bekommen, aber zehn Möglichkeiten, zwei Töchter bei insgesamt fünf Kindern zu haben.

Eine andere Analogie zum Münzwurfbeispiel wäre: Die Wahrscheinlichkeit, sich bei fünfmaligem Raten zweimal zu irren. Alle Ereignisse, bei denen diese kombinatorische Überlegung (diese Entwicklungsgesetzlichkeit) vorkommt, haben die gleiche Logik und eine ähnliche Form wie Binomialverteilungen; auch dann, wenn die Wahrscheinlichkeit für jedes Einzelereignis nicht genau 0,5 ist.

Die Wahrscheinlichkeit, bei einem Wurf mit fünf Würfeln zweimal den „6er" zu würfeln, wäre ein anderes Beispiel. Es ändert sich dabei die zweite Komponente der Binomialverteilung, die die Wahrscheinlichkeit für das betrachtete Ereignis (z.B. k „6er" zu würfeln) angibt, nicht jedoch die erste Komponente (die möglichen Realisierungen des gemeinsamen Ereignisses).

Die Einzelwahrscheinlichkeit, einen „6er" zu würfeln, ist 1/6. Die Form der Verteilung wird eine etwas andere sein als die beim Münzwurfbeispiel. Aber je größer die

Wahrscheinlichkeitsverteilungen

Anzahl der Würfel, mit denen wir gleichzeitig würfeln (= je größer *n*), desto mehr nähert sich die Verteilung der Symmetrie. Wir könnten dies ausprobieren, indem wir einmal mit drei Würfeln gleichzeitig würfeln und uns ansehen, wie hoch die Wahrscheinlichkeit ist, 0,1,2,und 3 Mal den „6er" zu würfeln (Histogramm zeichnen); dann mit sechs Würfeln, und die Wahrscheinlichkeit betrachten, dass der Sechser 0,1,2,3,4,5 oder 6 Mal auftritt, dann mit zwölf Würfen, etc.; Wir werden sehen, dass je höher die Anzahl der Würfel ist, die wir untersuchen, desto ähnlicher die Verteilung der eines Münzwurfbeispiels wird, obwohl die Wahrscheinlichkeit für einen Sechser beim Würfel eine ganz andere ist als die für einen „1er" bei einer Münze.

Die Wahrscheinlichkeit, bei zehnmaligem Schießen auf ein Ziel mit einer vorgegebenen Treffergenauigkeit, keinmal, einmal, zweimal etc. zu treffen, entwickelt sich wiederum nach der gleichen Gesetzlichkeit wie die Binomialverteilung.

Anders sieht die Form der Verteilung nur dann aus, wenn wir es mit Einzelwahrscheinlichkeiten zu tun haben, die extrem weit von 0,5 abweichen. Solange die Einzelwahrscheinlichkeiten in einem Bereich von etwa 0,1 bis 0,9 liegen und wir oft genug würfeln, schießen, die Münze werfen oder was immer, ist die Form der Verteilung immer ziemlich ähnlich.

Wahrscheinlichkeiten von Ereignissen und Wahrscheinlichkeiten von Klassen von Ereignissen

Wenn wir auf der Straße gehen und dort zufällig jemanden treffen, den wir schon zwanzig Jahre nicht gesehen haben und uns zu überlegen beginnen, wie wir die Wahrscheinlichkeit dafür ausrechnen können, dass wir genau diesen Menschen getroffen haben, dann werden wir merken, dass dieses Zusammentreffen extrem unwahrscheinlich war.

Die Wahrscheinlichkeit für jedes einzelne Ereignis ergibt, wenn wir sie uns ausrechnen, meistens einen sehr kleinen Wert. Der Wert ist umso kleiner, je genauer dieses Ereignis definiert ist. Deshalb ist die Frage, wie groß die Wahrscheinlichkeit war, dass ein ganz bestimmtes Ereignis eingetroffen ist, irrelevant. Wichtig ist die Frage, wie groß die Wahrscheinlichkeit dafür war, dass eine bestimmte Klasse von Ereignissen, ein bestimmter Typus von Ereignis, eingetroffen ist.

Ein anderes, formalisierteres Beispiel: Wenn wir einmal 12 Münzen werfen, kommt *ein* bestimmtes Ergebnis heraus. Ermitteln wir im nachhinein die Wahrscheinlichkeit für genau dieses Ergebnis, also genau die zufällig geworfene Anordnung von „1ern" und Nullen, erhalten wir den sehr kleinen Wert $(1/2)^{12}$. Daraus können wir aber nicht schließen, dass diese Sequenz, die wir geworfen haben, etwas besonderes ist. Das heißt: Wahrscheinlichkeiten von Einzelereignissen im Nachhinein zu berechnen ist relativ sinnlos, wenn wir beurteilen wollen, was die Einzelereignisse für eine Bedeutung haben. Wir müssen, um Ereignisse zu beurteilen, Wahrscheinlichkeiten von Klassen (Typen) von Ereignissen berechnen.

Hätten wir bei unserem Wurf von zwölf Münzen z. B. zwölfmal eine „1" bekommen, ist dies ein Einzelereignis. Wenn uns dies im Alltag passiert, werden wir vermutlich sofort nochmals alle zwölf Münzen werfen. Erhalten wie wieder zwölfmal eine „1", dann versuchen wir es erneut. Wenn bei mehreren Versuchen, immer zwölfmal der „1er" oben zu liegen kommt, sehen wir uns vermutlich die Münzen an, ob man ihnen ihre Besonderheit ansieht. Falls nicht, dann machen wir damit vielleicht einen Stand am Jahrmarkt auf.

Einzelereignisse mit auch noch so kleinen Wahrscheinlichkeiten lassen noch keinen Induktionsschluss zu. Summen von Einzelereignissen schon. Die Wahrscheinlichkeit für das Münzwurfergebnis (1,0,0,1,0) ist 1/32. Zur Beurteilung der Bedeutsamkeit dieses Ereignisses müssen wir aber die Wahrscheinlichkeiten aller übrigen möglichen Realisierungen kennen.

Die Normalverteilung

Es war einmal ein Herr Gauß, der sich u. a. dafür interessierte, ob es möglich ist, mit einem Fernrohr die Position eines Sterns exakt zu bestimmen. Ein Fernrohr besteht im Prinzip aus mindestens zwei ineinander verschiebbaren Röhren mit mindestens zwei Linsen. Ein in der Ferne liegender Stern bildet sich durch Lichtbrechungen im Fernrohr auf der dem Betrachter zugewandten Linse ab. Nun sind auch heute noch Fernrohre nicht so exakt gebaut, dass man sich darauf verlassen kann, dass der Stern auch wirklich genau dort ist, wo der Astronom ihn sieht. Diese Abweichung der Sternenposition von dem Ort, wo ihn der Astronom sieht, enthält zwei Fehlerquellen:

1. Es gibt Unexaktheiten, die sich bei jeder Messung des Sternenposition immer wieder reproduzieren: Sie resultieren daraus, dass eine der Linsen etwas schief eingesetzt ist, eine Rohrführung schief positioniert ist, o.ä. Ein solches Fernrohr bildet den Stern aufgrund von fehlerhaften Brechungen immer auf einer anderen Position ab. Diesen Typus von Messfehler nennen wir den **Bias** (**systematischen Messfehler**, reproduzierbare Abweichung).
2. Der zweite Typus von Unexaktheiten resultiert daraus, dass die Führung der beiden Rohre nicht so exakt ist: einmal verschiebt sie sich nach links, einmal etwas nach rechts, ein anderes Mal etwas nach oben oder nach unten. Bei unterschiedlichen Messungen ergeben sich unterschiedliche Messresultate. Dies ist ein Messfehler, der sich aufgrund der Unexaktheit des Gerätes ergibt. Diesen Typus von Messfehler nennen wir **Error** (oder **Zufallsfehler**)

Die Messung eines Sterns, die Messung einer psychologischen Dimension, die Messung einer Einstellung – jede Messung ist fehlerbehaftet. Und jeder Messfehler besteht aus zwei Komponenten – einer systematischen und einer Zufallskomponente. Der Unterschied zwischen beiden Komponenten besteht darin, dass wir den systematischen Fehler, wenn wir ihn kennen, rechnerisch beheben können.

Den Zufallsfehler erkennt man daran, dass sich die Sternenpositionen desselben Sterns scheinbar ändert (anders abbildet), wenn man den Messvorgang mehrmals wiederholt. Die Frage ist, ob wir auch den Zufallsfehler bei der Messung eines Sterns – so wie den systematischen Fehler – rechnerisch beheben können?

Wir könnten zunächst den empirischen Weg gehen und uns die empirische Verteilung dieser Sternenposition aufzeichnen und könnten bei oftmaligem Messen vielleicht eine empirische Verteilung der einzelnen Messungen vorfinden, die den Balken der Abbildung 3.5 in Abschnitt 3 ähnlich sieht:

Abbildung 6.6 (Wiederholung von Abb. 3.5)

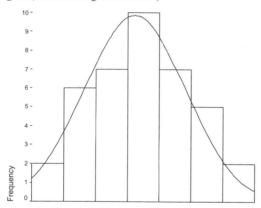

Wie wird die Wahrscheinlichkeitsverteilung für diese Vielzahl an Messungen sein? Warum werden in der Mitte der Verteilung sehr viele Messergebnisse liegen?

Wir können davon ausgehen, dass die Prozesse, die dazu führen, dass das Fernrohr von seiner optimalen Exaktheit abweicht, nicht ein einziger Prozess, sondern viele kleine Prozesse sind: Es gibt viele Hebel, viele Achsen, viele Röhren, die irgendwie verschoben oder verwackelt sein können. Wir können das Problem deshalb modellhaft so betrachten, als ob jeder einzelne mögliche Beitrag zu einer fehlerhaften Fernrohrposition so etwas wie der Wurf einer Münze wäre. Die Prozesse, die die einzelnen Fehler verursachen, hängen ja in der Regel nicht voneinander ab (das eine Rädchen sagt nicht zum anderen: „Komm überspring auch Du genauso wie ich einen Zahn, sei solidarisch").

Jeder Beitrag zum Messfehler durch das Fernrohr ist ein eigener, individueller, von den anderen unabhängiger Beitrag – wie bei den Münzen, bei denen die Wahrscheinlichkeit, dass eine Münze auf eine bestimmte Seite fällt, nicht davon abhängt, wie die anderen Münzen fallen (voneinander unabhängige Ereignisse).

Wenn also die Störfaktoren (Beiträge) miteinander unkorreliert sind (miteinander nichts zu tun haben, voneinander unabhängig sind) und es viele davon gibt, dann haben wir ein Phänomen vor uns, das nach der gleichen Entwicklungsgesetzlichkeit abläuft, wie die Binomialverteilung. Es ist wahrscheinlicher, dass von n Einflüssen (Störfaktoren), k in die selbe Richtung wirksam sind, wenn k ungefähr in der Mitte von n liegt.

Wir können uns das so vorstellen, dass ein Lichtstrahl, bis er das Auge des Astrologen erreicht, eine Reihe von Stationen durchläuft. Jede Station des Lichtstrahls ist eine mögliche Fehlerquelle (Störfaktor). Und bei jeder Station wird der Lichtstrahl entweder abgelenkt (nach links oder rechts) oder nicht: Wenn die Fehlerquelle aktiv ist, wird der Lichtstrahl abgelenkt, ist sie nicht aktiv, wird er nicht abgelenkt.

Wenn es sich um voneinander unabhängige Störfaktoren handelt, dann ist das wahrscheinlichste Ergebnis jenes, bei dem sich die einzelnen Störfaktoren weitgehend kompensieren. Es kann natürlich sein, dass zufällig beim 95. Versuch der Teufel nicht schläft und alle Fehlerquellen in die gleiche Richtung gehen (analog den Tagen, an denen alles schief geht). Aber in der Regel ist das Wahrscheinlichste, dass die einzelnen Faktoren, die in die eine Richtung ablenken und diejenigen, die in die andere Richtung ablenken, einander ungefähr die Waage halten werden. Warum? – Weil die meisten möglichen Realisierungen dafür vorhanden sind, dass die Einflussfaktoren zum Teil in die eine Richtung und zum Teil in die andere Richtung ablenken.

Die Wahrscheinlichkeit, dass bei n Störmöglichkeiten k Störungen auftreten, gibt uns unsere Binomialverteilungsformel wieder. Es handelt sich hier also um dasselbe Problem wie beim Münzwurf. Was möglicherweise einen anderen Wert hat, ist die Einzelwahrscheinlichkeit p jeder Störmöglichkeit. Aber diese ist ja nicht so relevant (s. o.).

Ein Unterschied besteht allerdings schon; nämlich, je komplexer das Ereignis ist, das wir betrachten (ein Ereignis, das Fehler produziert), desto größer wird n (die Anzahl der Störmöglichkeiten). In der Regel kennen wir dieses n überhaupt nicht; wir wissen in der empirischen Realität oft gar nicht, wie viele Störmöglichkeiten es überhaupt gibt.

Wir werden uns also fragen müssen, wie groß die Wahrscheinlichkeit von k Störungen, Ereignissen, Münzwürfen – was immer es gerade ist – bei einem sehr großen n ist. Und die Leistung des Herrn Gauß besteht darin, ermittelt zu haben, wie die Wahrscheinlichkeit von k Ereignissen bei n Möglichkeiten ist, wenn n sehr groß wird; allerdings muss das Produkt $n \cdot p$ ein endlicher Wert bleiben. Dies hat Gauß zu einer statistischen Beschreibung der normalen Verteilung natürlicher Messfehler geführt, die lautet: **Die normale Verteilung natürlicher Messfehler, abgekürzt: Normalverteilung, ist eine Binomialverteilung mit großem n und endlichem Mittelwert np.** Es lässt sich zeigen, dass für große n die Formel, nach der sich die Wahrscheinlichkeit für k „Treffer" nach der Binomialverteilung errechnet, in folgende Formel übergeht, nach der sich die Wahrscheinlichkeit für x Messfehler errechnet:

Wahrscheinlichkeitsverteilungen

$$f(x) = \frac{1}{\sqrt{2\pi\sigma^2}} e^{-\frac{(x-\mu)^2}{2\sigma^2}}$$

wobei

π...........3.14159

σ^2.........*Varianz*

e............*Euler'scheZahl*(2,72)

μ..........*Mittelwert*

Graphisch dargestellt, entspricht diese Verteilung der durchgezogenen Linie des untenstehenden Diagramms (vgl. Abb. 3.5)

Abb. 6.6: Normalverteilung

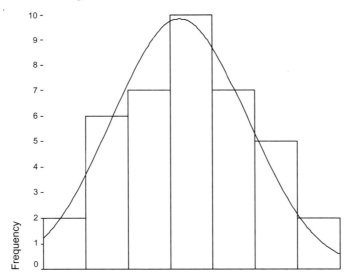

Wahrscheinlichkeitsverteilungen

Aber wahrscheinlich noch sehr viel wichtiger als diese technische Beschreibung der Normalverteilung ist die inhaltliche Beschreibung, die auf die Frage Antwort gibt, was alles in der Realität überhaupt normalverteilt sein kann.

Es gibt sehr viele Messgrößen, die nicht normalverteilt sind. Welche Ereignisse in der sozialen Wirklichkeit sind normalverteilt bzw. verhalten sich so wie die Messfehler beim Fernrohr, die aus einer sehr großen Anzahl von Fehlermöglichkeiten „ausgewählt" werden?

Die Körpergröße entwickelt sich häufig nach demselben Modell wie die Messfehler beim Fernrohr. Sie ist das Resultat einer sehr großen Zahl von einzelnen Einflüssen. Nach Meinung Mancher hängt sie mit dem Mond zusammen, andere sprechen vom Einfluss der Ernährung oder der Gene, der Sonnentage etc. Diese einzelnen Ereignisse sind im Großen und Ganzen voneinander stochastisch unabhängig. Bei der Köpergröße stimmt dies nicht völlig. Die Menschen am Erdball unterliegen nicht alle derselben Gruppe von Einflüssen, aber man kann für einzelne Bevölkerungen und geographische Regionen vereinfachend sagen, dass die Körpergröße ungefähr normalverteilt ist.

Messgrößen, die in ihrer Entstehung so zustande kommen, dass sie eine Reihe von Stadien durchlaufen, wobei es zu je Stadium voneinander unabhängigen Einflüssen kommt, werden in der Regel normalverteilt sein.

Die Entstehungsbedingungen für die Körpergröße der Menschen sind also hinreichend ähnlich den Bedingungen, nach denen normalverteilte Zufallsvariable entstehen, weil es in der Genese der Variable Körpergröße eine Vielzahl von Einflussfaktoren gibt, die sich – wahrscheinlichkeitstheoretisch gesprochen – so ähnlich wie das Münzwurfproblem verhalten. Es ist relativ unwahrscheinlich, dass zufällig sämtliche Einflussfaktoren der Körpergröße, denen ein Mensch unterliegt, in die Richtung gehen, dass er groß wird oder dass sämtliche Einflussfaktoren in die Richtung gehen, dass er klein wird. Wahrscheinlicher ist es, dass manche der Einflussfaktoren in Richtung auf „groß" und die anderen in Richtung auf „klein" wirksam werden. Da, wo aber die Körpergröße als Summe aller dieser Einflussfaktoren sichtbar wird, ist das Modell, nach dem die Körpergröße entsteht, sehr ähnlich wie dasjenige, nach dem die Summe von „Einsern" bei einem Wurf von Münzen entsteht.

Wir können uns dies so denken: Die erste Münze ist die Körpergröße des Vaters, die Zweite ist die Körpergröße der Mutter, die Dritte ist das Klima, die vierte Münze ist die Ernährung, die fünfte Münze ist die geographische Region etc. Wenn alle diese Faktoren wachstumsfördernd wirken, entspricht dies dem Ereignis, dass die erste Münze auf „Eins" fällt, die zweite Münze auf „Eins" fällt, die dritte Münze auf „Eins" fällt usw. bis zur n-ten Münzen – alle weisen die „Eins" auf. Dass alle diese Einflussfaktoren in die Gegenrichtung wirken, dass also ein Mensch klein wird, entspricht dem Ereignis, dass die erste Münze auf keinen Einser („Nicht-Einser") fällt, ebenso die Zweite usw. bis zur n-ten Münze. Dass ungefähr die Hälfte der Faktoren wachstumsfördernd wirksam werden, die andere Hälfte in Richtung auf eine kleine Körpergröße, entspricht dem

Wahrscheinlichkeitsverteilungen

Ereignis: eine Hälfte der Münzen fällt auf den Einser; die andere Hälfte der Münzen fallen auf die „Nicht-Einser". Dabei spielt es für die Wahrscheinlichkeit des Auftretens von k Einflüssen keine Rolle, *welche* Münzen auf den Einser fallen, solange es nur $k=n/2$ Münzen sind.

Es gibt eine Reihe von Prozessen in der sozialen Welt, die ungefähr nach dem Modell des Münzwurfs funktionieren. Aber nicht alle. Die Einflussfaktoren müssen einigermaßen gleichwertig sein. Ein Maß der Gleichwertigkeit ist die Wahrscheinlichkeit des Auftretens der einzelnen Faktoren. Im Münzexperiment hat die Wahrscheinlichkeit für jede einzelne Münze auf „Eins" zu fallen den Wert 0,5. In der Wirklichkeit (etwa bei der Körpergröße) ist dies nicht so; es gibt sehr viele Einflussfaktoren; die Wahrscheinlichkeit jedes einzelnen Ereignisses/Einflussfaktors ist nicht 0,5, sondern etwas anderes. Die Formel dafür aufzuschreiben, wäre viel komplizierter. An der Binomialverteilungsformel haben wir aber gezeigt, dass das interessante und wichtige Element der Verteilung der erste, kombinatorische Ausdruck der Binomialverteilungsformel war. Je größer das n wird, desto dramatischer steigt die Anzahl der Möglichkeiten an, einen Wert in der Nähe des Erwartungs- oder Mittelwertes zu erhalten. Schon bei einem n von 5 und einem k von 2 ergab sich eine Verteilung, die eine gewisse Ähnlichkeit mit der Normalverteilung aufwies.

Andere Beispiele für normalverteilte Messgrößen

Intelligenz – als die Summe von vielen Einzelleistungen in voneinander einigermaßen unabhängigen Intelligenztests, die gerade auf ihre Unabhängigkeit hin konstruiert wurden – ist normalverteilt, bzw. genaugenommen, die Messergebnisse auf Intelligenztests sind normalverteilt. Ob die Intelligenz selbst normalverteilt ist, ist eine sehr viel kompliziertere Frage.

Die entscheidende Frage in bezug auf die Normalverteilung ist: Von welchem Typus von Variablen können wir annehmen, dass sie normalverteilt sind? Dies ist wichtig, weil die Qualität der statistischen Auswertung u. a. mit der richtigen Einschätzung der Verteilung von Variablen steht und fällt. Betrachten wir eine Variable als normalverteilt, ohne dass sie dies ist, dann kommen wir zu falschen Schlüssen. Von welchem Typus von Variablen können wir nun annehmen, dass er normalverteilt ist?

– Variablen, die auf eine ganz bestimmte Art und Weise konstruiert sind, sind „Kandidaten" für die Normalverteilung. Zu diesem Konstruktionsprinzip gehört, dass diese Messgrößen

1. aus einer Summe vieler Einzelgrößen zusammengesetzt sind, wobei
2. diese Einzelgrößen voneinander stochastisch unabhängig (unkorreliert) sind und
3. keine von ihnen in ihrem Einfluss überwiegt.

ad 3) Wenn wir z. B. einem Subtest in einem Intelligenztest einen Punktwert von 1000 zuordnen und jedem weiteren Subtest einen Punktwert von 1, überwiegt ein Subtest. In diesem Fall wird die Verteilung der gemessenen Intelligenz v. a. eine Verteilung jenes Subtests sein, der den höchsten Punktwert von 1000 hat, mit einigen Fehlern. Oder wenn eine Intelligenzmessung so konzipiert wäre, dass nach dem ersten Intelligenztest ein Prüfer alle nachfolgenden Tests nur dann als gut interpretiert, wenn der erste Test gut war und alle nachfolgenden als schlecht, wenn der erste Test schlecht war (was auch schon vorgekommen sein soll), dann ist dies äquivalent mit einem überwiegenden Einflussfaktor.

Wenn die Körpergröße vor allem von der Ernährung abhinge und von allen übrigen Einflussgrößen nur wenig, dann wäre die Verteilung der Körpergrößen im wesentlichen eine Verteilung der Ernährungsgewohnheiten.

Bei allen bisher genannten Beispielen sind die zweite und die dritte Bedingung nur sehr unvollständig gegeben (oft sind Einzeleinflüsse z.T. voneinander abhängig, oft gibt es überwiegende Einzeleinflüsse). Aber auch wenn alle Einflussgrößen wenigstens einigermaßen gleich viel bewirken, dann ist schon eine brauchbare Annäherung an die daraus resultierende Verteilung durch die Normalverteilung gegeben.

Genau genommen besteht zwischen der 2. und 3. Bedingung für eine Normalverteilung kein wesentlicher Unterschied. Sie sind im Grunde Formulierungen desselben Sachverhalts. Wenn sich die Störfaktoren beim Fernrohr untereinander absprechen würden, wäre dies äquivalent mit einem großen Einfluss. Das Gesamtergebnis wäre eine Verteilung von Störfaktoren, die diese Absprachen mehr erkennen lässt als das Zufallsprinzip.

Sind Schulnoten normalverteilt? Obgleich sie als Summe von lauter Einzelleistungen von Schülern, also Einzeleinflüssen, gesehen werden können, sind sie empirisch nicht sehr normalverteilt. Woran liegt das?

1. die Schulpolitik hat einen Einfluss; 2. soll es Fächer geben, wo man grundsätzlich keinen 5er gibt etc. Es gibt also Prozesse, die bewirken, dass Schulnoten nicht besonders exakt normalverteilt sind. Anders ist es mit Notendurchschnitten.

Der Prototyp einer normalverteilten Variable ist der Mittelwert einer anhand einer Stichprobe gemessenen Größe: Die Summe aller Messwerte, gebrochen durch ihre Anzahl. Hier haben wir unsere unabhängigen Einflüsse. Die einzelnen Elemente einer Stichprobe sind unabhängige Einflüsse. Dies sogar auch dann, wenn die von uns gemessenen Variablen überhaupt nicht normalverteilt sind; ihre Stichprobenmittelwerte sind es zumeist trotzdem. Das ist für uns besonders wichtig. Zunächst macht der Gedanke, dass es eine Wahrscheinlichkeitsverteilung für einen Mittelwert gibt, oft Schwierigkeiten. Ist nicht ein Mittelwert ein fester Parameter, der aufgrund einer bereits bestehenden Wahrscheinlichkeitsverteilung berechnet wird? Müssen wir nicht vom „Mittelwert einer Wahrscheinlichkeitsverteilung" sprechen, anstatt von der „Wahrscheinlichkeitsverteilung eines Mittelwertes"?

Wahrscheinlichkeitsverteilungen

Dieser Gedanke wird uns noch öfter beschäftigen müssen. Wenn wir ein beliebiges Experiment – etwa die Anzahl der „1er" beim Münzwurf mit 5 Münzen – betrachten, dann hat dieses Experiment eine zugehörige Wahrscheinlichkeitsverteilung und einen Mittelwert von 2.5. Dieser Mittelwert selbst kann aber seinerseits eine Wahrscheinlichkeitsverteilung haben. Und diese Wahrscheinlichkeitsverteilung des Mittelwertes ist nun etwas ganz anderes als die Wahrscheinlichkeitsverteilung des Ergebnisses beim Wurf mit 5 Münzen. Sie ist die Wahrscheinlichkeitsverteilung der Mittelwerte, die zustande kommen können, wenn wir das Experiment oft wiederholen. Am deutlichsten wird dieser Unterschied im Wertebereich der möglichen Ergebnisse sichtbar: Die möglichen Ergebnisse bei der Anzahl der „1er" beim Münzwurf mit 5 Münzen sind die Zahlen 0,1,2,3,4,5, mit den dazu gehörenden Wahrscheinlichkeiten. Die möglichen Ergebnisse der Mittelwerte zu dem obigen Experiment sind alle Zahlen zwischen 0 und 5: also auch alle Zahlen „zwischen" den ganzen Zahlen. Und wie wir uns weiter unten noch überlegen werden, muss vor allem die Varianz des zweiten Typs von Experiment, also die Varianz des Mittelwertes, sehr viel kleiner sein als die Varianz des ersten Experimentes.

Aber zurück zur Normalverteilung: Die Normalverteilung ist eine Verteilung eines ganz bestimmten Typs von Variablen: einer Zufallsvariablen. Die Zufallsvariable ist etwas, von dem wir eine Wahrscheinlichkeitsverteilung bestimmen können; von dem wir uns ausrechnen können, wie wahrscheinlich es ist, dass sie bestimmte Werte oder Wertebereiche annimmt. Man braucht sie also nicht mehr zu erzeugen und ihre Realisierungen festhalten: Das Mittel, um sie sich auszurechnen, ist zunächst die Binomialverteilung, und die Annäherung bei großem n die Normalverteilung.

Die Normalverteilung kommt also dann zustande, wenn wir Zufallsvariablen auf eine ganz bestimmte Art und Weise konstruieren, bzw. Zufallsvariablen betrachten, die auf eine ganz bestimmte Art und Weise zustande gekommen sind: so nämlich, wie das im Modell der Binomialverteilung beschrieben worden ist.

Zufallsvariablen sind Variablen, die aus einer Reihe von nicht vorhersehbaren, „zufälligen" Einflüssen resultieren. Der Ausdruck Zufallsvariable kann manchmal irreführend sein Denn nicht jede Zufallsvariable ist etwas ausschließlich Zufälliges. Die Körpergröße (normalverteilte Zufallsvariable) z. B. ist absolut nicht zufällig. Aber Zufallsvariablen entstehen nach Prinzipien, die man durch Zufallsprozesse mit hinreichender Genauigkeit modellhaft formulieren kann. Die Normalverteilung ist eine theoretische Verteilung. Sie ist eine theoretische Verteilung, weil sie eine Verteilung von Zufallsvariablen ist, die durch ihr Entstehungsprinzip definiert sind, nicht notwendigerweise durch einen Messvorgang.

Wenn wir sagen, dass die Körpergröße von Personen eines Kollektivs eine Normalverteilung hat, dann ist dies eigentlich eine schlampige Sprechweise. Wir müssten sagen, dass sie durch eine Normalverteilung mit für viele Fragestellungen ausreichender Genauigkeit angenähert werden kann. Dies bedeutet, dass wir eine empirische Verteilung (Körpergröße von Personen) mit einer theoretischen Verteilung (Wahrscheinlichkeitsverteilung) vergleichen.

Die standardisierte Normalverteilung

Die im Abschnitt 3 ausgeführten Überlegungen zur Standardisierung von Variablen (Zur Erinnerung: lineare Transformation von Variablen dadurch, dass der Mittelwert abgezogen wird und durch die Standardabweichung dividiert wird) gewinnen anlässlich der Normalverteilung besondere Bedeutung. Da für die Normalverteilung errechenbar ist, wie viele Werte in welchen Intervallen rund um den Mittelwert anzutreffen sind, ist es äußerst nützlich, Variable, die normalverteilt sind, zu standardisieren: Eine solche Standardisierung normalverteilter Variablen hat Anwendungen im Bereich des Schlusses von Stichproben auf Grundgesamtheiten, im Bereich des Testens von Hypothesen, u.a.

Technisch gesprochen:
Hat eine normalverteilte Variable x den Mittelwert $\bar{x}$
und die Standardabweichung s_x,

dann hat eine lineare Transformation $\dfrac{x - \bar{x}}{s_x}$

den Mittelwert 0 und die Standardabweichung 1.

Haben wir daher einen empirischen Wert einer Variablen ermittelt, von dem wir annehmen können, dass er eine Realisierung eines Experimentes ist, dessen Ausgang von den Wahrscheinlichkeiten einer Normalverteilung bestimmt ist, dann können wir durch Subtraktion des Erwartungswertes und Division durch die Standardabweichung (oder eine Schätzung für diese) ermitteln, wie die Wahrscheinlichkeit für unseren empirisch ermittelten Wert war.

Konfidenzintervalle

Wenn wir die Information haben, welche Art der Verteilung eine Variable hat, wenn wir ferner über die Parameter dieser Verteilung Bescheid wissen, dann können wir uns ausrechnen, wie viele Werte der Verteilung in einem gegebenen Intervall um den Mittelwert herum liegen.
    Eine Anwendung dieses Gedankens besteht darin, danach zu fragen, wo die Werte in einer Grundgesamtheit wahrscheinlich sind, und dafür eine Stichprobe zu verwenden.

Wahrscheinlichkeitsverteilungen

Eine andere, sehr wichtige Anwendung besteht in der Frage, in welchem Intervall um den Mittelwert einer Stichprobe wohl der Mittelwert der Grundgesamtheit liegen dürfte. Diese Frage ist zwar leider nicht beantwortbar, da wir den Mittelwert der Grundgesamtheit eben nicht kennen. Sie ist aber vernünftig annäherbar durch eine andere Frage:

In welchem Intervall rund um den Mittelwert einer Stichprobe haben wir die Mittelwerte aller denkbaren anderen Stichproben der Größe n zu erwarten?

Aus der Dichtefunktion der Normalverteilung können wir die Intervalle errechnen, in denen die einzelnen Werte einer Stichprobe rund um den Mittelwert liegen. Wenn wir uns z.B. dafür interessieren, wie groß das Intervall um den Mittelwert ist, in dem 95% der Realisierungen einer Stichprobe liegen, dann wissen wir, dass dieses Intervall die Größe

$$\overline{x} \pm 1{,}96 \cdot s_x$$

hat.

Nun haben wir es aber nicht mit der Frage zu tun, in welchem Intervall die einzelnen Realisierungen einer Stichprobe liegen, sondern damit, in welchem Intervall jene *Mittelwerte* liegen, die aus Stichproben der Größe n errechnet worden sein könnten.

Es ist einleuchtend und lässt sich auch verhältnismäßig leicht zeigen, dass die vernünftigste Schätzung für den Erwartungswert aller Mittelwerte von Stichproben der Größe n der Mittelwert $\overline{x}$ jener Stichprobe ist, die wir tatsächlich gezogen haben.

Wir müssen jetzt nur noch herausfinden, wie groß die Varianz, bzw. die Standardabweichung aller Mittelwerte von Stichproben der Größe n ist.

Als Schätzung dafür ermitteln wir die Varianz des Mittelwertes unserer Stichprobe der Größe n. Diese Varianz stellt sich als die Varianz einer Summe von Zufallsvariablen heraus.

$$s_{\overline{x}}^{2} = s_{\frac{x_1+x_2+x_3+\ldots\ldots x_n}{n}}^{2} = s_{\frac{x_1}{n}+\frac{x_2}{n}+\frac{x_1}{n}+\ldots\ldots\frac{x_n}{n}}^{2}$$

Nun wissen wir, dass die Multiplikation einer Zufallsvariablen mit einer Konstanten dazu führt, dass die Varianz mit dem Quadrat dieser Konstanten zu multiplizieren ist. In unserem Falle heißt die Konstante $\dfrac{1}{n}$. Es ist daher

$$s_{\overline{x}}^{2} = \frac{1}{n^2} s_{x_1+x_2+x_3+\ldots\ldots x_n}^{2}$$

Dabei ist also, wie gesagt, die Varianz $s_{\overline{x}}^{2}$ nicht die Varianz unserer Stichprobe, sondern die Varianz der Mittelwerte, die zustande käme, wenn ich viele Stichproben der

Wahrscheinlichkeitsverteilungen

Größe n aus der selben Grundgesamtheit zöge. Die Varianzen $s_{x_1}, s_{x_2}, \ldots s_{x_n}$ sind die Varianzen der jeweils ersten, zweiten, ... n-ten Ziehung. Also, am Beispiel s_{x_1}, die Varianz, die zustande käme, wenn ich die Summe der Abweichungsquadrate der ersten Ziehung der ersten Stichprobe, die erste Ziehung der zweiten Stichproben, u.s.w., bis zur ersten Ziehung der n-ten Stichprobe von dem Mittelwert dieser jeweils ersten Ziehungen berechnen und durch deren Anzahl dividieren würde.

Nun wissen wir aus dem Abschnitt über Kovarianz und Korrelation in Kapitel 3, dass die Varianz einer Summe von Zufallsvariablen, und darum handelt es sich hier, die Summe der Varianzen ist, sofern diese Zufallsvariablen voneinander unabhängig sind. (D.h., dass alle Kovarianzen 0 sind). Diese Unabhängigkeit der einzelnen Ziehungen ist aber gerade die Voraussetzung bei jeder Stichprobe.

Wenn wir nun noch als Schätzung für $s_{x_1}^2, s_{x_2}^2, s_{x_3}^2, \ldots s_{x_n}^2$ jeweils s_x^2 einsetzen, dann erhalten wir, da alle Kovarianzen 0 sind,

$$s_{\bar{x}}^2 = \frac{1}{n^2} s_{x_1+x_2+x_3+\ldots x_n}^2 = \frac{1}{n^2}(s_{x_1}^2 + s_{x_2}^2 + s_{x_3}^2 + \ldots s_{x_n}^2)$$

$$s_{\bar{x}}^2 = \frac{1}{n^2} n s_x^2 = \frac{1}{n} s_x^2,$$

beziehungsweise, $\underline{\underline{s_{\bar{x}} = \frac{s_x}{\sqrt{n}}}}$

Da wir von der Normalverteilung schon von früher wissen, dass z.B. im Bereich $\bar{x} \pm 1{,}96 s_x$ 95% aller zu erwartenden Fälle liegen, können wir diese Erkenntnis auch auf die Mittelwerte aller denkbaren Stichproben der Größe n anwenden und sagen: Der Bereich, in dem wir 95% aller denkbaren Mittelwerte von Stichproben der Größe n erwarten können, ist gegeben durch

$$\bar{x} \pm 1.96 s_{\bar{x}}, \text{ das ist also } \underline{\underline{\bar{x} \pm 1.96 \frac{s_x}{\sqrt{n}}}}$$

Dieses Intervall $\bar{x} \pm k \frac{s_x}{\sqrt{n}}$ trägt auch die Bezeichnung „Konfidenzintervall". k ist da-

Wahrscheinlichkeitsverteilungen

bei eine Konstante, die danach gewählt wird, wie viele Werte aller denkbaren Stichprobenmittelwerte in dem gesuchten Intervall liegen sollen. Für $k=1.96$ sind es, wie oben gesagt, 95%. Für $k=2.58$ sind es 99%.

Das Konfidenzintervall für den Mittelwert der Grundgesamtheit ist also gleichbedeutend mit einem Konfidenzintervall für die Mittelwerte aller denkbaren Stichproben mit der Größe n. Die obenstehende Beziehung lässt erkennen, dass das Konfidenzintervall immer kleiner wird, je größer die Stichprobe wird. Das ist einleuchtend: aufgrund einer großen Stichprobe lässt sich ein Mittelwert einer Grundgesamtheit genauer schätzen als aufgrund einer kleinen Stichprobe. Und eine Schätzung ist umso weniger zuverlässig, je kleiner eine Stichprobe ist.

Wozu brauchen wir Konfidenzintervalle in der Praxis?
Die Konfidenzintervalle sind, wie so vieles in der Statistik, in der Industrie entwickelt worden. Betrachten wir z.B. eine Produktion von Schnüren. Wir wollen die Reißfestigkeit dieser Schnüre feststellen. Wir wollen, dass 95% aller Schnüre in einem bestimmten Intervall von Reißfestigkeit liegen. Um die Reißfestigkeit festzustellen, können wir diese Schnüre nur zerreißen. Sind die Schnüre allerdings einmal zerrissen, kann man sie nicht mehr verkaufen. Das Prüfen der Reißfestigkeit ist mit Kosten verbunden, die man feststellen kann.

Nun gibt es zwei Möglichkeiten: entweder wir sparen bei der Prüfung und prüfen nur wenige Schnüre, und nehmen damit aber in Kauf, dass ein großer Teil der Produktion schlecht ist. Oder wir zerreißen alle Schnüre, und wissen damit verlässlich, ob alle diese Schnüre die geforderte Reißfestigkeit gehabt haben. Leider können wir dann aber keine Schnüre mehr verkaufen. Nun gilt es, die billigste Variante zwischen diesen beiden Dilemmata zu finden. Dies können wir aufgrund der Beziehung zwischen Stichprobengröße und zu erwartendem Ausschuss tun. Wenn wir den zu erwartenden Ausschuss bewerten können (ermitteln, was er uns kostet), und auch wissen, wie viel uns zerrissene Schnüre kosten, dann können wir berechnen, mit welcher Stichprobengröße wir am kostengünstigsten durchkommen. Dieses Kalkül wird offenbar anders ausfallen, je nachdem ob es sich um Gardinenschnüre handelt oder um Reißleinen für Fallschirme.

In der Produktion von sozialwissenschaftlichem Wissen ist es schon nicht mehr so ganz einfach. Denn es ist nicht so ganz einfach zu ermitteln, was es kostet, wenn Sie die Durchschnittsgröße der Österreicher falsch schätzen. Wenn Sie als Soziologe eine Hypothese aufstellen, bei der Sie eine Schätzung abgeben, und das Ergebnis stellt sich als falsch heraus, dann ist es schwer, die Kosten davon zu berechnen. In der Marktforschung geht das noch eher. Daher kann man sich ausrechnen, wie groß die gewählte Stichprobe sein muss, um den Mittelwert, den man schätzen will, in einem noch vertretbaren Intervall zu schätzen. Je genauer man schätzen will, desto größer muss die Stichprobe angelegt sein.

Ein weiterer Anwendungsbereich sind Mikrozensusberechnungen. Bei den Erhebungen des Statistischen Zentralamts stehen beim Ergebnis oft Angaben wie: +/- 4 %, +/- 9%, +/-3% , o.Ä. Irgendwo in den Anmerkungen steht dann, dass die Intervalle Konfidenzintervalle sind, auf dem 96, 91, 97 %-Niveau. D.h. es gibt zu jeder Schätzung, die auf einer Hochrechnung aufgrund einer Stichprobe basiert, die Angabe, innerhalb von welchem Intervall wahrscheinlich 95%, 97%, o.Ä., aller Fälle in der Grundgesamtheit liegen werden.

Warum ist das wichtig?
Wenn Sie im Mikrozensus lesen, dass etwa in einem bestimmten Bereich Ausländer ein Durchschnittseinkommen von 900 €, Österreicher aber eines von 1100 € hätten, dann ist es wichtig, wenn dabei steht: +/- 10%. Dann bedeutet das nämlich, dass das Durchschnittseinkommen der Ausländer in der Grundgesamtheit auch 810 € oder auch 990 € betragen könnte. Jenes der Österreicher könnte statt 1100 € auch 990 € oder 1210 € ausmachen. Es könnte also in diesem fiktiven Beispiel in der Grundgesamtheit mit akzeptabler Wahrscheinlichkeit auch sein, dass das Einkommen von Ausländern und Österreichern mit 990 € genau gleich ist. In anderen Worten: Erst mit Hilfe des Konfidenzintervalls können wir Unterschiede, die aufgrund von Stichprobenerhebungen ausgewiesen werden, interpretieren.

7. Der Begriff der statistischen Signifikanz, Grundlagen der Signifikanzprüfung

Die Funktion von Wahrscheinlichkeitsverteilungen für die statistische Induktion

Zur Erinnerung: Wir haben zu Beginn auf zwei wichtige Anwendungsbereiche der Statistik hingewiesen: Einen *deskriptiven* und einen *induktiven*. Der induktive ist jener, bei dem wir versuchen, aus Verteilungen von Messwerten Schlüsse zu ziehen, etwa „Wenn der Meteorologe sagt, es regnet, dann regnet es auch wirklich". Die Qualität der Vorhersage zu beurteilen, heißt nichts anderes, als einen induktiven Schluss zu ziehen: Können wir sagen, dass es immer regnet, wenn der Meteorologe dies sagt; oder – in bezug auf ein früheres Beispiel in diesem Text: Können wir sagen, dass die Männer älter als die Frauen sind.

D. h. die Statistik versetzt uns also u. a. in die Lage, einen bestimmten Typus sozialwissenschaftlicher Hypothesen zu testen. Dieser Typus ist dadurch charakterisiert, dass er eine *Wenn-Dann-Aussage* enthält: Immer wenn eine Bedingung A gegeben ist, dann tritt auch eine Konsequenz B ein.

Natürlich tritt in Wirklichkeit fast nie *immer* dann, wenn eine Bedingung eingetreten ist, auch die zugehörige Konsequenz ein, sondern manchmal tritt sie ein und manchmal nicht. (Würde sie in der Realität immer eintreffen, wäre die Statistik unnötig). Die Statistik brauchen wir, um die Unschärfe von hypothetischen Aussagen: „Immer wenn A, dann B", messbar zu machen. *Wie richtig* ist die Behauptung, dass immer wenn A eintritt, auch B eintritt?

Wir können die induktive Aussage „immer wenn A, dann B" quantifizieren, indem wir zählen, wie oft dieses „Wenn A, dann B" in einer Stichprobe eingetreten ist: Wir zählen wie viele Fälle waren dieser „Regel" entsprechen und wie viele Fälle die „Ausnahme" waren. Wenn in einer Stichprobe nur die Bestätigungen unserer Hypothese (der „Regelfälle") auftreten und keine „Ausnahmen", werden wir versucht sein zu sagen, dass die „Regel" wahrscheinlich stimmt.

Wir haben als Prototyp des Darstellens einer Hypothese immer wieder die Vierfeldertafel gewählt:

Abbildung 7.1

Ereig-nisse:	A	$n.\,A$	
B	a	b	e
$n.\,B$	c	d	f
	g	h	n

Die Ereignisse A, $n.A$, B, $n.B$ treffen empirisch mit irgendwelchen Häufigkeiten ein. Wir haben sie e, f, g und h getauft (die sogen. Randsummen). Ihre *gemeinsame* Verteilung sind die Zellen a,b,c,d in der Tabelle.

Natürlich wird uns ein Untersuchungsergebnis im Sinne unserer induktiven Aussage äußerst befriedigen, falls wir feststellen sollten, dass *immer* dann, wenn B eingetroffen ist, auch A eingetroffen ist, d. h. dass das Feld a eine Zahl enthält, die, wie in Abb. 7.2, Fall denselben Wert hätte wie e bzw. g und dass *immer* wenn B nicht eingetroffen ist, auch A nicht eingetroffen ist, d. h. in Zelle d steht eine Zahl, die denselben Wert hätte wie f bzw. h.

Abbildung 7.2: Der Prototyp einer Tabelle, die eine Regel bestätigt:

$$a=e=g,\ d=f=h,\ n=e+f=g+h=a+d$$

		$n.A$	
B	a		e
$n.B$		d	f
		h	n

Wir können also mit Hilfe einer Vierfeldertafel beschreiben, wie viele Fälle unsere These bestätigen. In diesem Fall tun dies alle vorhandenen Fälle.

Wir könnten aber auch *nur Ausnahmen* von der von uns hypothetisch aufgestellten Regel „Wenn A, dann B" vorfinden; nämlich lediglich Zahlen in den Zellen b und c:

Abbildung 7.3: Der Prototyp einer Tabelle, die jene Regel bestätigt, die dem Gegenteil der Hypothese „Wenn A, dann B" entspricht:

$$b=e=h,\ c=f=g,\ n=e+f=g+h=b+c$$

	A	$n.\ A$	
B		b	e
$n.B$	c		f
	g	h	n

Diese Tabelle eignet sich ebenfalls gut für die statistische Induktion. Nur die Vorzeichen sind andere. Wenn wir an das Beispiel des Meteorologen denken, können wir mit einer solchen Tabelle aufgrund der Prognose des Meteorologen ebenfalls sehr gut Regen voraussagen: nur dass dieser Regen immer dann eintrifft, wenn er ihn *nicht* vorhersagt. Diese Tabelle ist eine spezielle Art von Gegenteil unserer Annahme; sie ist nämlich auch die Bestätigung einer Hypothese, nur einer anderen – der gegenteiligen Hypothese.

Nun gibt es Fälle, wo weder perfekte Abhängigkeit im Sinne der Hypothese, noch perfekte Abhängigkeit im Sinne des Gegenteils der Hypothese, möglich sind. Erinnern wir uns an unser Einführungsbeispiel mit praktischen Zahlen (Abbildung 7.4, bzw. 2.2):

Abbildung 7.4 (Wiederholung von Abb. 2.2)

```
              „jung"   „alt"
           I_____I_____I_____
        M  I   38   I   0    I   38
           I_____I_____I_____
        W  I   28   I   53   I   81
           I_____I_____I_____
               66       53
```

Wenn e und g nicht gleich sind (trotz maximaler Abhängigkeit), dann müssen in den Zellen b und c auch dann Fälle anzutreffen sein, wenn vollkommene Abhängigkeit herrschen sollte; einfach aufgrund der Rahmenbedingungen, die als Randsummen gegeben sind. Somit ist das Problem der Abhängigkeit gar nicht so einfach, wie es scheint. Es wird also im allgemeinen Fall kaum auftreten, dass nur diagonale Zellen besetzt sind. Es wird in jeder Zelle (*a, b, c, d*) eine Zahl stehen, somit ist die Situation im allgemeinen Fall nicht eindeutig.

Sind *a, b, c* und *d* „ausgewogen", d.h. so wie in der Indifferenztabelle verteilt, dann haben wir den zweiten Typus von Gegenteil unserer ursprünglichen Hypothese vor uns: die Nullhypothese: Keine Aussage ist möglich. Unabhängigkeit zwischen Ereignis *A* und *B* würde vorliegen. Wir können eine Tabelle produzieren, die der Nullhypothese entspräche: Die Indifferenztabelle oder Tabelle unter Annahme der Unabhängigkeit beider Ereignisse/Variablen (*a = e·g/n, b = e·h/n* etc.). Am Beispiel der Zelle *a* heißt das ja: Wenn *a* eine Zufallsstichprobe aus *e* Fällen ist, dann muss der Anteil *a/e* genau so groß sein wie der Anteil *g/n*, da ja auch *g* eine reine Zufallsstichprobe aus *n* Fällen ist. Dieses Argument wurde schon im Abschnitt über die Indifferenztabelle (Kap. 4) dargestellt und unter Heranziehung einer etwas exakteren Definition von Unabhängigkeit, wie sie in Kapitel 5 gegeben wurde, auch wahrscheinlichkeitstheoretisch formuliert. Zur Wiederholung: Wie dort ausgeführt, lautet die wahrscheinlichkeitstheoretische Formulierung der Unabhängigkeitsbedingung: *P(A/B)=P(A)*. Da im allgemeinen Fall *P(AB)=P(B)*P(A/B)*, ist auch *P(AB)=P(A)*P(B)*. *P(A)* ist in unserer Vierfeldertafel aber so viel wie *g/n*, und *P(B)* so viel wie *e/n*. Daher ist die Wahrscheinlichkeit *P(AB)* unter der Annahme von Unabhängigkeit *(e/n)*(g/n)* oder *(e*g)/(n*n)*. Die Wahrscheinlichkeit für ein aus *n* Fällen ausgewähltes Element der Stichprobe, in die Zelle *a* zu geraten, ist also *(e*g)/(n*n)*. Und aus der Binomialverteilung wissen wir, dass dann der Erwartungswert für diese Zelle *a* so viel ist wie *(n*e*g)/(n*n)*, bzw. *e*g/n*.

Fassen wir noch einmal zusammen: Um die gemeinsame Verteilung der beiden Ereignisse *A* und *B* in den Zellen *a, b, c, d* beurteilen zu können, brauchen wir einen Vergleichswert. Wir vergleichen diese Verteilung mit der Erwartung unter der Annahme der Nullhypothese *(e·g/n* im Fall der Zelle *a)*. Eine Tabelle unter der Annahme der Nullhypothese heißt – wie gesagt – Indifferenztabelle.

D. h. für die Beurteilung unserer Frage, ob es stimmt, dass eine Beziehung zwischen *A* und *B* besteht, dass also „Wenn *A*, dann auch *B*" gilt, ist die Indifferenztabelle ein ganz guter Vergleichswert; mit ihrer Hilfe können wir die tatsächlichen *a, b, c* und *d*-Werte beurteilen.

Hier müssen wir wieder zwischen zwei gedanklichen Richtungen unterscheiden:
1. Wir können uns fragen, wie viele Fälle für unsere Hypothese sprechen und wie viele dagegen. Wie sind die beiden gegeneinander zu gewichten? Das ist eine Fragestellung nach der *Korrelation*: Wie *stark* ist der Zusammenhang?

Wir könnten uns für die Verteilung der blonden Männer und Frauen in diesem Saal interessieren. Es wird eine bestimmte Anzahl blonder Männer und Frauen geben, die nicht gleich hoch sein wird. Etwa:

Der Begriff der statistischen Signifikanz, Grundlagen der Signifikanzprüfung

Abbildung 7.5

	Blond	n. Blond	
Mann	40	30	70
Frau	20	35	55
	60	65	125

Wie die Tabelle (Abb.7.5) zeigt, ist in dem Hörsaal, aus dem die Stichprobe stammt, ein gewisser Unterschied in der Häufigkeit der Blonden zwischen den Angehörigen beider Geschlechter vorhanden.

Nun kann es eine Fragestellung geben, für die uns lediglich die gemeinsame Verteilung der Ereignisse interessiert: Um wie viel *häufiger* sind die Männer blond als die Frauen. Hier kommt es auf die Wahrscheinlichkeit überhaupt nicht an. Als Beschreibung der Anzahl der blonden Männer und Frauen in diesem Hörsaal, wenn wir uns *nur* für diese interessieren, könnte uns die Tabelle in Abb. 7.5 dienen. Hier geht es nicht um die Frage, ob der Zufall eine Rolle spielt oder nicht. So *ist* die Verteilung der in diesem Hörsaal befindlichen Personen.

2. Anders wäre es, wenn wir uns fragen, ob dieser Hörsaal eine zufällige Auswahl aus den *Männern und Frauen überhaupt ist:* Die *Wahrscheinlichkeitsfragestellung,* bzw. Frage nach der *Signifikanz* unseres Ergebnisses. Dann würden wir uns dafür interessieren, ob diese Verteilung innerhalb der Blonden und nicht Blonden zufällig zustande gekommen sein könnte oder nicht. Dann berechnen wir die Indifferenztabelle und interessieren uns dafür, wie wahrscheinlich die gemessene Abweichung zwischen Indifferenztafel und den tatsächlichen Werten von a, b, c und d in der Kontingenztabelle (hier: Vierfeldertafel) ist.

Die Frage nach dem Zufall stellt sich immer dann (aber nicht nur dann), wenn wir es mit Stichproben zu tun haben. Sie stellt sich nicht, wenn wir gar nicht wissen wollen, ob unser Resultat für Männer und Frauen insgesamt gilt. Wenn wir nur die Verteilung der Haarfarbe von Männern und Frauen in diesem Hörsaal beschreiben wollen, stellt sich für uns die Frage nach der Wahrscheinlichkeit unseres Ergebnisses nicht. Auch das gibt es. Es ist daher sehr wichtig, uns vor Augen zu halten, ob wir uns die Frage nach der Zufälligkeit des Zustandekommens eines Zusammenhang stellen oder nicht. (Über Grundsätzliches zum Unterschied in der Logik von Signifikanz und Korrelation vgl. Kapitel 2).

Wir wollen also empirische Ergebnisse beurteilen, die wir anhand einer Stichprobe erhoben haben. Wir haben auch schon erwähnt, dass wir mit Hilfe der Binomialverteilung im Grunde bereits einen Signifikanztest für die Vierfeldertafel entwickeln könnten. Es gibt eine ganze Gruppe von derartigen Tests, die z. T. mathematisch sehr verschieden funktionieren, aber von ihrer Logik her alle nach dem gleichen Strickmuster ablaufen. Dieses Strickmuster zu kennen ist wichtig, während es nur sekundäre Bedeutung hat, über jeden Rechenschritt der einzelnen Tests im Detail informiert zu sein. Ein Signifikanztest ist ein Rechenverfahren, mit dessen Hilfe wir bestimmen können, wie *wahrscheinlich* es ist, dass ein empirisches Ergebnis *zufällig* (=nicht aufgrund eines systematischen Prozesses) zustandegekommen ist. Die Antwort, die ein Signifikanztest geben kann lautet immer nur: Es ist *mehr* oder *weniger* wahrscheinlich. Nur über die Einschätzung der Wahrscheinlichkeit eines Ergebnisses können wir zu der Einschätzung gelangen, ob wir eine bestimmte Hypothese verallgemeinern (bestätigen) wollen oder nicht bzw. mit welchem „Risiko" dies geschieht. Wir brauchen also zur Bestimmung der Gültigkeit einer Hypothese eine Wahrscheinlichkeitsverteilung, an der wir ablesen können, wie wahrscheinlich es ist, dass ein gemessener Unterschied zwischen empirischen Daten und dem, was unter der Gültigkeit der Nullhypothese zu erwarten gewesen wäre, zufällig zustande kommen konnte. Dies haben wir am Beispiel der Vierfeldertafel zu verdeutlichen versucht.

Die drei Schritte eines Signifikanztests am Beispiel der Vierfeldertafel

Schritt 1: Bildung eines Prüfmaßes

Der erste Schritt zur Entwicklung eines Signifikanztests ist die Bildung eines **Prüfmaßes**. Es wird für jeden Signifikanztest etwas anders berechnet und es gäbe für jeden Signifikanztest eine große Zahl von Prüfmaßen, die man berechnen könnte. Man entscheidet sich in der Regel für jenes, dessen Wahrscheinlichkeitsverteilung am leichtesten zu ermitteln ist.

Das Prüfmaß drückt aus, wie groß die Abweichung eines gemessenen empirischen Ergebnisses von jenem Ergebnis ist, das zustande kommen hätte müssen, wenn die betrachtete Hypothese nicht gestimmt hätte. Das Prüfmaß ist also eine mathematische Funktion zweier Größen. Die eine Größe, die in das Prüfmaß eingeht, ist das empirische Ergebnis, so wie wir es gemessen haben; die zweite Größe, die in das Prüfmaß eingeht, ist das empirische Ergebnis wie es nicht war, sondern gewesen wäre, wenn die Hypothese, die wir betrachten, nicht stimmen würde. Wir betrachten diese zwei Fälle: Einmal, wie oft etwas eingetreten ist (z. B. wie oft es geregnet hat, wenn der Meteorologe es gesagt hat) – das reine empirische Ergebnis von a, b, c, d. Zum Anderen wie oft es geregnet hätte, wenn die Prognosen des Meteorologen keinen Einfluss gehabt hätten: $e \cdot g/n$, $e \cdot h/n$ etc. (die Indifferenztabelle oder Tabelle unter der Annahme von Unabhängigkeit zweier Ereignisse). Diese zwei Typen von Zahlen (die Ergebnisse, wie sie waren: a,b,c,d und die Ergebnisse, wie sie wären, wenn perfekte Unabhängigkeit geherrscht hätte: $e \cdot g/n$ etc. gehen in die Berechnung des Prüfmaßes ein. Es resultiert also aus einem Vergleich der empirischen Häufigkeiten mit den theoretischen Häufigkeiten oder Erwartungswerten unter der Annahme der Unabhängigkeit der beiden Ereignisse.

D. h. in unserer Vierfeldertafel ergibt sich das Prüfmaß aus der Differenz zwischen den empirischen (oder tatsächlichen) Werten a, b, c, d und den Werten in der Indifferenztabelle. Mit anderen Worten: Um einen Zusammenhang zwischen Ereignis A und Ereignis B behaupten zu können, kommt es darauf an, zu wissen, wie die Verteilung in den Zellen sein müsste, wenn die beiden Ereignisse unabhängig voneinander wären. Aus dem Vergleich zwischen den empirischen Werten und den Erwartungswerten ergibt sich der Schluss, aufgrund dessen wir sagen können, dass die beiden Ereignisse unabhängig oder abhängig voneinander sind.

Warum darf man einfach das leichteste Prüfmaß errechnen? Weil die Frage, um die es geht, ja lautet, wie wahrscheinlich es ist, dass a, b, c, d von $e \cdot g/n$, $e \cdot h/n$, $f \cdot g/n$, $f \cdot h/n$ **in Summe** so stark abweichen, wie sie dies tun. Wir könnten die Wahrscheinlichkeit von jedem einzelnen Wert zu seinem Wert unter Annahme der Unabhängigkeit bilden ($a - e \cdot g/n$; $b - e \cdot h/n$, $c - f \cdot g/n$, $d - f \cdot h/n$). Wir würden so vier Wahrscheinlichkeiten erhalten. Das ist lästig; und zwar umso mehr, als sich herausstellt, dass diese gar nicht so einfach zu ermitteln sind.

Betrachten wir z. B. die Differenz $a - e \cdot g/n$. Wir wollen uns die Wahrscheinlichkeit für diese Differenz ausrechnen. Dies ist im wesentlichen ein Binomialproblem. Allerdings kein so einfaches Binomialproblem, wegen der Randbedingungen: b und c können nur gewisse Größen annehmen, in Abhängigkeit von den Randsummen e und g.: a kann maximal so groß werden wie das Minimum von e bzw. g, b wie jenes von e bzw. h, usw. Je nachdem, wie e und g zueinander stehen, ist das Problem anders zu formulieren. Wir müssten mehrere Varianten durchrechnen: wenn e sehr viel größer als a ist oder sehr viel kleiner usw.; mit einem Wort eine relativ komplizierte Angelegenheit, die aber im Prinzip lösbar ist. Analog sähen unsere Schwierigkeiten bei der Bewertung der übrigen drei Differenzen zwischen den Werten der empirischen und theoretischen Verteilung aus.

Anderseits treten auch deshalb Schwierigkeiten auf, weil eine Abweichung in einer Zelle sich auch auf die anderen Zellen der Tabelle auswirkt. Wenn beim Vergleich der gefundenen Häufigkeiten mit den Werten der Indifferenztafel in Zelle a eine Abweichung gegeben ist, muss die gleiche Abweichung auch in den übrigen drei Zellen der Vierfeldertafel auftreten. Wie sind nun solche Abweichungen zu bewerten, wenn sie in Abhängigkeit von anderen Abweichungen auftreten? Die (gegebenen) Randsummen der Tabelle sind ja eine Grenze, die nicht überschritten werden kann. Weder a noch b kann größer als e sein, weder a noch c kann größer als g werden, usw. Aus diesen Randsummen errechnen wir aber unsere Indifferenztabelle (Zellenhäufigkeiten unter Annahme der Unabhängigkeit). Die Summe der Abweichungen aller Werte von ihren Erwartungswerten muss Null ergeben. Im Fall der Vierfeldertafel sind sogar alle Abweichungen gleich groß.

Ein Rechenbeispiel (Beispiel einer beliebigen Vierfeldertafel):

Abbildung 7.6

	A	$n.\,A$	
B	6	16	22
$n.B$	4	14	18
	10	30	40

$E(a)=eg/n=22*10/40=5.5$
$E(b)=eh/n=22*30/40=16.5$
$E(c)=fg/n=18*10/40=4.5$
$E(d)=fh/n=18*30/40=13.5$

$a-E(a)=0.5$
$b-E(b)=-0.5$
$c-E(c)=0-5$
$d-E(d)=-0.5$

$(a-E(a))+(b-E(b))+(c-E(c))+(d-E(d))=0.5-0.5+0.5+0.5=0$

Schon die verschiedenen möglichen Verteilungen, die sich in der Praxis in einer Vierfeldertafel ergeben können, haben diese Schwierigkeit der gegenseitigen Abhängigkeit der einzelnen Zahlen in der Tabelle gezeigt.

Die Wahrscheinlichkeit für die Abweichung jedes einzelnen Wertes in der Tabelle von seinem Wert unter Annahme der Unabhängigkeit zu berechnen, führt also zu keinem optimalen („leichten") Prüfmaß.

Wir werden uns also für die *Summe* der Abweichung der empirischen Werte von denen der Indifferenz-Tabelle interessieren müssen. Ein Prüfmaß muss ja folgendes leisten: Wenn die Abweichungen der empirischen von den theoretischen Ergebnissen immer größer werden, muss auch das Prüfmaß größer werden. Es gibt eine große Anzahl von Funktionen, die diese Aufgabe erfüllen. Wichtig ist nur, dass das Prüfmaß eine monoton steigende Funktion des Unterschiedes zwischen dem empirischen Ergebnis ist und jenem Ergebnis, das zustande gekommen wäre, hätte Unabhängigkeit geherrscht. Es ist sicher ein schlechtes Prüfmaß, wenn es für eine kleine Abweichung klein ist, für eine größere Abweichung größer und für eine noch größere Abweichung wieder klein. Es muss zunächst eine monoton steigende Funktion der Differenz zwischen empirischen und theoretischen Ergebnissen sein.

Der Begriff der statistischen Signifikanz, Grundlagen der Signifikanzprüfung

Schritt 2: Ermittlung der Wahrscheinlichkeitsverteilung des Prüfmaßes

Der zweite – entscheidende – Schritt zur Entwicklung eines Signifikanztests ist die Bestimmung der Wahrscheinlichkeit dafür, dass das Prüfmaß einen so großen oder größeren Wert hat, wie es ihn im konkreten empirischen Fall hat.

Beim Bestimmen von Wahrscheinlichkeiten haben wir mit allen möglichen weltfremd aussehenden Beispielen herumgespielt und festgestellt, dass die Ermittlung von Wahrscheinlichkeiten eigentlich ein relativ mühsamer Prozess ist. Wir überlegten uns, welche möglichen Fälle es gibt, welche Fälle als günstige Fälle zu betrachten sind, wie das Verhältnis der günstigen zu den möglichen Fällen ist etc. – Da die Wahrscheinlichkeitsermittlung beim Signifikanztest aber tägliches Brot ist und ununterbrochen passiert, haben sich die Statistiker eine Methode ausgedacht, die etwas standardisiert, etwas routinisiert ist. Es gibt Typen von Ereignissen mit Typen von Verteilungen. In der Praxis des statistischen Testens der Signifikanz gehen wir nicht davon aus, dass wir uns bei jeder Tabelle überlegen, welche spezielle (nur für dieses Beispiel gültige) Wahrscheinlichkeitsverteilung dieser Tabelle bzw. ihren Abweichungen von der Indifferenztabelle zugrunde liegt, sondern wir fragen uns, welcher Typus von Variable unser gewähltes Prüfmaß ist und welche Wahrscheinlichkeitsverteilung diese Variable wohl haben wird.

Wir haben uns bereits darüber Gedanken gemacht, welche Wahrscheinlichkeitsverteilung ein *bestimmter Typus* von Variable hat; und zwar beim Münzwurf und anlässlich der Normalverteilung.

Wir fragten uns, welche Variablen normalverteilt sein werden. Es gibt drei Bedingungen dafür, dass eine Variable, eine messbare Größe, normalverteilt ist: Sie muss 1.) aufgrund einer *Summe* von Einzelereignissen zustande kommen; diese Einzelereignisse müssen 2.) voneinander *unabhängig* sein und 3.) *keines* der Einzelereignisse, das einen Einfluss ausübt, darf *überwiegen*. Bedingung zwei und drei sind weitgehend äquivalent, denn wir können auch mehrere verbundene Ereignisse als ein Ereignis betrachten. Kommt eine Variable auf diese Weise zustande, können wir annehmen, dass ihre Verteilung wahrscheinlich einigermaßen ähnlich einer Normalverteilung sein wird.

Wir überlegten uns, warum wohl z. B. die Körpergröße aller Österreicher einer Normalverteilung ähnelt und kamen zur Erkenntnis, dass es in bezug auf die Körpergröße viele Einflüsse gibt, die voneinander unabhängig genug sind, um als Ergebnis so etwas wie eine Normalverteilung zu erzeugen.

Wenn wir in einem großen landwirtschaftlichen Gebiet, etwa in Schwarzafrika, zwei Einzugsbereiche hätten: Einen aus dem Stamm der Massai (besonders große Menschen), den anderen von den Pygmäen (besonders kleine Menschen) und die Körpergröße messen und in ein Diagramm auftragen (Häufigkeitsverteilung der Körpergrößen dieser gemischten Population), würde dann wahrscheinlich eine Normalverteilung herauskommen? – Nein. Die Häufigkeitsverteilung würde möglicherweise eher eine Form wie diese haben:

Abbildung 7.7

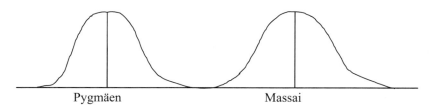

Es wird kaum einen Pygmäen geben, der größer als der kleinste Massai ist. Es gibt einen Einflussfaktor – ethnische Herkunft – der überwiegt und die Normalverteilung „ruiniert".

Wir können also Zusammenhänge herstellen zwischen bestimmten Typen von Variablen, und bestimmten Typen von Wahrscheinlichkeitsverteilungen. Eine besonders wichtige Form von Verteilungen lässt sich aus dem Modell des häufig wiederholten Münzwurfs ableiten. Wenn wir das Münzwurfexperiment sehr oft wiederholen, wird die Form dieser Verteilung eine Normalverteilung sein. Wir kamen zum Schluss, dass bestimmte Typen von Ereignissen normalverteilt sein werden, und zwar sogar dann, wenn das p (die Wahrscheinlichkeit des Einzelereignisses) von 0,5 verschieden ist. Nur bei extrem kleinem oder extrem großem p wird die Verteilung von der Normalverteilung abweichen. Empirisch ist dieser Fall für Soziologen aber von weniger großer Bedeutung.

Und so, wie wir etwa beim Münzwurf die zugehörige Wahrscheinlichkeitsverteilung ermitteln können, können wir dies auch bei Prüfmaßen tun. Wir brauchen Wahrscheinlichkeitsverteilungen für Prüfmaße, um die Wahrscheinlichkeit dafür zu bestimmen, dass ein Prüfmaß eine bestimmte Größe übersteigt: d. i. die Wahrscheinlichkeit dafür, dass empirische Werte um einen bestimmten Betrag von theoretischen Werten abweichen. Prüfmaße sind also zusammengefasste Darstellungen empirischer Ergebnisse. In der Vierfeldertafel sind die Größen, die sich für ein Prüfmaß anbieten, zunächst: $a - e \cdot g/n$, $b - e \cdot h/n$, $c - f \cdot g/n$ und $d - f \cdot h/n$. Unangenehmerweise sind diese vier Größen voneinander abhängig. Berechnen wir *ein* Prüfmaß (ihre Summe), haben wir diese vier Ergebnisse in einem Maß zusammengefasst. Wie wir dieses Maß berechnen, ist eigentlich gleichgültig, solange wir in der Lage sind, dafür eine Wahrscheinlichkeitsverteilung anzugeben. Wir haben also eine gewisse Wahlfreiheit bei der Frage, welches Prüfmaß wir wählen. Man nimmt ein Prüfmaß, das zwei Bedingungen erfüllt:

1. Es muss eine monoton steigende Funktion der Abweichung zwischen empirischen und theoretischen Ergebnissen sein – eine sinnvolle Repräsentation dieser Abweichung (s. o.). Und

2. es muss möglich (und hoffentlich nicht allzu kompliziert) sein, die Wahrscheinlichkeitsverteilung dafür zu bestimmen – Es gibt Prüfmaße, die derart kompliziert sind, dass dies nicht „funktioniert".

Wir könnten uns zunächst fragen, wie wahrscheinlich diese Abweichung $a - e \cdot g/n$ ist, bzw. genauer ausgedrückt, wie die Wahrscheinlichkeitsverteilung dieser Zufallsvariablen ist, von der wir eine Realisierung vor Augen haben. (Zufallsvariable haben Wahrscheinlichkeitsverteilungen. Ihre einzelnen Realisierungen haben natürlich keine solchen Verteilungen: Sie geben an, was eingetreten ist, mehr nicht. Wir können uns aber rückwirkend fragen, wie wahrscheinlich eine bestimmte Realisierung war: wie häufig eine bestimmte Realisierung eingetreten wäre, wenn wir das Experiment sehr oft wiederholt hätten). Im Falle der Vierfeldertafel ist die betrachtete Realisierung eine Abweichung empirischer Werte von theoretisch zu erwartenden Werten. Die Wahrscheinlichkeit dieser Abweichung wird sich anhand einer Normalverteilung ermitteln lassen. – Wir hatten uns ja schon anhand der Binomialverteilung gefragt, welche theoretische Verteilung diese Differenz $a-eg/n$ haben wird und eine Parallele zwischen der Vierfeldertafel und dem Münzwurfexperiment bzw. der Binomialverteilung gezogen; die Wahrscheinlichkeitsverteilung dieser Differenz lässt sich also zunächst als Binomialverteilung darstellen und durch eine Normalverteilung annähern. $a-eg/n$ ist ja zunächst irgend ein bestimmter Wert. Aber das a könnte theoretisch so groß sein wie eg/n, und es könnte theoretisch auch Null sein. Und für all diese Möglichkeiten gibt es immer eine Wahrscheinlichkeit. Die interessiert uns, weil wir wissen wollen, wie wahrscheinlich es ist, dass ein bestimmter Wert herausgekommen ist. Diese Differenz ist eine Realisierung eines Zufallsexperiments. Und für diese Realisierung interessiert uns eine Wahrscheinlichkeit. a ist normalverteilt; $e \cdot g/n$ ist normalverteilt; ihre Differenz ist ebenfalls normalverteilt, was sich nachweisen läßt. Der Mittelwert dieser Differenz ist die Differenz der Erwartungswerte, und somit Null. Würden wir sehr oft die beiden interessierenden Ereignisse A und B untersuchen, hätten wir sehr viele gemeinsame Verteilungen dieser beiden Ereignisse (viele Vierfeldertafeln). Und wir würden im Durchschnitt erwarten, dass unter Annahme der Zufälligkeit/Unabhängigkeit der beiden Ereignisse, die Abweichungen $a - e \cdot g/n$ Null sein müssten; a also im Durchschnitt nicht größer oder kleiner als $e \cdot g/n$ (sein Erwartungswert) sein würde.

Schritt 3: Bestimmung der Wahrscheinlichkeit für den Zahlenwert des Prüfmaßes

Am Beispiel des Münzwurfes mit 5 Münzen hatten wir die folgende Wahrscheinlichkeitsverteilung der möglichen Anzahlen von „1"-en ermittelt:

Abbildung 7.8: Wahrscheinlichkeit, beim gleichzeitigen Wurf mit 5 Münzen 0,1,2,3,4 bzw. 5 mal einen „1er" zu werfen

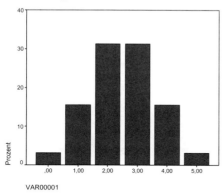

Null, eins, zwei, drei, vier, fünf als mögliche Ergebnisse waren vorhanden; Andere als ganzzahlige Werte konnten nicht auftreten und hatten daher die Wahrscheinichkeit 0. Es gibt weder beim Münz- oder Würfelwurf noch bei einem sonstigen binomialverteilten Experiment Zwischenwerte, sondern lediglich ganzzahlige Werte. Werfen wir sehr viele Münzen und betrachten die entsprechende Verteilung dazu, wird sie zwar weiterhin eine Verteilung von ganzzahligen Werten bleiben, aber die Balken unseres Diagramms werden sehr klein werden. Der Grenzübergang zu einem unendlich oft wiederholten Wurf mit n Münzen ergibt annähernd eine Verteilung wie die durchgezogene Linie in Abb. 7.9:

Abbildung 7.9

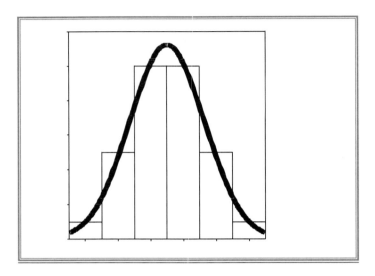

Wir haben es hier also mit einer vereinfachten Darstellung eines Experimentes zu tun, bei dem sehr viele Realisierungen dicht aneinander liegen.

Stetige Verteilungen haben eine unangenehme Eigenschaft. Bei stetigen Verteilungen gibt es unendlich viele mögliche Realisierungen der Zufallsvariable, auf die sich die Verteilung bezieht. Bei diskreten Verteilungen (wie der Binomialverteilung) gibt es endlich viele mögliche Realisierungen – im Beispiel der Abb.7.8 sind dies 6. Für jede Realisierung gibt es einen zugehörigen Wahrscheinlichkeitswert. Nur: Wie groß ist die Wahrscheinlichkeit, dass bei Abb. 7.9 das Ergebnis exakt 1 beträgt? Sie ist genauso groß wie die Wahrscheinlichkeit, dass ein Österreicher exakt den österreichischen Durchschnitt der Körpergröße hat. (Exakt = auf unendlich viele Dezimalstellen genau). Diese Wahrscheinlichkeit hat tatsächlich den Grenzwert Null. Dies liegt nicht daran, dass die Österreicher nicht ihrem Durchschnitt nahe sind – im Gegenteil –, sondern es liegt daran, dass wir den Wert so genau bestimmt haben. Je genauer wir den Wert festlegen, desto weniger Österreicher finden wir vor – auf Millimeter genau werden es nicht mehr viele sein, die diesen Durchschnitt besitzen, auf Zehntel-Millimeter noch weniger, auf Tausendstel-Millimeter noch weniger etc.. Mit perfekter Exaktheit gemessen, hat gar kein Österreicher die durchschnittliche Körpergröße. D. h. die Wahrscheinlichkeit, dass eine Zufallsvariable einer stetigen Verteilung einen bestimmten Wert *exakt* annimmt, ist Null, obwohl es an jeder Stelle einen Wert dieser Wahrscheinlichkeitsfunktion gibt. Wir können also in stetigen Verteilungen, anders als in diskreten Verteilungen, Wahrscheinlichkeiten nicht aus dem Funktionswert des Ereignisses ableiten, sondern nur aus einem Flächenabschnitt (Integralrechnung). Eine Verteilung wie die durchgezogene Kurve in Abb. 7.9 bildet Wahrscheinlichkeiten ab. Die Wahrscheinlichkeit, dass eine Zufallsvariable mit dieser Verteilung bei einer zufälligen Realisierung einen Wert zwischen Null und Eins annimmt, ist ablesbar. Sie entspricht der schraffierten Fläche in Abb. 7.10.

Abbildung 7.10

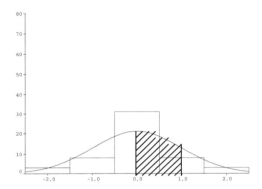

Je enger wir das Ereignis definieren, desto kleiner wird seine Wahrscheinlichkeit. Sie ist zwar anders, je nachdem, wo das Ereignis auf der Wahrscheinlichkeitsverteilung liegt, aber je genauer das Ereignis definiert ist, desto kleiner ist sie. Dies hat einen gewissen empirischen Sinn; es hängt mit der sozialen Wirklichkeit zusammen.

Wenn wir auf die Straße gehen und einen entgegenkommenden Passanten nach der Verkettung von Ereignissen fragen, die insgesamt dazu geführt haben, dass wir genau diesen speziellen Menschen zu genau diesem Zeitpunkt an genau dieser Stelle treffen, dann werden wir feststellen, dass die Wahrscheinlichkeit für diese Kette von Ereignissen sehr klein war. Wenn wir auf eine Zielscheibe mit einer Kugel schießen, die punktförmig auf eine bestimmte Stelle auftrifft, und uns fragen, wie groß die Wahrscheinlichkeit ist, dass wir genau an dieser Stelle getroffen haben, werden wir zur Erkenntnis gelangen, dass diese Wahrscheinlichkeit umso kleiner ist, je genauer wir die Einschlagstelle vermessen. Wenn wir den Flächenanteil des Punktes an der gesamten Zielscheibe bestimmen wollen, dann ist dieser Null, weil ein Punkt die Fläche Null hat. Die Wahrscheinlichkeit, dass wir einen Punkt mit der Fläche Null zufällig treffen, ist Null. Also können wir für jeden beliebigen Punkt, den wir auf der Zielscheibe getroffen haben, im nachhinein festlegen, dass die Wahrscheinlichkeit dafür Null gewesen ist. Wir kommen damit nicht weiter; diese Verwendung des Wahrscheinlichkeitskonzeptes hat keinen Sinn.

Wir müssen also, um Wahrscheinlichkeiten von Ereignissen zu bestimmen, *Klassen von Ereignissen* festlegen. Zielscheiben sind deshalb ringförmig konstruiert: Die Ringe auf der Zielscheibe definieren Klassen von Ereignissen, die nach Nähe zum Zentrum (Treffergenauigkeit) geordnet sind. Die Frage ist also, wie groß ist die Wahrscheinlichkeit, dass wir in einen bestimmten Ring (Klasse) der Zielscheibe treffen. Wir können sinnvollerweise deshalb nur nach der Wahrscheinlichkeit von Klassen von Ereignissen fragen. **Die Wahrscheinlichkeiten von Klassen von Ereignissen hängen entscheidend davon ab, wie wir diese Klassen definieren.** Die Definition der Klassen von Ereignissen ist deshalb eine entscheidende Vorbedingung bei der Feststellung, wie wahrscheinlich z. B. die Abweichung irgendwelcher Ergebnisse vom Zufall ist. Deshalb wird es keinen Sinn haben, nach der Größe der Wahrscheinlichkeit zu fragen, dass eine Zufallsvariable mit einer Wahrscheinlichkeitsverteilung wie Abb. 7.10 genau den Wert 1 ergibt – wir wissen dies auch ohne Wahrscheinlichkeitsverteilung; sie ist Null. Wir werden uns fragen, wie wahrscheinlich es ist, dass sie kleiner oder größer als eins ist, zwischen Null und Eins liegt, o.ä.

Der große Vorteil von Wahrscheinlichkeitsverteilungen ist, dass wir in ihnen Bereiche festlegen und diesen Bereichen Wahrscheinlichkeiten zuordnen können. So können wir z.B. sagen, dass wir in einer Normalverteilung im Bereich einer Standardabweichung links und rechts vom Mittelwert erwarten, dass dort rund zwei Drittel der Fällen liegen werden.

Faustregeln:
1. Bei einer Normalverteilung liegen rund 2/3 aller Fälle innerhalb einer Standardabweichung links und rechts vom Mittelwert.
2. Bei einer Normalverteilung liegen ungefähr 95 % aller Fälle zwei Standardabweichungen links und rechts vom Mittelwert.

Haben wir standardisierte normalverteilte Variablen vor uns, ist deren Mittelwert Null und die Standardabweichung Eins. Für diese gilt, dass rund 2/3 der Fälle im Intervall zwischen plus und minus Eins links und rechts vom Mittelwert liegen und rund 95 % der Fälle liegen zwischen plus/minus Zwei vom Mittelwert. Eine solche Normalverteilung hat den praktischen Vorteil, dass es eine bereits existierende Tabelle gibt, in der die zu jedem Wert der Variablen auf den x-Achse gehörenden Wahrscheinlichkeiten aufgelistet sind. Wir brauchen nur mehr in dieser einen Tabelle nachzusehen, um die gefragte Wahrscheinlichkeit zu ermitteln. Hätten wir nicht die Möglichkeit, die Varianz zu transformieren, bräuchten wir für sämtliche möglichen Varianzen einer Normalverteilung eigene Tabellen mit Wahrscheinlichkeitsangaben. Dies ist ein Anwendungsfall der in Kap. 3 beschriebenen Standardisierung von Variablen durch lineare Transformation, der für uns von Bedeutung ist.

Die Verteilung des Prüfmaßes beim Testen von Kontingenztabellen: Die Chi-Quadrat-Verteilung

Zurück zu unserem Ausgangsproblem: Wir haben uns mit der Wahrscheinlichkeitsverteilung beschäftigt, die für die Summe der Abweichungen $(a - e \cdot g/n,\ b - e \cdot h/n,\ c - f \cdot g/n,\ d - f \cdot h/n)$ unter der Annahme gilt, dass sie zufällig zustande gekommen sind, und kamen zum Schluss, dass nicht nur der Erwartungswert jedes einzelnen Summanden Null sein muss, sondern auch die Summe der vier Summanden immer Null ergeben muss. Diese Summe ist daher als Prüfmaß nicht geeignet. Um die Summation auf Null zu vermeiden, könnten wir jeden Summanden quadrieren Dann müssen wir der neuen Summe eine andere Wahrscheinlichkeitsverteilung zugrunde legen, denn das Quadrat einer Abweichung vom Typ $(a - e \cdot g/n)$ ist ein anderer Typus von Variable. Wie wird die Wahrscheinlichkeitsverteilung im Prinzip aussehen, wenn wir eine normalverteilte Zufallsvariable quadrieren? Wenn wir sämtliche möglichen Realisierungen dieser Variablen quadrieren und die theoretischen Häufigkeiten/Wahrscheinlichkeiten dafür berechnen?

Die Form der Normalverteilung kennen wir. Quadrieren wir diese, haben wir folgende Effekte:

- Alles, was kleiner als eins ist, erhält einen noch kleineren Wert ($0{,}5^2 = 0{,}25$; $0{,}9^2 = 0{,}81$; $0{,}1^2 = 0{,}01$ etc.) als zuvor.
- Je kleiner die kleinen Werte, desto näher geraten sie an Null.
- Was größer als eins ist, wird durch Quadrieren noch größer.
- Beim Quadrieren werden negative Werte positiv; d. h. der links von Null stehende Teil der Verteilung wird nach rechts „hinübergeklappt." Die Form der neuen Verteilung quadrierter Werte wird also ungefähr so aussehen müssen:

Abbildung 7.11: Die Form der Verteilung, die entsteht, wenn eine normalverteilte Zufallsvariable quadriert wird.

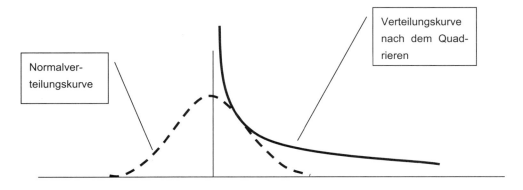

Fassen wir zusammen: $(a - e \cdot g/n)^2$ ist eine quadrierte normalverteilte Zufallsvariable, von der es gelingt, die zugehörige Wahrscheinlichkeitsverteilung zu berechnen.

Wir sind aber der Wahrscheinlichkeitsverteilung eines Prüfmaßes nachgegangen, das aus einer *Summe* solcher quadrierter normalverteilter Zufallsvariablen besteht. Wir haben also ein Problem vor uns, weil sich unser Prüfmaß nicht nur auf *eine* Größe beziehen soll, nämlich $a - e \cdot g/n$, sondern auch $b - e \cdot h/n$, $c - f \cdot g/n$, $d - f \cdot h/n$, und dies in ihrer Abhängigkeit voneinander. Für den Fall der Vierfeldertafel gibt es, wie gesagt, eine gar nicht so einfache Struktur der Abhängigkeit. Nämlich: Eine Abweichung in *eine* Richtung in einem der vier Felder (z. B. in Zelle a) muss eine Abweichung des gleichen Betrages, nur mit anderem Vorzeichen, in jedem benachbarten Feld, und mit gleichem Vorzeichen im diagonal gegenüberliegenden Feld, zur Folge haben.

Aus praktischen Gründen wird die *Summe* aller Abweichungen:
$(a - e \cdot g/n) + (b - e \cdot h/n) + (c - f \cdot g/n) + (d - f \cdot h/n)$ zur Bildung eines Prüfmaßes herangezogen. Da diese Summe aber aufgrund der Art ihrer Konstruktion Null ergibt, könnten wir zunächst die Absolutbeträge verwenden. Die Ermittlung der Wahrscheinlichkeitsverteilungen von Absulutbeträgen ist ein mathematisch nicht ganz einfaches Problem. Da wir uns oben schon mit der Auswirkung des Quadrierens auf die Wahrscheinlichkeitsverteilung einer normalverteilten Zufallsvariable beschäftigt haben, werden wir also diesen Weg wählen.

Wir quadrieren also die Summanden unseres Prüfmaßes (die Summe der Abweichung der empirischen von den erwarteten Werten) und fragen uns, wie die Verteilung dieser quadrierten Zufallsvariablen aussehen müsste. Offenbar anders als bei der Normalverteilung; Die Effekte der Quadrierung einer normalverteilten Zufallsvariable haben wir oben in Abb. 7.11, anhand der Abweichung zwischen $a - e \cdot g/n$, dargestellt.

Multiplikation und Addition (= lineare Transformationen) wirken sich bei der Normalverteilung von Zufallsvariablen auf die Parameter der Verteilung aus: Mittelwert und/oder Varianz ändern sich. Es gibt andere mathematische Operationen, bei denen sich nicht nur die Parameter, sondern auch die Form der Verteilung ändert. Es entsteht eine andere Verteilung. Eine solche mathematische Operation ist das Quadrieren. Wenn wir eine normalverteilte Zufallsvariable quadrieren, dann ändert sich, wie wir uns oben überlegt haben, die Verteilungsform.

Beim Prozess des Bestimmens von Prüfmaßen spielen diese Überlegungen, was für eine Wahrscheinlichkeitsverteilung eine bestimmte mathematische Funktion empirischer Ergebnisse hat, eine entscheidende Rolle. Dabei stellt sich heraus, dass die Wahrscheinlichkeitsverteilungen sehr vieler Prüfmaße von der Normalverteilung ableitbar sind.

Die Zufallsprozesse, die wir untersuchen (– wir wollen ja immer wissen, wie wahrscheinlich es ist, dass unser Ergebnis zufällig zustande gekommen ist –), produzieren sehr oft irgendwann im Laufe ihres Entstehens Variablen, von denen wir hoffen, dass sie normalverteilt sind. Von diesen Variablen leiten wir ab, wie die Prüfmaße, die wir wählen, nun tatsächlich verteilt sind. Die erste dieser aus der Normalverteilung abgeleiteten Verteilung ist die Chi-Quadrat-Verteilung, die man dann erhält, wenn man eine normalverteilte Zufallsvariable oder eine Summe mehrerer normalverteilter Zufallsvariablen quadriert. Das Quadrieren von einer oder einer Summe von normalverteilten Zufallsvariablen ergibt eine neue Klasse von Verteilungen, die berechenbar sind: Chi-Quadrat-Verteilungen. Es gibt eine Reihe von anderen Überlegungen, wie man zu anderen Verteilungen kommt, die wir später noch kennenlernen werden, etwa die t-Verteilung, die F-Verteilung etc. Das Grundmuster ist immer das Gleiche. Alle diese verschiedenen Verteilungen (Chi-quadrat-, t- F- Verteilungen etc.) sind Verteilungen von Zufallsvariablen, die irgendwann einmal normalverteilt gewesen sind und umgeformt wurden (etwa durch Quadrieren). Mit Hilfe dieses Prozesses des Bestimmens von Wahrscheinlichkeiten von Variablen, die ursprünglich normalverteilt waren, können wir die Wahrscheinlichkeit von Prüfmaßen bestimmen.

Nun haben wir weiter oben schon festgestellt, dass es bei der Bestimmung von Wahrscheinlichkeiten immer darum gehen muss, Klassen von Ereignissen festzulegen, deren Wahrscheinlichkeit zu bestimmen ist, und nicht Einzelereignisse. Welche Klasse von Ereignissen werden wir bei einem Prüfmaß vom Typ Chi-quadrat definieren? – Es interessiert uns, ob die Summe der quadrierten Abweichungen der empirischen Werte von den theoretischen Werten so groß ist, dass ihr zufälliges Zustandekommen nur mehr sehr unwahrscheinlich ist. Denn je größer der Wert des Prüfmaßes ist, desto weniger wahrscheinlich ist es, dass dieser Wert durch Zufall zustande gekommen sein kann. Wir werden also für einen solchen Test die Klasse von Ereignissen „das Prüfmaß ist größer als eine bestimmte Schranke" untersuchen. Wie groß diese „bestimmte Schranke" ist, wird weiter unten zu erörtern sein.

Es wird also nicht die Wahrscheinlichkeit eines *ganz bestimmten Wertes* eines Prüfmaßes gesucht, sondern die Wahrscheinlichkeit dafür, dass das Prüfmaß *größer als eine bestimmte Schranke* ist. In der Chi-Quadrat-Verteilung stellt sich diese Wahrscheinlichkeit dafür, dass das Prüfmaß größer als eine bestimmte Schranke ist, als Flächenintegral der Wahrscheinlichkeitsverteilung des Prüfmaßes rechts von dieser Schranke dar.

8. Der Chi-Quadrat-Test

Nach den vorangegangenen grundsätzlichen Überlegungen zur Bestimmung eines Prüfmaßes können wir uns nun der Frage zuwenden, was für ein Prüfmaß für unser 4-Felder-Problem geeignet sein könnte. Zur Erinnerung die bereits in Abschnitt 4 untersuchte 4-Felder- Tafel mit ihren zugehörigen Erwartungswerten unter der Annahme von Unabhängigkeit:

Abbildung 8.1

$E(a)=eg/n$, $E(b)=eh/n$, $E(c)=fg/n$, und $E(d)=fh/n$.

	A (jung)	*nicht A* (alt)	
B (Mann)	eg/n a	eh/n b	e
nicht B (Frau)	fg/n c	fh/n d	f
	g	h	n

Links oben in jeder Zelle stehen wieder die Erwartungswerte unter der Annahme von Unabhängigkeit, rechts unten die tatsächlich ermittelten Werte.

Die Signifikanzfrage einer solchen Vierfeldertafel haben wir bisher andeutungsweise verstanden, allerdings als Teilfrage. Nämlich: Wie wahrscheinlich ist es, dass in der ersten (linken oberen) Zelle der obigen Tabelle nicht die unter Zufall zu erwartenden eg/n Personen zu finden sind, sondern a Personen? – Die Frage wäre an sich mit Hilfe eines Binomialexperimentes zu beantworten, wenn nicht noch Komplikationen dazukämen. Diese sind:

1. die Verteilung der möglichen Werte von a reicht nicht, wie das beim Binomialexperimente der Fall wäre, von 0 bis n. Wir haben es ja mit Randbedingungen zu tun, die bewirken, dass in der Zelle a nur maximal e oder g (was immer kleiner ist) Personen sein können.
2. zu jeder uns interessierenden Differenz zwischen a und eg/n kommt eine Differenz zwischen b und eh/n, zu dieser eine zwischen d und fh/n, und zu dieser eine Differenz zwischen d und fg/n hinzu. Diese vier Differenzen, von denen jede ei-

ne Aussage über die Wahrscheinlichkeit der Zufälligkeit des Gesamtergebnisses ermöglicht, sind aber voneinander abhängig. Es handelt sich dabei nicht um 4 Summanden, die voneinander unabhängig interpretierbar sind. Denn bei gegebenem Zahlenwert von a und einer durch die Stichprobenverteilung festgelegte Größe von e ist auch b, und damit auch die Differenz $b-eh/n$, festgelegt. Entsprechendes gilt auch für c und d.

Die Anzahl der voneinander unabhängig interpretierbaren Summanden nennen wir die Anzahl der **Freiheitsgrade** einer Tabelle. Im Falle der Vierfeldertafel beträgt die Anzahl der Freiheitsgrade 1. Bei gegebenen Randsummen e, f, g und h stehen 3 von 4 Zellhäufigkeiten fest, sobald das, was wir als Zufallsprozess untersuchen, eine der 4 Zellhäufigkeiten „erzeugt" hat. Dabei ist es gleichgültig, welche der 4 Zellen wir als die „zufällig erzeugte" betrachten.

Mit der gleichen Logik könnten wir auch größere Tabellen betrachten, bei denen nicht nur 2 Ausprägungen je Merkmal vorkommen. Bei solchen größeren Tabellen wird der Zufall offensichtlich mehr Möglichkeiten haben. Bei feststehenden Randsummen - („feststehend" heißt: sie sind nicht Teil der Fragestellung. Es wird ja nicht danach gefragt, ob es Zufall sein kann, dass im obigen Beispiel e Männer in die Stichprobe gelangt sind. Sondern es wird danach gefragt, ob es Zufall sein kann, dass von den e Männern a jung sind)

Bei feststehenden Randsummen also können in einer größeren Tabelle alle Zellen einer Zeile zufällig hervorgerufen worden sein, bis auf eine, die dadurch festgelegt ist, dass sich die Summe aller anderen einschließlich der letzten auf die Gesamtsumme ergänzen muss. Analoges gilt für die Spalten. Die Anzahl der Zellen, die in einer größeren Tabelle voneinander unabhängig zufällig variieren können (und daher als Beitrag zur „Zufälligkeit" der Tabelle interpretierbar sind) ist daher: Anzahl der Zellen je Zeile weniger eins, mal Anzahl der Zellen je Spalte weniger eins. Etwas technischer ausgedrückt:

Die Anzahl der Freiheitsgrade einer Tabelle mit k Zeilen und l Spalten ist **$(k-1)(l-1)$**.

Wir haben also bei unserem Signifikanzproblem im allgemeinen Fall einer Tabelle, die größer als eine 2x2 Tabelle ist, alle Beiträge zur Zufälligkeit zu summieren und dabei die Tatsache zu berücksichtigen, dass manche dieser Beiträge von anderen abhängig sind. Letzteres geschieht durch Berücksichtigung der Freiheitsgrade. Bei der Summierung tritt ein Problem auf: Die Summierung von Differenzen zwischen empirisch festgestellten Werten und Erwartungswerten hat den gleichen Effekt wie die Summierung der Differenzen zwischen Einzelwerten und Mittelwert (vgl. Kap. 3). Positive und negative Abweichungen heben sich auf, die Summe der Differenzen wird damit als Maß unbrauchbar. Das gleiche Problem trat schon in Kap. 3 bei der Diskussion von Streuungsmaßen auf und wurde bei der Berechnung der Varianz durch Quadrieren gelöst.

Der Chi-Quadrat-Test

Wenn wir die Abweichungen der tatsächlichen Werte in der 4-Felder-Tafel (a,b,c,d) von den unter der Annahme der Unabhängigkeit zu erwartenden Werten (eg/n, fg/n, eh/n, fh/n) quadrieren, erhalten wir ein brauchbares Maß für die Wahrscheinlichkeit, mit der unser Ergebnis zufällig zustande gekommen sein könnte. Falls es uns gelingt, für diese Quadratsumme eine Wahrscheinlichkeitsverteilung zu ermitteln, haben wir unser Problem gelöst.

Hiezu ist es notwendig, uns daran zurückzuerinnern, dass sich zunächst viele Binomialexperimente durch die Normalverteilung annähern lassen (vgl. Kap. 6). Wenn es uns noch gelingt, die Messwerte, deren Zufälligkeit beurteilt werden soll, so zu standardisieren, dass wir die Parameter der zugehörigen Normalverteilung angeben können, dann können wir die gesuchte Wahrscheinlichkeit so ermitteln. Wir haben also zwei Fragen zu untersuchen:

1. Wie können wir unsere Abweichungen ($a-eg/n$) so standardisieren, dass sie auf eine bekannte Verteilung (günstigstenfalls: Normalverteilung mit dem Mittelwert 0 und der Standardabweichung 1) zurückgehen, und
2. Wie ändert sich die Form der Verteilung, wenn wir es nicht mit *einer* Abweichung, sondern mit einer Summe von *mehreren* Abweichungen, und dann noch mit einer Summe von Abweichungs*quadraten*, statt mit einer Summe von Abweichungen zu tun haben?

Zu 1.): es leuchtet ein, dass der Erwartungswert einer Größe wie ($a-eg/n$) Null sein muss: es handelt sich ja um eine Zufallsvariable, von der ihr Erwartungswert abgezogen wurde. Nach unseren Überlegungen zur linearen Transformation in Abschnitt 3 ist es einleuchtend, dass der Erwartungswert einer solcherart transformierten Variablen Null sein muss. Darüber hinaus lässt sich zeigen, dass eine brauchbare Schätzung für die Standardabweichung der Zufallsvariablen ($a-eg/n$) die Wurzel aus der Größe eg/n ist. Dieser Beweis wird hier nicht geführt. Eine Überlegung, wie man dabei vorgehen müsste, um diesen Sachverhalt zu zeigen, folgt im Anhang zu diesem Kapitel.

Der Ausdruck $\dfrac{a - \dfrac{eg}{n}}{\sqrt{\dfrac{eg}{n}}}$ ist also eine Zufallsvariable, die annähernd

normalverteilt ist, mit dem Mittelwert 0 und der Standardabweichung 1. Dieser Ausdruck wird oft auch als „standardisiertes Residuum" bezeichnet und erlaubt zunächst anhand der standardisierten Normalverteilung eine intuitive Bewertung des Ausmaßes, in dem tatsächliche Werte in den Zellen einer Tabelle von den unter Unabhängigkeit erwarteten Werten abweichen.

Zu 2.): Wenn wir eine Summe mehrerer quadrierter Ausdrücke des obigen Typs bilden, dann hat eine solche Summe eine sogenannte Chi-quadrat- verteilung mit jener

Anzahl von Freiheitsgraden, die der Anzahl der unabhängigen Summanden entspricht. Die Ermittlung dieser Verteilung (genauer: Klasse von Verteilungen) geht auf Ch. *Pearson* zurück. Sie kann hier nicht im Einzelnen referiert werden. Das Grundprinzip wurde aber im vorangegangenen Kapitel am Beispiel der Chi-quadrat- Verteilung mit einem Freiheitsgrad erläutert: Die Chi-quadrat- Verteilung für einen Freiheitsgrad ist eine rechtsschiefe Verteilung, die bei 0 beginnt (vgl. Abbildung 7.11)

Bei einer Chi-quadrat- Verteilung mit mehreren unabhängigen Summanden werden ähnliche Mechanismen auftreten wie bei einem Binomialexperiment. Je mehr Summanden auftreten, desto eher wird sich die Form der Chi-quadrat- Verteilung der einer Normalverteilung annähern. Dabei sind sowohl Erwartungswert als auch Standardabweichung der Chi-quadrat – Verteilung gleich der Anzahl ihrer Freiheitsgrade. Auch dieser Beweis wird hier nicht geführt.

Wir haben aber nunmehr – bis auf einige nicht geführte, weil mathematisch zu komplizierte Beweise – den Ablauf des Chi-quadrat- Tests als ersten Prototyp eines statistischen Signifikanztests vollständig beisammen und wollen ihn noch einmal rekapitulieren.

1. Berechnung einer Indifferenztabelle: eines Szenarios, wie die Daten aussehen hätten müssen, wenn Unabhängigkeit der beiden betrachteten Variablen voneinander geherrscht hätte.
   Im allgemeinen Fall entsteht die Indifferenztabelle durch Multiplikation der zu jeder Zelle gehörenden Zeilen- und Spaltensumme miteinander, und Division durch die Stichprobengröße.
2. Ermittlung eines Prüfmaßes, das eine monoton steigende Funktion des Unterschiedes zwischen dem Datenszenario unter der Annahme von Unabhängigkeit (Indifferenztabelle) und den empirisch ermittelten Daten sein muss.
3. Ermittlung der Wahrscheinlichkeitsverteilung des Prüfmaßes:
   im vorliegenden Falle eine Chi-quadrat Verteilung mit *(k-1)*(l-1)* Freiheitsgraden, wobei *k* und *l* die Anzahl der Zeilen und Spalten der zu untersuchenden Tabelle sind.

Das Prüfmaß Chi-quadrat hat die folgende allgemeine Form:

$$\sum_{i=1}^{k}\sum_{j=1}^{l}\frac{(f_o - f_e)^2}{f_e} \ldots\ldots \chi^2_{(k-1)(l-1)}$$

Dabei sind
k....Anzahl der Spalten der Tabelle
l.....Anzahl der Zeilen der Tabelle
f_o...Tatsächlich empirisch ermittelte Werte (o... „Observed")
f_e...erwartete Werte, ermittelt durch Multiplikation der zugehörigen Randsummen und Division durch n (e... „Expected")

Der Chi-Quadrat-Test

Ein Rechenbeispiel zum Chi-Quadrat-Test

In einer Umfrage seien die folgenden Parteipräferenzen für Männer und Frauen ermittelt worden:

Abbildung 8.2

	Männer	Frauen	Summe
ÖVP	f_o:200 f_e:157.5	f_o:150 f_e:192.5	350
SPÖ	f_o:120 f_e:180	f_o:280 f_e:220	400
F	f_o:130 f_e:112.5	f_o:120 f_e:137.5	250
Summe	450	550	1000

$$\sum_{i=1}^{k}\sum_{j=1}^{l}\frac{(f_o - f_e)^2}{f_e} \ldots \ldots \chi^2_{(k-1)(l-1)}$$

DF (Degrees of Freedom, Freiheitsgrade): (2-1)(3-1)=2

$$\chi^2_2 = \frac{(200-157.5)^2}{157.5} + \frac{(150-192.5)^2}{192.5} + \frac{(120-180)^2}{180} +$$

$$+ \frac{(280-220)^2}{220} + \frac{(130-112.5)^2}{112.5} + \frac{(120-137.5)^2}{137.5} =$$

$$= \frac{42.5^2}{157.5} + \frac{42.5^2}{192.5} + \frac{60^2}{180} + \frac{60^2}{220} + \frac{17.5^2}{112.5} + \frac{17.5^2}{137.5} =$$

$$= 11{,}46 + 9{,}38 + 20 + 16.36 + 2{,}72 + 2.22 = 62.14$$

Für den Wert von 62.14 könnte nun in einer Tabelle mit den Funktionswerten der Chi-quadrat- Verteilung ermittelt werden, eine wie große Wahrscheinlichkeit ihm zukommt. In der Praxis wird ein solches Nachschauen nicht notwendig werden, da der Computer die zu jedem Chi-quadrat-Wert gehörende Wahrscheinlichkeit errechnet. Aber auch ohne eine solche Rechnung kann im vorliegenden Fall schon erkannt werden, dass es sich um einen signifikanten Zusammenhang handeln muss: Bei einem Erwartungswert von 2 (Anzahl der Freiheitsgrade!) und einer ebensolchen Standardabweichung, liegt der hier errechnete Wert rund 30 Standardabweichungen vom Mittelwert entfernt.

Eine vereinfachte Rechenformel für den Chi-Quadrat-Test der Vierfeldertafel

Für die Vierfeldertafel lässt sich durch Umformen zeigen, dass der Ausdruck

$$\sum_{i=1}^{k}\sum_{j=1}^{l}\frac{(f_o - f_e)^2}{f_e} \ldots\ldots \chi^2_{(k-1)(l-1)}$$

auch einfacher dargestellt werden kann. Wir verwenden dazu wieder die Ausgangsbezeichnungen der 4-Felder-Tafel:

Abbildung 8.3

	A	nicht A	
B	eg/n a	eh/n b	e
nicht B	fg/n c	fh/n d	f
	g	h	n

Links oben in jeder Zelle stehen wieder die Erwartungswerte unter der Annahme von Unabhängigkeit, rechts unten die tatsächlich ermittelten Werte.

Der Chi-Quadrat-Test

Chi-Quadrat errechnet sich dann wie folgt:

$$\chi^2{}_1 = \frac{(a-\frac{eg}{n})^2}{\frac{eg}{n}} + \frac{(b-\frac{eh}{n})^2}{\frac{eh}{n}} + \frac{(c-\frac{fg}{n})^2}{\frac{fg}{n}} + \frac{(d-\frac{fh}{n})^2}{\frac{fh}{n}} =$$

$$= \frac{a^2 - 2a\frac{eg}{n} + (\frac{eg}{n})^2}{\frac{eg}{n}} + \frac{b^2 - 2b\frac{eh}{n} + (\frac{eh}{n})^2}{\frac{eh}{n}} + \frac{c^2 - 2c\frac{fg}{n} + (\frac{fg}{n})^2}{\frac{fg}{n}} + \frac{d^2 - 2d\frac{fh}{n} + (\frac{fh}{n})^2}{\frac{fh}{n}} =$$

$$= \frac{a^2}{\frac{eg}{n}} - 2a + \frac{eg}{n} + \frac{b^2}{\frac{eg}{n}} - 2b + \frac{eh}{n} + \frac{c^2}{\frac{fg}{n}} - 2c + \frac{fg}{n} + \frac{d^2}{\frac{fh}{n}} - 2d + \frac{fh}{n} =$$

$$= \frac{na^2}{eg} - 2a + \frac{eg}{n} + \frac{nb^2}{eh} - 2b + \frac{eh}{n} + \frac{nc^2}{fg} - 2c + \frac{fg}{n} + \frac{nd^2}{fh} - 2d + \frac{fh}{n}$$

durch Umstellen erhalten wir:

$$\chi^2{}_1 = \frac{na^2}{eg} + \frac{nb^2}{eh} + \frac{nc^2}{fg} + \frac{nd^2}{fh} - 2a - 2b - 2c - 2d + \frac{eg}{n} + \frac{eh}{n} + \frac{fg}{n} + \frac{fh}{n}$$

Nun ist aber $a+b+c+d = n$.
Daher ist $2a+2b+2c+2d = 2n$.

Ferner ist:

$$\frac{eg}{n} + \frac{eh}{n} + \frac{fg}{n} + \frac{fh}{n} = \frac{e}{n}(g+h) + \frac{f}{n}(g+h) = (g+h)(\frac{e}{n} + \frac{f}{n}) = (g+h)(\frac{e+f}{n})$$

Da aber $g+h = n$, sowie $e+f = n$, ist der obige Ausdruck soviel wie n.
Dies hätten wir übrigens auch sehr viel einfacher sehen können, hätten wir uns daran erinnert, dass die obigen 4 Ausdrücke ($\frac{eg}{n}, \frac{eh}{n}, \frac{fg}{n}, \frac{fh}{n}$) ja nichts weiter sind als die Be-

setzungen der Indifferenztabelle, die ja in Summe n ergeben müssen.
Wir erhalten also:

$$\chi^2_1 = \frac{na^2}{eg} + \frac{nb^2}{eh} + \frac{nc^2}{fg} + \frac{nd^2}{fh} - 2n + n = \frac{na^2}{eg} + \frac{nb^2}{eh} + \frac{nc^2}{fg} + \frac{nd^2}{fh} - n$$

Diesen Ausdruck bringen wir auf einen gemeinsamen Nenner:

$$\chi^2_1 = \frac{na^2 fh + nb^2 fg + nc^2 eh + nd^2 eg - nefgh}{efgh} = \frac{n}{efgh}(a^2 fh + b^2 fg + c^2 eh + d^2 eg - efgh)$$

Wir ersetzen jetzt die Produkte der Randsummen e, f, g, h im Klammerausdruck durch die Zellenbesetzungen a, b, c, d:

$eg = (a+b)(a+c) = a^2 + ac + ab + bc$
$eh = (a+b)(b+d) = ab + b^2 + ad + bd$
$fg = (c+d)(a+c) = ac + ad + c^2 + cd$
$fh = (c+d)(b+d) = bc + bd + cd + d^2$

$efgh = [(a+b)(b+d)][(a+c)(c+d)] = (ab + b^2 + ad + bd)(ac + ad + c^2 + cd) =$
$= a^2bc + a^2bd + abc^2 + abcd + ab^2c + ab^2d + b^2c^2 + b^2cd +$
$+ a^2cd + a^2d^2 + ac^2d + acd^2 + abcd + abd^2 + bc^2d + bcd^2$

Wir erhalten so:

$$\chi^2_1 = \frac{n}{efgh}(a^2bc + a^2bd + a^2cd + a^2d^2 + ab^2c + ab^2d + b^2c^2 + b^2cd +$$
$$+ abc^2 + b^2c^2 + ac^2d + bc^2d + a^2d^2 + acd^2 + abd^2 + bcd^2 -$$
$$- a^2bc - a^2bd - abc^2 - abcd - ab^2c - ab^2d - b^2c^2 - b^2cd -$$
$$- a^2cd - a^2d^2 - ac^2d - acd^2 - abcd - abd^2 - bc^2d - bcd^2) =$$

$$= \frac{n}{efgh}(a^2d^2 + b^2c^2 - 2abcd) = \frac{n}{efgh}(ad - bc)^2 = \frac{n(ad - bc)^2}{efgh}$$

Der Chi-Quadrat-Test

Zur Beziehung zwischen Korrelation und Signifikanz im Chi-Quadrat-Test

Im Kapitel 13 über *den 4-Felder-Korrelationskoeffizienten, auch tetrachorischen Korrelationskoeffizienten* genannt, werden wir eine vereinfachte Rechenformel für den Korrelationskoeffizienten ableiten, für den Fall, dass zwei Variable x und y nur die Werte 0 und 1 annehmen können (4-Felder-Tafel). Dieser sog. tetrachorische Korrelationskoeffizient wird dort ermittelt als:

$$Phi = \frac{ad - bc}{\sqrt{efgh}}$$

Es besteht also zwischen dem 4-Felder-Korrelationskoeffizienten Phi und dem Chiquadrat- Wert der Vierfeldertafel die Beziehung:

$$Chi^2 = Phi^2 * n$$

In Worten: Das Quadrat des Korrelationskoeffizienten, multipliziert mit der Anzahl der Fälle, ist chi-quadrat- verteilt, mit einem Freiheitsgrad.

Weitere Anwendungsfälle des Chi-Quadrat-Tests

Tests auf Gleichheit von Verteilungen

Der Chi-quadrat – Test für Vierfeldertafeln überprüft, ob die quadrierten Differenzen zwischen einer empirischen Verteilung einerseits, und jener Verteilung andererseits, die wir unter Unabhängigkeit erwarten würden, noch als zufällig angesehen werden können. Der Chi-quadrat – Test ist somit von seiner Logik her ein Test, der die Ähnlichkeit bzw. Unähnlichkeit zwischen zwei Verteilungen testet. Dieser Grundgedanke kann auch auf andere Fragestellungen verallgemeinert werden. So etwa, wenn wir vermuten, dass eine empirisch gefundene Verteilung irgend einer theoretisch vermuteten Verteilung entspricht. Diese theoretisch gefundene Verteilung kann die Verteilung einer Kontingenztafel unter der Annahme von Unabhängigkeit sein, wie im oben besprochenen Fall. Es kann aber auch jede andere Verteilung einer Zufallsvariablen sein, von der wir Gründe haben, anzunehmen, dass sie für jene Grundgesamtheit gilt, aus der wir eine Stichprobe gezogen haben. Ein häufiger (- aber keineswegs der einzige!) Anwendungsfall dieses Gedankens ist die Frage, ob eine Häufigkeitsverteilung eines in einer Stichprobe erhobenen Merkmals einer Normalverteilung in der zugehörigen Grundgesamtheit entstammt, oder nicht. Wir brauchen uns für diesen Fall nur auszurechnen, wie viele Fälle in jedem Abschnitt des empirisch gefundenen Histogramms liegen müssten, wenn dieses Histogramm einer Normalverteilung entspräche. Der Weg hiezu besteht einfach darin, die standardisierte Normalverteilung durch Addition des Mittelwertes und Multiplikation mit der Standardabweichung so zu verändern, dass sie im gleichen Bereich liegt wie die vorgefundene Häufigkeitsverteilung. Graphisch könnte dies z.B. so aussehen:

Abbildung 8.4: Der Vergleich zwischen einer (empirisch gefundenen) Verteilung und der (theoretisch in der Grundgesamtheit vermuteten) Normalverteilung, vor und nach der Transformation der empirisch gefundenen Verteilung.

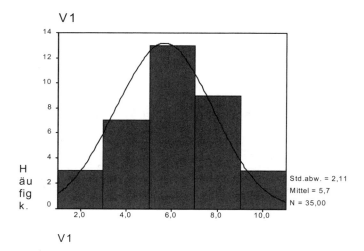

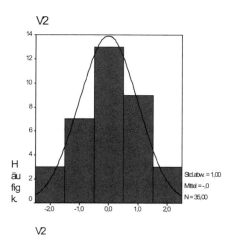

Der Chi-Quadrat-Test

Der Tabelle für die Normalverteilung können wir (nach Standardisierung der Variablen, untere Graphik) die Prozentanteile entnehmen, die in jedem Intervall des Histogramms liegen müssten, wenn dieses eine Normalverteilung wäre. Wenn wir diese Prozentanteile durch Multiplikation mit der Stichprobengröße auf jene Anzahl von Untersuchungseinheiten umrechnen, die in jedem Intervall liegen müssten, dann haben wir unsere erwarteten Häufigkeiten f_e, wie sie dem Chi-quadrat – Test der Kontingenztabelle entsprechen. Die Anzahl der Freiheitsgrade für diese Anwendung des Chi-quadrat – Tests ist um 1 kleiner als die Anzahl der Intervalle.

Anhang zu Kapitel 8:

Einige heuristische Überlegungen zur Schätzung der Varianz der Größe $a - \frac{eg}{n}$

Wie wir uns schon überlegt haben, kann die Größe $a - \frac{eg}{n}$ in der Vierfeldertafel als eine von vielen möglichen Realisierungen einer normalverteilten Zufallsvariable mit dem Erwartungswert $\frac{eg}{n}$ betrachtet werden. Die Varianz dieser Größe, die wir noch brauchen, um die Frage zu beantworten, welche Wahrscheinlichkeit jeder individuellen Realisierung zukommt, können wir mithilfe der Überlegung ermitteln, dass die Abweichung eines Zahlenwertes a von seinem Erwartungswert $\frac{eg}{n}$ durch einen Prozess zustande kommt, der sich durch eine Binomialverteilung beschreiben lässt. Wie wir uns schon überlegt haben, lässt sich der Erwartungswert der Binomialverteilung berechnen als

$$E(k) = \sum_{k=0}^{n} k \binom{n}{k} p^k (1-p)^{n-k} = np$$

Mit dem gleichen Ansatz, allerdings mathematisch etwas komplizierter, lässt sich auch die Varianz der Binomialverteilung ermitteln als der Erwartungswert der quadrierten Abweichungen vom Erwartungswert np.

$$E(k-np)^2 = \sum_{k=0}^{n}(k-np)^2 \binom{n}{k} p^k(1-p)^{n-k} = np(1-p)$$

Der Beweis für diese Behauptung wird hier nicht geführt. Für unsere Vierfeldertafel berechnen wir unser p, als die Wahrscheinlichkeit des zufälligen gleichzeitigen Auftretens beider Ereignisse unter der Voraussetzung von Unabhängigkeit, mit

$p = \dfrac{eg}{n^2}$; und

$1 - p = 1 - \dfrac{eg}{n^2}$.

Die Varianz $np(1-p)$ würde sich dann aus der Binomialverteilung errechnen als

$$np(1-p) = n\frac{eg}{n^2}(1-\frac{eg}{n^2}) = \frac{eg}{n}(1-\frac{eg}{n^2}) = \frac{eg}{n} - \frac{(eg)^2}{n^3}.$$

Wir können daher festhalten:

1. Bei einer Schätzung der Varianz durch den Ausdruck $\dfrac{eg}{n}$ werden wir die Varianz immer *über*schätzen. Wenn wir einen Signifikanztest aufgrund einer zu großen Varianz berechnen, muss das Prüfmaß größer sein, um signifikant zu sein. Wir sind also auf der sicheren Seite.

2. Je größer der Ausdruck n gegenüber dem Ausdruck eg wird, desto näher wird die Schätzung der Varianz durch $\dfrac{eg}{n}$ an den Wert $\dfrac{eg}{n} - \dfrac{(eg)^2}{n^3}$ herankommen:

   n steht ja im Nenner in der dritten Potenz, eg im Zähler in der zweiten. Dies wird vor allem dann der Fall sein, wenn wir es nicht mehr mit einer Vierfeldertafel zu tun haben, sondern mit einer Tabelle mit mehreren Zeilen und Spalten: je mehr Zeilen bzw. Spalten die Tabelle hat, desto kleiner werden die einzelnen Randsummen gegenüber der Gesamtsumme werden, desto kleiner somit der Schätzfehler. Für die Vierfeldertafel wird somit der Schätzfehler bei der Varianz noch relativ am größten ausfallen. Dies wird teilweise dadurch kompensiert, dass wir bei der Vierfeldertafel *vier* Summanden addieren und diesem Prüfmaß trotzdem die Chi-quadrat-Verteilung für einen Freiheitsgrad, also *einen* unabhängigen Summanden, zugrunde legen.

Das Verhältnis zwischen der Anzahl der Summanden und der Anzahl der Freiheitsgrade (der unabhängigen Summanden) ist ja gegeben durch:

$$\frac{kl}{(k-1)(l-1)}.$$

Der Chi-Quadrat-Test

So ist also z.B. das Verhältnis von Summanden zu Freiheitsgraden
bei einer 2*2-Tabelle: 4,00:1,
bei einer 3*3-Tabelle: 9:4 oder 2,25:1,
bei einer 4*4-Tabelle: 16:9 oder 1,78:1,
bei einer 5*5-Tabelle: 25:16 oder 1,56:1, etc.

9. Der t-Test

Der Grundgedanke des t-Tests ist die Fragestellung, ob zwei Mittelwerte ein- und derselben Variablen, die in zwei Gruppen (etwa: zwei Stichproben) erhoben worden sind, sich voneinander „nur zufällig" unterscheiden, oder ob diese Unterschiede eher auf „etwas systematisches" zurückzuführen sind: z.B. darauf, dass es sich eben doch nicht um zwei zufällig gezogene Stichproben handelt, sondern eher um zwei Auswahlverfahren, die systematisch einmal kleinere, und einmal größere Werte der betrachteten Variablen aussuchen.

So könnte etwa der Mittelwert der Körpergröße von Soldaten in einer Kaserne 168 cm sein, und der von Soldaten einer anderen Kaserne 172 cm. Die Frage, die man stellen könnte, lautet: wurden die Soldaten in den beiden Kasernen nach Größe rekrutiert, oder handelt es sich dabei einfach um zufällige Unterschiede, die deshalb zustande kamen, weil die beiden Stichproben aus der Grundgesamtheit aller österreichischen Wehrdienstpflichtigen sich eben zufällig um 4cm im Durchschnitt unterschieden haben?

Das Instrumentarium, das wir dafür brauchen, unterscheidet sich nicht mehr sehr wesentlich von den Elementen, die wir schon einerseits als Grundelemente jedes Signifikanztests beim Chi-quadrat-Test, und andererseits beim Konfidenzintervall am Ende von Kapitel 6 kennen gelernt haben. Zunächst müssen wir wieder ein vernünftiges Prüfmaß konstruieren. Dabei wird natürlich der Unterschied zwischen den beiden Mittelwerten eine Rolle spielen.

Aus dem Abschnitt über Konfidenzintervalle (Kap. 6) wissen wir schon, dass die Standardabweichung eines Stichprobenmittelwertes $s_{\bar{x}} = \dfrac{s_x}{\sqrt{n}}$ ist.

Außerdem wissen wir, dass eine Zufallsvariable, von der wir ihren Erwartungswert abziehen, den Erwartungswert 0 hat; dividieren wir sie noch durch ihre Standardabweichung, dann hat sie die Standardabweichung 1.

Gemäß der Nullhypothese sind die Abweichungen der beiden Mittelwerte voneinander zufällig, d.h. die Erwartungswerte für die beiden Mittelwerte (die Mittelwerte der zugehörigen Grundgesamtheiten) sind gleich, oder sogar identisch. Somit ist die Größe

$\dfrac{\bar{x}_1 - \bar{x}_2}{s_{\bar{x}_1 - \bar{x}_2}}$ normalverteilt, mit dem Erwartungswert 0 und der Standardabweichung 1.

Dass der Erwartungswert 0 ist, ergibt sich unmittelbar aus der Nullhypothese, gemäß der die beiden Mittelwerte $\bar{x}_1$ und $\bar{x}_2$ gleich sind. Wenn wir daher zufällig unendlich viele

Paare von Stichproben ziehen, dann werden die Durchschnitte der Mittelwerte dieser beiden Stichproben gleich sein.

Ein zweites Problem, das wir noch lösen müssen, ist die Berechnung der Varianz der Differenz zweier Stichprobenmittelwerte: also der Größe $s_{\bar{x}_1-\bar{x}_2}$.

Im Abschnitt 6 haben wir bei der Berechnung von Konfidenzintervallen schon festgestellt, dass die Varianz eines Stichprobenmittelwertes $s_{\bar{x}} = \frac{s_x}{\sqrt{n}}$. Die Varianz der Differenz zweier Stichprobenmittelwerte ist nun nichts anderes als die Varianz einer Summe zweier Stichprobenmittelwerte, mit dem Unterschied, dass alle Summanden aus einer der beiden Stichproben mit einem konstanten Faktor zu multiplizieren sind: nämlich mit (−1). Wir wissen ferner, dass die Multiplikation von Zufallsvariablen mit Konstanten dazu führt, dass die Varianzen mit dem Quadrat dieser Konstanten zu multiplizieren sind. In unserem Fall ist also die Varianz der Differenz der Stichprobenmittelwerte $\bar{x}_1 - \bar{x}_2$ genauso viel wie die Varianz der Summen der Stichprobenmittelwerte $\bar{x}_1 + \bar{x}_2 * (-1)$, wobei alle zu $\bar{x}_2$ gehörenden Werte mit −1 zu multiplizieren sind. Die Varianz ist dann mit dem Quadrat von −1, also mit +1, zu multiplizieren. Wie wir im Abschnitt 3 schon festgestellt haben, ist die Varianz einer Summe von zwei oder mehreren Zufallsvariablen aber die Summe von deren Varianzen, plus deren Kovarianzen. Im Falle von linearer Unabhängigkeit sind die Kovarianzen Null. Da die beiden Stichproben, aus denen $\bar{x}_1$ und $\bar{x}_2$ berechnet wurde, aber gemäß den Anforderungen an Stichproben voneinander unabhängig sein müssen, ergibt sich daraus, dass die Varianz der Differenz zweier Stichprobenmittelwerte die Summe der Varianzen dieser Stichprobenmittelwerte sein muss:

$$s^2_{\bar{x}_1-\bar{x}_2} = \frac{s_{x_1}^2}{n_1} + \frac{s_{x_2}^2}{n_2}, \text{ beziehungsweise } s_{\bar{x}_1-\bar{x}_2} = \sqrt{\frac{s_{x_1}^2}{n_1} + \frac{s_{x_2}^2}{n_2}}$$

Im Prinzip würde das für die Konstruktion eines Signifikanztests schon genügen, wären da nicht noch zwei Schwierigkeiten:

1. für kleinere Stichproben ermöglicht die Annäherung durch die Normalverteilung keine besonders scharfen Aussagen, wie GOSSET nachgewiesen hat, und
2. Im allgemeinen Fall werden wir erwarten, dass zwei Stichproben, die sich hinsichtlich ihrer Mittelwerte gemäß der Nullhypothese nur zufällig unterscheiden, dies auch hinsichtlich ihrer Varianzen tun. Wir werden also in der Regel mit einer Schätzung der Varianz $s^2_{\bar{x}_1-\bar{x}_2}$ auskommen, die davon ausgeht, dass auch die beiden Varianzen $s^2_{\bar{x}_1}$ und $s^2_{\bar{x}_2}$ gleich sind. Aber welche der beiden Stichproben sollen in diesem Fall für die Schätzung von $s^2_{\bar{x}_1-\bar{x}_2}$ herangezogen werden?

Oben haben wir festgestellt, dass wir die Standardabweichung der Differenz zweier Mittelwerte schätzen können durch den Ausdruck: $s_{\bar{x}_1-\bar{x}_2} = \sqrt{\dfrac{s_{x_1}^{\ 2}}{n_1} + \dfrac{s_{x_2}^{\ 2}}{n_2}}$

Falls die Varianzen beider Stichproben gleich sind, lässt sich dieser Ausdruck vereinfachen:

$$s = s_{x_1} = s_{x_2}$$

$$s_{\bar{x}_1-\bar{x}_2} = \sqrt{\frac{s^2}{n_1} + \frac{s^2}{n_2}} = s\sqrt{\frac{1}{n_1} + \frac{1}{n_2}} = s\sqrt{\frac{n_1+n_2}{n_1 n_2}}$$

Für ungleiche Varianzen beider Stichproben schlug GOSSET das gewichtete Mittel aus beiden Stichprobenvarianzen vor:

$$s_{\bar{x}_1-\bar{x}_2} = \sqrt{\frac{n_1 s_{x_1}^{\ 2} + n_2 s_{x_2}^{\ 2}}{n_1 + n_2 - 2}}$$

Für die Entscheidung, ob die beiden Stichprobenvarianzen als „noch gleich", d.h. als in ihrem Größenunterschied wahrscheinlich zufällig zustande gekommen, betrachtet werden können, können wir den F-Test heranziehen, wie er im nächsten Kapitel über die Varianzanalyse besprochen wird.

GOSSET hat als Prüfmaß für den Vergleich zweier Mittelwerte eine Größe vorgeschlagen, die er „t" genannt hat, und die oben bereits beschriebene Form hat:

$$t = \frac{\bar{x}_1 - \bar{x}_2}{s_{\bar{x}_1-\bar{x}_2}},$$

wobei die Schätzung für $s_{\bar{x}_1-\bar{x}_2}$ je nach dem Ergebnis des F-tests auf Gleichheit der Varianzen im Sinne der obigen Überlegungen anders zu berechnen sein wird.

Dieses Prüfmaß ist für größere Stichproben (größer als cca 50 für beide Stichproben zusammen) annähernd normalverteilt. Für kleinere Stichproben hat GOSSET die zugehörige Verteilung unter dem Namen „t-Verteilung" berechnet. Ähnlich wie die Chi-quadrat-Verteilung ist auch die t-Verteilung durch Freiheitsgrade charakterisiert. Die Anzahl der Freiheitsgrade ist n_1+n_2-2, wobei n_1 und n_2 die Größen der beiden Stichproben sind.

10. Die Varianzanalyse

Die Ausgangsfragestellung der Varianzanalyse könnten wir wie folgt formulieren:
Reicht die Information darüber, dass Subgruppen einer Stichprobe hinsichtlich einer Variablen unterschiedliche Mittelwerte haben, aus, um daraus weiterreichende Schlüsse ziehen zu können?

So könnten etwa die Mittelwerte von Körpergrößen von Soldaten in 3 Kasernen 161, 167 und 173 cm betragen. Die Frage, die man stellen könnte, lautet:

Sind dies zufällige Unterschiede, oder haben wir davon auszugehen, dass diese Unterschiede etwa auf systematische Selektion von Soldaten nach ihrer Körpergröße in den drei Kasernen schließen lassen?

Zunächst stellt sich die Frage, ob die Information über die beobachteten Unterschiede überhaupt ausreichend sein kann, um zu der Frage Stellung zu nehmen. Mit dieser Frage haben wir uns schon ganz zu Beginn beschäftigt. (Vgl. Abbildung 3.9 und 3.10, Kapitel 3). Schon dort haben wir festgestellt: Es ist offenbar auch notwendig, zu beobachten, wie sehr die betrachteten Verteilungen überlappen. Ein Maß hiefür ist die Varianz.

Auch eine andere Überlegung kann diesen Gedanken veranschaulichen:

Wie viele Soldaten haben eine Körpergröße, die aus allen drei Kasernen stammen könnte? Bei kleiner Varianz gibt es kaum einen Soldaten, der nicht aufgrund des Mittelwertes zuordenbar wäre. Bei großer Varianz gibt es dagegen sehr viele, die überall hingehören könnten. Die Varianz ist also das Entscheidende. Ohne Kenntnis der Varianzen können Unterschiede zwischen Mittelwerten nicht beurteilt werden!

Wenn wir also wissen wollen, ob die Unterschiede zwischen Mittelwerten zufällig zustande gekommen sein können oder nicht, dann werden wir ein Prüfmaß brauchen, das Mittelwertunterschiede in Relation zu der jeweiligen Standardabweichung beurteilt. Wie könnte man ein solches Prüfmaß konstruieren?

Das scheinbar naheliegendste Verfahren wäre es doch wohl, eine Summe von Vergleichen je zweier Mittelwerte zu machen. Bei unseren drei Kasernen könnten wir also Kaserne 1 mit 2, 1 mit 3 und 2 mit 3 mit Hilfe des im vorigen Kapitels behandelten t-Tests vergleichen. Dies scheint ein plausibles Verfahren zu sein, gibt jedoch keine Antwort auf die Frage, ob es sich bei den Kasernen insgesamt um einen Selektionsprozess handelt oder nicht. Eine solche Fragestellung durch eine Serie von Signifikanztests zu behandeln, von denen jeder nur einen Teil der Frage beantwortet, führt vielmehr zu einem systematischen Trugschluss, der sich am besten am Extremfall zeigen lässt: Wenn wir z.B. nicht 3, sondern 20 Kasernen zu vergleichen hätten, dann würde eine Serie von t-Tests insgesamt (20*19)/2,

Die Varianzanalyse

also 190 Vergleiche, ergeben (Zur Anzahl der möglichen Paare aus n Elementen vgl. Kap. 6, Abb. 6.3). Falls die Unterschiede zwischen diesen 20 Kasernen wirklich ausschließlich zufällig zustande gekommen sein sollten, würden trotzdem 9 bis 10 Vergleiche (exakt: 9,5) signifikant auf dem 5%-Niveau ausfallen. Denn signifikant auf dem 5%-Niveau heißt ja nichts anderes als: Unter der Voraussetzung der Nullhypothese kommt ein signifikanter empirisch ermittelter Unterschied zwischen zwei Mittelwerten in nur 5% der Fälle vor. Das aber heißt, dass gerade bei Geltung der Nullhypothese eben in genau 5% aller denkbaren Vergleiche Unterschiede zu erwarten sind, die so groß sind, dass sie als „signifikant auf dem 5%-Niveau" einzustufen sind. Ganz analog sind bei unserem Beispiel 2 Vergleiche (exakt:1,9) signifikant auf dem 1%-Niveau zu erwarten, und 4 (exakt: 3,8) auf dem 2%-Niveau. Signifikante Ergebnisse von Vergleichen je zweier Kasernen helfen uns also nicht dabei, zu entscheiden, ob wir den Einfluss der Selektion in Kasernen insgesamt als zufällig oder nicht einstufen sollen.

Was also ist zu tun?

Wir könnten zunächst die Mittelwerte der Körpergrößen von Soldaten in jeder einzelnen Kasernen als $x.$ bezeichnen und folgende, als Spielerei anmutende Operation durchführen:

$$s_x^2 = \frac{1}{n}\sum (x_i - \bar{x})^2$$

$$s_x^2 = \frac{1}{n}\sum [(x_i - x.) + (x. - \bar{x})]^2$$

$$s_x^2 = \frac{1}{n}\sum [(x_i - x.)^2 + (x. - \bar{x})^2 + 2(x_i - x.)(x. - \bar{x})]$$

$$s_x^2 = \frac{1}{n}\sum (x_i - x.)^2 + \frac{1}{n}\sum (x. - \bar{x})^2 + \frac{1}{n}2\sum (x_i - x.)(x. - \bar{x})$$

Dabei haben wir zunächst in der zweiten Zeile von jedem Messwert - x_i - den dazugehörigen Mittelwert je Gruppe (Kaserne) - $x.$ - abgezogen und ihn anschließend gleich wieder dazu addiert. Arithmetisch betrachtet ist dies zunächst sicher richtig. Interpretiert, bedeutet es, dass wir die Abweichung jedes Einzelwertes vom Mittelwert in zwei Komponenten zerlegt haben:
1. In die Abweichung vom Mittelwert der zugehörigen Kaserne: $x_i - x.$ und
2. In die Abweichung des Kasernenmittelwertes vom Gesamtmittelwert: $x. - \bar{x}$

Die Varianzanalyse

In der dritten Zeile haben wir den so entstehenden Klammerausdruck nach der Regel $(a+b)^2=a^2+b^2+2ab$ quadriert, und in der vierten Zeile in einzelne Summanden zerlegt.

Warum tun wir das? Die ersten beiden Einzelteile der vierten Zeile sehen aus wie eine Varianz, der dritte Teil sieht aus wie eine Kovarianz. Sollte dieser dritte Teil nicht nur so aussehen, sondern tatsächlich die gleichen Eigenschaften wie eine Kovarianz haben, dann könnten wir das, was wir über Kovarianzen schon wissen, hier anwenden, nämlich:

- Die Kovarianz zweier voneinander unabhängiger Zufallsvariablen ist 0
- Die Kovarianz zweier voneinander linear abhängiger Variablen ($y=bx$) ist das Produkt der beiden Standardabweichungen

Die Kovarianz zwischen zwei Variablen sieht ja allgemein so aus:

$$s_{xy} = \frac{1}{n} \sum (x_i - \overline{x})(y_i - \overline{y})$$

Das letzte Glied des obigen Ausdruckes war: $s_{xx.} = \frac{1}{n} \sum (x_i - x.)(x. - \overline{x})$

Dies hat also tatsächlich viel Ähnlichkeit mit der Kovarianz zwischen den einzelnen Messwerten einerseits, und den Gruppenmittelwerten andererseits. Aber nach genau der Hypothese, die wir gerade testen, nämlich der Nullhypothese, hängen die einzelnen Messwerte eben nicht damit zusammen, in welcher Gruppe sie sich befinden, da gemäß der Nullhypothese alle Gruppenmittelwerte gleich sein sollen.

Abhängigkeit hieße ja: je größer der Ausdruck $(x. - \overline{x})$ wird, desto größer müsste auch der Ausdruck $(x_i - x.)$ werden.

In Worten: Je weiter ein Kasernendurchschnitt vom Gesamtdurchschnitt entfernt ist, desto weiter sind auch die Soldaten in dieser Kaserne vom Kasernendurchschnitt entfernt. Dies würde nicht nur der Nullhypothese, sondern auch der Definition des Mittelwertes widersprechen.

Erinnern wir uns: $x.$ war der Mittelwert je einer Kaserne. Aber auch anders kann man sehen, dass der Ausdruck $\sum (x_i - x.)(x. - \overline{x})$ Null sein muss.

Wir haben n Personen und k Gruppen (Kasernen). Für die erste Kaserne gilt, dass alle $x.$ gleich sind. Daher ist für diese erste Kaserne die Größe $(x. - \overline{x})$ eine Konstante, die vor das Summenzeichen gesetzt werden kann.

Die Varianzanalyse

$$\sum (x_i - x.)(x. - \bar{x}) = (x. - \bar{x})\sum (x_i - x.)$$

Für die zweite Kaserne gilt ähnliches. Da ist das $x.$ ein anderes, aber auch für alle Soldaten gleich. Für die zweite Kaserne gilt also dieselbe Operation. Das gilt auch für die dritte Kaserne, die Vierte, die Fünfte, usw.

Der Ausdruck rechts vom Summenzeichen ist aber die Abweichung aller Einzelwerte von ihrem Gruppenmittelwert, die definitionsgemäß Null sein muss. Das Doppelprodukt muss also immer Null sein.

Die Varianz s_x^2 kann somit als Summe der folgenden beiden Komponenten dargestellt werden:

$$s_x^2 = \frac{1}{n}\sum (x_i - x.)^2 + \frac{1}{n}\sum (x. - \bar{x})^2$$

1. Varianz pro Kaserne (within groups)
2. Varianz zwischen den Kasernen (between groups)

Dieses Ergebnis hat für uns weitreichende Konsequenzen, weil diese Zerlegung von Varianz in zwei Komponenten ein Gedanke ist, der bis hin zu den multivariaten Verfahren von Bedeutung sein wird.

Die Gesamtvarianz besteht also aus zwei Komponenten:
1 Innerhalb einer Kaserne weichen die einzelnen Soldaten zufällig vom Mittelwert „ihrer" Kaserne ab
2 Die Mittelwerte der einzelnen Kasernen unterscheiden sich, was unsere Hypothese stützt, die Varianz sei systematisch bedingt, nämlich durch Selektionseffekte, die mit der Zuordnung zu Kasernen zu tun hat.

Die Hypothese war ja: je nachdem welche Kaserne wir nehmen, sind die Soldaten entweder größer oder kleiner. Die Beurteilung dieser Frage ist abhängig davon, wie groß jene Varianz ist, die mit Sicherheit ohne unsere Hypothese zustande gekommen ist. Gemäß unserer Hypothese kann ja innerhalb der Kaserne keine durch die Selektion in Kasernen bedingte Variation der Körpergröße mehr vorkommen. Würde unsere Hypothese ganz richtig sein, so hieße das: keine bzw. geringe Varianz innerhalb der Gruppen (=Kasernen), und die gesamte Varianz zwischen den Gruppen.

Die Varianzanalyse

Der gegenteilige Fall wäre: die gesamte Varianz innerhalb der Gruppen, keine Varianz zwischen den Gruppen. Wann aber kommt so gut wie keine Varianz zwischen den Gruppen zustande? Wenn die drei Gruppen reine Zufallsauswahlen sind. Wenn wir drei Zufallsauswahlen aus allen Österreichern und deren Körpergröße messen, dann erwarten wir zwischen diesen Gruppen keine wesentlichen Mittelwertsunterschiede, und somit keinen wesentlichen Beitrag zur Gesamtvarianz. Es wird zwar kleine Unterschiede geben, sie werden aber von der gleichen Größenordnung sein wie die Varianz innerhalb der Gruppen.

Das Anliegen, mit dem wir diese Diskussion begonnen haben, war: gibt es einen Signifikanztest um die Unterschiede zwischen den Mittelwerten zu berechnen?

Einen Signifikanztest zu berechnen heißt:
1. ein Prüfmaß zu konstruieren
2. die Verteilung des Prüfmaßes zu ermitteln
3. Die Wahrscheinlichkeit für den Zahlenwert des Prüfmaßes zu bestimmen

Wir haben nun zwei Größen, die wir miteinander vergleichen wollen. Das Prüfmaß, das wir suchen, sieht folgendermaßen aus:

$$\frac{\dfrac{\sum (x_. - \bar{x})^2}{k-1} \ \ldots \text{Varianz zwischen den Gruppen/df1}}{\dfrac{\sum (x_i - x_.)^2}{n-k} \ \ldots \text{Varianz innerhalb der Gruppen/df2}}$$

wobei
$x_.$ die Mittelwerte je Gruppe sind,
$\bar{x}$ der Gesamtmittelwert ist,
k die Anzahl der Gruppen, und
n die Anzahl der Untersuchungseinheiten.

Die Wahrscheinlichkeitsverteilung dieses Quotienten wurde von *R.A. Fisher* berechnet. Man nennt sie nach ihm die *F*-Verteilung. Es handelt sich dabei um die Verteilung des Quotienten zweier Chi-quadrat-verteilter Zufallsvariablen, die jeweils durch ihre Freiheitsgrade dividiert wurden. Aus dem Kapitel über die Chi-quadrat-Verteilung wissen wir ja, dass die Chi-quadrat-Verteilung die Verteilung einer Summe voneinander unabhängiger quadrierter normalverteilter Zufallsvariablen ist, wobei sich die Anzahl der Freiheitsgrade aus der Anzahl unabhängiger Summanden ergibt.

Die F-Verteilung ist zweidimensional (Freiheitsgrade im Zähler und im Nenner). Was sagt der F-Wert aus?

Die Grundidee der Varianzanalyse ist es, jene Varianzanteile, die durch den in unserer Hypothese formulierten Einfluss zustande gekommen sein könnten, mit jenen zu vergleichen, die „zufällig", d.h. sicher nicht durch den angenommenen Zusammenhang, zustande gekommen sind. Unter der Annahme, dass unsere Hypothese *nicht* zutrifft, werden wir erwarten, dass zwischen den Kasernen wohl auch irgend welche Unterschiede zwischen den Soldaten sein werden; sie werden aber im Durchschnitt etwa so groß sein, wie innerhalb der Kasernen: nämlich da, wo unsere Hypothese keine Chance hatte, wirksam zu werden.

Wie wird der F-Wert also sein, wenn unsere Hypothese, dass die Kaserne einen Einfluss auf die Körpergröße von Soldaten hat, *nicht* zutrifft? Die Varianzanteile wären in diesem Fall ähnlich groß, der F-Wert wäre 1. Unter der Annahme der Unabhängigkeit ist daher der Erwartungswert für F = 1.

Wenn diese beiden Varianzanteile dagegen unterschiedlich sind, dann wird es interessant. Je größer der Zähler im Verhältnis zum Nenner wird, desto eher trifft unsere Hypothese zu.

Dieses Verfahren nennt man **einfache Varianzanalyse**, da hier **ein** Zusammenhang untersucht wird. Es gibt auch eine **mehrfache Varianzanalyse**, die deshalb recht interessant ist, weil sie über das was die einfache Varianzanalyse leistet, in manchen Bereichen hinaus geht. Wir könnten nämlich Fragen der folgenden Art stellen: Soldaten sind verschiedenen Kasernen zugeordnet, gehören verschiedenen Volksgruppen und sozialen Schichten an. Von jedem dieser drei Merkmalen könnten wir zunächst die Hypothese aufstellen, dass sie etwas mit der Körpergröße zu tun haben. Wir könnten nun drei einfache Varianzanalysen rechnen um herauszufinden, dass Kaserne, Schicht- bzw. ethnische Zugehörigkeit wahrscheinlich keine Zufallsauswahl hinsichtlich der Körpergröße bedeutet.

Es könnte aber nun auch sein, dass sich die Verbindung zweier Einzelfaktoren anders auswirkt, als nur als Summe der beiden Einzelfaktoren. Diese Tatsache nennt man **Interaktion**. Dazu mehr in der Literatur über mehrfache Varianzanalyse.

Interessant ist die Varianzanalyse vor allem bei der Untersuchung von Wirkungsfaktoren. Die Kartoffelernte ist z.B. das historisch älteste Problem, das mit Hilfe der Varianzanalyse untersucht wurde. Man kann Kartoffelernten durch Düngemittel, die Art der Erde, durch Licht, u.ä., beeinflussen. Man kann z.B. zeigen, wie sich die Chemie des Düngers unter Lichteinwirkung verändert. Es entsteht eine neue Qualität durch das gemeinsame Auftreten von zwei Faktoren, und die ist durch eine mehrfache Varianzanalyse zu untersuchen.

Die Varianzanalyse

Wenn wir nach der Abhängigkeit zwischen Körpergröße und Gewicht fragen, dann könnten wird diese Fragestellung im Prinzip auch varianzanalytisch untersuchen, wenn wir eine der beiden Variablen in Klassen einteilen, z.B durch Zusammenfassen der Werte für Körpergröße in Körpergrößenklassen. Das wäre aber ein Verlust von Information. Wollten wir diesen vermeiden, dann könnten wir die für jede Person vorhandenen zwei Maßzahlen für die Körpergröße und für das Gewicht dazu verwenden, um damit so etwas wie „**Einmanngruppen**" zu konstruieren. Ein solches Verfahren führt zu einer direkten Analogie zwischen Varianzanalyse und Regressionsanalyse.

11. Regression und Korrelation

Der Ansatz, der im vorigen Kapitel vorgestellt wurde, bestand zunächst einmal darin, dass wir die Varianz einer metrischen Variablen, etwa Körpergröße, zerlegt haben.

$$s_x^2 = \frac{1}{n}\sum(x_i - x.)^2 + \frac{1}{n}\sum(x. - \bar{x})^2 + 2\frac{1}{n}\sum(x_i - x.)(x. - \bar{x})$$

dieses Doppelprodukt ergibt Null

Warum es Null ergibt, haben wir aufgrund von zwei Überlegungen festgestellt:
1. Es muss Unabhängigkeit bestehen zwischen der Größe $x_i - x.$ (der Abweichung jedes individuellen Zahlenwertes vom Gruppenmittelwert) einerseits, sowie der Größe $x. - \bar{x}$, (der Abweichung des Gruppenmittelwerts vom Gesamtmittelwert), andererseits.
2. Das Doppelprodukt kann als Produkt zweier Summen aufgeschrieben werden. Für die erste Kaserne, als erste Gruppe sind ja alle $x.$ gleich, für die erste Gruppe ist das also eine Konstante. Diese wird dann vor das Summenzeichen geschrieben, dann ergibt der Rest Null. Dies gilt natürlich für alle Gruppen gleichermaßen.

$$\sum(x_i - x.)(x. - \bar{x}) = (x. - \bar{x})\sum(x_i - x.)$$
wobei $\quad \sum(x_i - x.) = 0$

Die beiden Summanden $\frac{1}{n}\sum(x_i - x.)^2$ und $\frac{1}{n}\sum(x. - \bar{x})^2$ müssen also die gesamte Varianz s_x beinhalten. Was liegt also näher, als die beiden miteinander zu vergleichen? Aus dem Vergleich können dann Schlüsse darauf gezogen werden, wie die Größenverhältnisse der Varianzen zustande gekommen sein könnten. Der erste Schritt ist somit die zahlenmäßige Darstellung, der zweite Schritt die Bestimmung eines Prüfmaßes. Das Prüfmaß ist der Quotient dieser beiden Varianzanteile. Dabei müssen wir allerdings noch berücksichtigen, dass dieser Quotient durch die jeweiligen Freiheitsgrade, der Anzahl der unabhängigen Summanden, zu dividieren sein wird.

Regression und Korrelation

Dieser Quotient der beiden Varianzanteile wird eine bestimmte Verteilung haben, die laut Fischer als **F-Verteilung** bezeichnet wird. Von einer F-verteilten Zufallsvariable erwarten wir, dass sie bei Unabhängigkeit, also bei Gültigkeit der Nullhypothese, etwa den Wert 1 haben wird: Bei Gültigkeit der Nullhypothese nehmen wir ja an, dass die beiden Varianzanteile etwa gleich groß sein müssten.

$$s_x^2 = \frac{1}{n}\sum (x_i - x.)^2 + \frac{1}{n}\sum (x. - \bar{x})^2 + 2\frac{1}{n}\sum (x_i - x.)(x. - \bar{x})$$

```
     /              \                \ 3. „Null"-Element
    /                \
1. „zufälliges" Element    2. untersuchtes Element
```

Das zweite Element ist nun jenes, das wir untersuchen: das, von dem wir gemäß der zu untersuchenden Hypothese behaupten, es sei *nicht zufällig*. Das zweite Element enthält die Abweichung der Kasernenmittelwerte vom Gesamtmittelwert. Diese zwei Elemente enthalten einen sehr zentralen Gedanken, der in vielen Analyseverfahren immer wieder vorkommt: Die Frage, wie verhalten sich jene Varianzanteile, die gemäß irgend einer Systematik zustande gekommen sind, wie z.B. gemäß der Systematik „selektive Aufteilung von Soldaten in Kasernen", gegenüber jenen Varianzanteilen, die im Sinne der zu untersuchenden Hypothese als „sicher zufällig" einzustufen sind? Die laut Hypothese behauptete Systematik erzeugt eine gewisse Variation, und die betrachten wir als *nicht zufällig*. Das erste Element ist dagegen jene Variation, die *sicher nicht* durch selektive Aufteilung in Kasernen entstanden sein kann, denn wir betrachten die Soldaten ja kasernenweise, und für alle Soldaten je einer Kaserne gilt ja immer das gleiche Ausleseprinzip. Auch diese Variation ist natürlich nicht zufällig. Sie geht aber auf Faktoren zurück, die wir hier nicht untersuchen. Diese beiden Elemente setzen wir nun in Beziehung zueinander. Soweit die Rekapitulation des Grundgedankens der Varianzanalyse.

Dieser Grundgedanke beruhte auf der Überlegung, dass für jeweils eine *Gruppe* von x_i-Werten die zugehörigen Gruppenmittelwerte $x.$ berechenbar waren. Es könnte aber auch den Fall geben, dass es zu je einem Messwert x_i je *einen* theoretischen Wert $x.$ geben könnte, der nicht als Gruppenmittelwert, sondern irgendwie anders zustande gekommen sein könnte: Einen theoretischen Wert, von dem wir annehmen würden, dass er für einen konkreten Messwert unter einer gegebenen Hypothese als Erwartungswert anzunehmen wäre. Dann könnten wir uns dafür interessieren, ob die Summe aller Abweichungen der gemessenen Werte x_i von jenen Werten, die wir unter irgend einer Annahme erwartet hätten ($x.$), größer oder kleiner ist, als wir unter dem Gesichtspunkt des Zufalls akzeptieren würden.

Was könnte eine solche Hypothese sein, die uns zu je einem gemessenen Wert x_i je einen theoretisch zu erwartenden Wert $x.$ beschert?

Eine in den Sozialwissenschaften häufige Annahme ist die eines linearen Zusammenhanges zwischen je zwei Messwerten x und y.

So gibt es z.B. die stark vereinfachende Annahme, dass das Gewicht jeder Person in etwa seiner Körpergröße minus 100 entspricht. Trifft diese Annahme tatsächlich ungefähr zu, dann entspricht 80 kg dem Mittelwert des Gewichtes aller Personen, die 180 cm groß sind. Wenn wir diesen Mittelwert sowie alle anderen Mittelwerte, die zu den entsprechenden Körpergrößen gehören, als Punkt in einem Diagramm eintragen, dessen x-Achse die Körpergröße und dessen y-Achse das Gewicht repräsentiert (also z.B. 50 kg für Körpergröße 150, 60 kg für Körpergröße 160, etc.), dann würde die Verbindungslinie all dieser Punkte eine Gerade ergeben. Diese Gerade lässt sich auch durch die folgende Formel ausdrücken:

$y = 1*x + (-100)$, bzw., allgemein
$y = bx + a$

Die Voraussetzung dabei ist, dass beide Variablen in der Grundgesamtheit normalverteilt sind. Es lässt sich zeigen, dass unter dieser Voraussetzung tatsächlich eine Gerade jene Kurvenform ist, die die Mittelwerte aller y-Werte, die zu je einem x-Wert gehören, verbindet.

Wie kommen wir aber zu einer Verbindungslinie von Mittelwerten, die eine brauchbare Schätzung ist für jene Verbindungslinie von Mittelwerten, wie sie in der dazugehörigen Grundgesamtheit vorgefunden würde, wenn wir Messungen aus dieser Grundgesamtheit hätten? Zu jeder Körpergröße gibt es eine Verteilung des Körpergewichtes aller Personen dieser Körpergröße mit einem Mittelwert dieses Körpergewichts. Wir müssen die Linie so legen, dass die Abstände der einzelnen Messpunkte (y_i) zu jenen Punkten ($y.$), die aufgrund der Beziehung zwischen Gewicht und Körpergröße errechenbar wären, minimiert werden. Um jedoch zu vermeiden, dass sich die positiven Abstände und die negativen Abstände gegeneinander aufheben und zum Ergebnis Null führen, müssen die Abstände quadriert werden.

Zunächst eine technische Bemerkung: Im vorigen Kapitel haben wir mit $x.$ die Gruppenmittelwerte bezeichnet, die zu je einer Gruppe von x_i - Werten gehört haben. Diese Bezeichnungsweise war ungenau. Denn es gibt ja so viele verschiedene Werte von $x.$, wie es Gruppen (im Beispiel des vorigen Kapitels: Kasernen) gibt. Wir hätten deshalb eigentlich

Regression und Korrelation

für die Bezeichnung x. noch einen weiteren Laufindex einführen müssen, der aber ein anderer als i hätte sein müssen. Um uns nicht mit all zu vielen verschiedenen Indizes herumschlagen zu müssen, haben wir aber darauf verzichtet und uns darauf geeinigt, mit x. den Mittelwert je Gruppe zu bezeichnen. Diese Ungenauigkeit müssen wir in der folgenden Argumentation beheben. Denn jetzt geht es um eine Schätzung für eine Variable y, nach der wir für jeden y_i-Wert einen eigenen Schätzwert ermitteln, den wir somit auch mit dem gleichen Index i versehen können. Diesen Schätzwert werden wir mit y_i. bezeichnen.

Abbildung 11.1

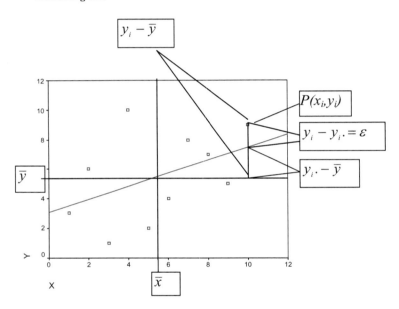

Diese Abstände der Abbildung 11.1 haben eine gewisse Logik. Die Linie ergibt das jeweilige Normgewicht einer Person, das Gewicht, das diese Person haben „sollte". Außerdem gibt es noch einen Anteil: das, was die Person „zu viel" oder „zu wenig" hat. Gesucht ist jene Linie, bei der die Varianz $\frac{1}{n}\sum(y_i - y_i.)^2$ am kleinsten ist.

$$y_i = bx_i + a + \varepsilon_i$$
$$y._i = bx_i + a$$
$$\varepsilon_i = y_i - y._i$$
$$\sum \varepsilon_i \ldots\ldots min$$
$$\sum y_i - y._i \ldots\ldots min$$
$$\sum [y_i - (bx_i + a)] \ldots\ldots min$$

Ableitung der Regressionsgleichung

Wir gehen davon aus, dass es zu jedem Messwert y_i einen Schätzwert $y._i$ gibt, der dem Wert y_i annähernd entspricht. Der Schätzwert $y._i$ soll sich aus einer linearen Beziehung zwischen den Werten von $y._i$ und den dazu gehörenden Werten x_i errechnen lassen. Diese lineare Beziehung hat die allgemeine Form:

$$y._i = b * x_i + a$$

Um jene Werte für b und a zu finden, hinsichtlich derer die Werte von $y._i$ am besten zu den „Originalwerten" von y_i passen, müssen wir ein geeignetes Kriterium finden. Als vernünftiges Kriterium bietet sich hiefür an: b und a sollen so gewählt werden, dass die Summe der quadrierten Abstände zwischen y_i und $y._i$ ein Minimum werden soll. Algebraisch formuliert:

$$\sum_{i=1}^{n} (y_i - y._i)^2 = \min.$$

Da aber gelten soll, dass

$$y._i = b * x_i + a$$

können wir die Bedingung der kleinsten Abstandsquadrate auch so anschreiben:

$$\sum_{i=1}^{n} [y_i - (bx_i + a)]^2 = \min.$$

Regression und Korrelation

Quadrieren der Ausdrücke in den Klammern ergibt:

$$\sum_{i=1}^{n}(y_i^2 - 2ay_i - 2bx_iy_i + b^2x_i^2 + 2abx_i + a^2) = \min.$$

Wir setzen nun noch das Summenzeichen vor die einzelnen Summanden des Klammerausdruckes:

$$\sum_{i=1}^{n}y_i^2 - 2a\sum_{i=1}^{n}y_i - 2b\sum_{i=1}^{n}x_iy_i + b^2\sum_{i=1}^{n}x_i^2 + 2ab\sum_{i=1}^{n}x_i + na^2 = \min.$$

Bei diesem Schritt haben wir auch alle konstanten Größen, die keinen Summierungsindex enthalten, als gemeinsame Faktoren herausgehoben und vor das Summierungszeichen gesetzt. Außerdem haben wir beim letzten Ausdruck berücksichtigt, dass ein Summieren der Konstanten a^2 von 1 bis n soviel ergibt wie n mal a^2.

Um nun jene Werte für b und a zu ermitteln, hinsichtlich derer die Abstandsquadrate, wie sie oben ausmultipliziert wurden, ein Minimum sind, müssen wir die ersten Ableitungen der obigen Funktion einmal nach a, und dann nach b, Null setzen.

Die erste Ableitung nach a, Null gesetzt, lautet:

$$-2\sum_{i=1}^{n}y_i + 2b\sum_{i=1}^{n}x_i + 2na = 0$$

Auflösen dieser Gleichung nach a ergibt:

$$2na = 2\sum_{i=1}^{n}y_i - 2b\sum_{i=1}^{n}x_i$$

$$a = \frac{1}{2n}2\sum_{i=1}^{n}y_i - \frac{1}{2n}2b\sum_{i=1}^{n}x_i$$

$$a = \frac{1}{n}\sum_{i=1}^{n}y_i - b\frac{1}{n}\sum_{i=1}^{n}x_i$$

$$a = \overline{y} - b\overline{x}$$

Die erste Ableitung nach b, Null gesetzt, lautet:

$$-2\sum_{i=1}^{n}x_iy_i + 2b\sum_{i=1}^{n}x_i^2 + 2a\sum_{i=1}^{n}x_i = 0$$

Regression und Korrelation

Für *a* setzen wir den oben ermittelten Wert $\bar{y} - b\bar{x}$ ein und erhalten so:

$$-2\sum_{i=1}^{n} x_i y_i + 2b\sum_{i=1}^{n} x_i^2 + 2(\frac{1}{n}\sum_{i=1}^{n} y_i - b\frac{1}{n}\sum_{i=1}^{n} x_i)\sum_{i=1}^{n} x_i = 0$$

Dabei haben wir für $\bar{x}$ und $\bar{y}$ die Definitionen der Mittelwerte eingesetzt:

$$\bar{x} = \frac{1}{n}\sum_{i=1}^{n} x_i, \text{ bzw } \bar{y} = \frac{1}{n}\sum_{i=1}^{n} y_i$$

Ausmultiplizieren der Gleichung für *b* ergibt:

$$-2\sum_{i=1}^{n} x_i y_i + 2b\sum_{i=1}^{n} x_i^2 + 2\frac{1}{n}\sum_{i=1}^{n} x_i \sum_{i=1}^{n} y_i - 2b\frac{1}{n}(\sum_{i=1}^{n} x_i)^2 = 0$$

$$2b\sum_{i=1}^{n} x_i^2 - 2b\frac{1}{n}(\sum_{i=1}^{n} x_i)^2 = 2\sum_{i=1}^{n} x_i y_i + 2\frac{1}{n}\sum_{i=1}^{n} x_i \sum_{i=1}^{n} y_i$$

beziehungsweise

$$b\sum_{i=1}^{n} x_i^2 - b\frac{1}{n}(\sum_{i=1}^{n} x_i)^2 = \sum_{i=1}^{n} x_i y_i + \frac{1}{n}\sum_{i=1}^{n} x_i \sum_{i=1}^{n} y_i$$

b ist daher

$$b = \frac{\sum_{i=1}^{n} x_i y_i + \frac{1}{n}\sum_{i=1}^{n} x_i \sum_{i=1}^{n} y_i}{\sum_{i=1}^{n} x_i^2 - \frac{1}{n}(\sum_{i=1}^{n} x_i)^2}$$

Wir dividieren nun durch *n* und erhalten:

$$b = \frac{\frac{1}{n}\sum_{i=1}^{n} x_i y_i + \frac{1}{n}\sum_{i=1}^{n} x_i \frac{1}{n}\sum_{i=1}^{n} y_i}{\frac{1}{n}\sum_{i=1}^{n} x_i^2 - \frac{1}{n}\frac{1}{n}(\sum_{i=1}^{n} x_i)^2}$$

beziehungsweise

Regression und Korrelation

$$b = \frac{\frac{1}{n}\sum_{i=1}^{n} x_i y_i + \frac{1}{n}\sum_{i=1}^{n} x_i \frac{1}{n}\sum_{i=1}^{n} y_i}{\frac{1}{n}\sum_{i=1}^{n} x_i^2 - (\frac{1}{n}\sum_{i=1}^{n} x_i)^2}$$

Wenn wir uns nun noch den bei der Diskussion der Varianz eingeführten Verschiebungssatz (Kapitel 3) in Erinnerung rufen, dann erkennen wir, dass der Ausdruck im Zähler nichts anderes ist als die Kovarianz s_{xy}, und der Ausdruck im Nenner die Varianz von x, s_x^2.

Wir erhalten somit für den Anstieg der Regressionsgeraden bzw. den Regressionskoeffizienten b, die relativ leicht zu merkende Formel:

$$b = \frac{s_{xy}}{s_x^2}$$

Der Regressionskoeffizient errechnet sich somit als Quotient aus Kovarianz und Varianz in x. Im Kapitel 3 hatten wir, zunächst als Exkurs, einen Korrelationskoeffizienten kennen gelernt, der sich als brauchbares Maß für die Stärke eines Zusammenhanges zwischen zwei Variablen x und y erwiesen hat. Dieser Koeffizient hatte die Form

$$r = \frac{s_{xy}}{s_x s_y} .$$

Wir sehen also, dass sich Regressionskoeffizient und Korrelationskoeffizient nur durch den Nenner unterscheiden: Der Regressionskoeffizient kann auch als das Verhältnis von Kovarianz und Varianz von x interpretiert werden, der Korrelationskoeffizient als das Verhältnis von Kovarianz und Produkt der Standardabweichungen von x und y. Oder, anders ausgedrückt: Der Korrelationskoeffizient ist das geometrisch Mittel aus dem Regressionskoeffizienten von x nach y, b_{xy}, und dem Regressionskoeffizienten von y nach x, b_{yx}:

$$b_{xy} = \frac{s_{xy}}{s_x^2}$$

$$b_{yx} = \frac{s_{xy}}{s_y^2}$$

$$\sqrt{b_{xy} b_{yx}} = \sqrt{\frac{s_{xy}}{s_x^2} \frac{s_{xy}}{s_y^2}} = \frac{s_{xy}}{s_x s_y} = r$$

Sollten wir es mit standardisierten Variablen zu tun haben, dann sind sowohl die Varianzen von x als auch die von y 1, und Korrelationskoeffizient und Regressionskoeffizient unterscheiden sich voneinander nur mehr in ihrer Interpretation, nicht aber in ihrem Zahlenwert.

In Ihrem zukünftigen Leben als Sozialwissenschafter werden Sie es nicht notwendig haben, die mathematische Ableitung des linearen Regressionskoeffizienten selbst durchzuführen. Es genügt zu wissen, dass es im Prinzip möglich ist, jene Gerade zu finden, hinsichtlich derer die oben beschriebenen Abstandsquadrate ein Minimum sind, und was diese Abstandsquadrate für eine inhaltliche Interpretation haben.

Eine kurze Rekapitulation der Beziehung zwischen dem Korrelationskoeffizienten und dem Regressionskoeffizienten:

Die Kurzform für b lautet:

$$b = \frac{s_{xy}}{s_x^2}$$

beziehungsweise, unter Anwendung des Verschiebungssatzes:

$$b = \frac{n\sum_{i=1}^{n} x_i y_i - \sum_{i=1}^{n} x_i \sum_{i=1}^{n} y_i}{n\sum_{i=1}^{n} x_i^2 - \left(\sum_{i=1}^{n} x_i\right)^2}$$

Was sagt uns diese Kurzform? Erinnern wir uns zurück. Wenn wir die Varianz einer Summe zweier Zufallsvariablen ausrechnen können, also:

$$z = x + y$$
$$s_z^2 = \sum \left[(x_i + y_i) - (\overline{x} + \overline{y})\right]^2 = s_x^2 + s_y^2 + 2s_{xy}$$

dann ist die Varianz dieser Summe:

$$\sum (x_i - \overline{x})^2 + \sum (y_i - \overline{y})^2 + 2\sum (x_i - \overline{x})(y_i - \overline{y})$$

Dann haben wir uns überlegt, was wäre wenn zwischen x und y eine lineare Beziehung bestünde? Dazu haben wir festgestellt: Wenn eine Beziehung $y=b*x$ gilt, dann gilt für s_{xy}:

Regression und Korrelation

$$\frac{1}{n}\sum (x_i - \overline{x})(y_i - \overline{y}) = s_{xy} = s_x \cdot s_y$$

Gleichzeitig haben wir festgestellt, dass dieses $s_x \cdot s_y$ das Maximum ist, das s_{xy} im Falle linearer Abhängigkeit annehmen kann. Die Kovarianz ist also offensichtlich ein Maß für lineare Abhängigkeit. Im allgemeinen Fall schreiben wir die Kovarianz s_{xy} in den Zähler und dividieren sie durch das, was bei linearer Abhängigkeit zwischen x und y maximal herauskommen kann, nämlich $s_x * s_y$. Dann wissen wir, dass diese normierte Kovarianz ein Maß für Abhängigkeit ist, dessen Maximum 1 ist.

$$r = \frac{s_{xy}}{s_x s_y}$$

Für den Fall, dass wir eine bivariate Normalverteilung vor uns haben, ist es tatsächlich möglich, für jeden x-Wert eine generalisierte Verbindungslinie gedachter Mittelwerte von y in einer Grundgesamtheit zu finden. Diese generalisierte Mittellinie ist die Regressionsgerade. Sie ist die direkte Entsprechung von etwas, was wir bei der Varianzanalyse als **Mittelwerte einzelner Gruppen** kennen gelernt haben. Der Grundgedanke war bei der Varianzanalyse, in zwei Varianzanteile zu unterscheiden: da nämlich einerseits die einzelnen Gruppenmittelwerte unterschiedlich sind, und da andererseits innerhalb der einzelnen Gruppen unterschiedliche Einzelwerte anzutreffen sind. Diese beiden Varianzanteile vergleichen wir und ziehen daraus Schlüsse hinsichtlich der Frage, ob diese Gruppeneinteilung zufällig gewesen sein könnte oder nicht. Dieser Grundgedanke tritt in ganz analoger Form bei der Regressionsrechnung auf. Einziger Unterschied: wir gruppieren unsere Werte nicht in Gruppen, sondern wir ordnen jedem Wert einen theoretisch errechneten Wert zu, aufgrund einer Abhängigkeit mit einer anderen Variablen.

12. Das Bestimmtheitsmaß, die sogenannte „erklärte Varianz"

Zur Erinnerung:

$$r = \frac{s_{xy}}{s_x s_y} \quad\ldots\ldots\ldots\quad b_{xy} = \frac{s_{xy}}{s_x^2}$$

Wie wir schon festgestellt haben, unterscheiden sich die beiden Formeln im Nenner nur dadurch, dass links $s_x s_y$ steht und rechts s_x^2. Welche Konsequenzen hat das? Erstens können wir sagen:

$$s_x s_y = \sqrt{s_x^2 s_y^2}$$

Wenn wir die Achsen noch vertauschen kommen wir zu folgenden Ergebnis:

$$b_{yx} = \frac{s_{xy}}{s_y^2}$$

somit kann man den Korrelationskoeffizienten auch folgendermaßen anschreiben:

$$r = \sqrt{b_{xy} b_{yx}}$$

Dies gilt, da

$$s_x s_y = \sqrt{s_x^2 s_y^2} \quad\ldots\ldots\ldots\ldots\quad \sqrt{\frac{s_{xy}}{s_x^2} \cdot \frac{s_{xy}}{s_y^2}} = \frac{s_{xy}}{s_x s_y}$$

r ist also ein symmetrisches Maß. Es ist unabhängig davon, wie groß die Varianzen sind. b ist dagegen kein symmetrisches Maß. Es ändert sich mit der Varianz.

Bei r wollen wir wissen, wie „gut" der Zusammenhang ist. Genauer: wie viele oder wenige Fehler wir machen würden, wenn wir statt der Messwerte y_i die aufgrund der zugehörigen x_i-Werte geschätzten Messwerte ($y_{i'}$) Verwenden würden. Bei b wollen wir wissen, welche Richtung die Veränderung hat. b macht eine Aussage darüber, *wie wir y auf Grund von x mit der geringsten Fehlerquote berechnen könnten.* r gibt uns dagegen an, *wie nahe die Punkte im Durchschnitt an der Linie $y=bx+a$ sind.*

Das Bestimmtheitsmaß, die sogenannte „erklärte Varianz"

Wenn r Null ist, wie groß ist dann die Kovarianz? Sie ist ebenfalls Null. Wenn die Kovarianz Null ist, ist b ebenfalls Null. Wenn wir eine Kovarianz von Null haben, dann heißt das, dass die Regressionsgerade identisch wird mit dem Mittelwert von y. Bei Unabhängigkeit könnte eine Regressionsgerade etwa folgendermaßen aussehen

Abbildung 12.1

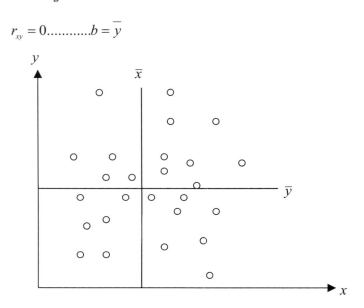

$r_{xy} = 0 \ldots\ldots\ldots b = \bar{y}$

Was hat das für eine Konsequenz? Ein linearer Zusammenhang der Form $y=bx+a$ beschreibt jene Gerade, aufgrund derer wir die einzelnen y_i-Werte am besten schätzen können. Wenn $b=0$ ist, dann ist für jeden y_i-Wert die beste Schätzung soviel wie $y_i=a$. Und wie man sich leicht überlegen kann, ist jener Wert a, hinsichtlich dessen die Summe der Abweichungen von allen y_i-Werten am kleinsten ist, der Mittelwert $\bar{y}$. Das bedeutet, dass wir für die Schätzung der y_i-Werte am besten fahren, wenn wir jeden y_i-Wert durch den Mittelwert $\bar{y}$ schätzen und das zugehörige x_i für die Schätzung gar nicht verwenden. Wir brauchen das x nicht. Das ist eine andere Form der Interpretation von Unabhängigkeit.

Wir haben vorher für die Varianzanalyse diese Zerlegung durchgeführt:

$$s_x^2 = \frac{1}{n}\sum(x_i - \bar{x})^2 = \frac{1}{n}\sum(x_i - x. + x. - \bar{x})^2$$

$$s_x^2 = \frac{1}{n}\sum(x_i - x.)^2 + \frac{1}{n}\sum(x. - \bar{x})^2$$

Um die Konsistenz mit der Schreibweise dieses Kapitels herzustellen, schreiben wir die gleiche Beziehung für y an, wobei wir wieder berücksichtigen, dass es zu jedem y_i ein zugehöriges $y_i.$ gibt:

$$s_y^2 = \frac{1}{n}\sum(y_i - y_i.)^2 + \frac{1}{n}\sum(y_i. - \bar{y})^2$$

Wir erinnern uns: Die Zerlegung stammt aus der Beziehung:

$$\sum[(y_i - y_i.) + (y_i. - \bar{y})]^2 = \sum(y_i - y_i.)^2 + \sum(y_i. - \bar{y})^2 + 2\sum(y_i - y_i.)(y_i. - \bar{y})$$

Ist die Kovarianz ganz rechts in diesem Fall auch Null, wie bei der Varianzanalyse? Wenn wir zwei Größen zueinander in Beziehung setzen, dann kann bei der Kovarianz nur Null herauskommen, wenn die eine Größe so konstruiert ist, dass sie von der anderen Größe keine Abhängigkeit haben darf.

Salopp formuliert: alles was an Zusammenhang zwischen x und y vorhanden ist, muss in der Regressionsgeraden dargestellt sein. Abhängigkeit zwischen $(y_i - y_i.)$ und $(y_i. - \bar{y})$ würde ja bedeuten: je größer $(y_i. - \bar{y})$ wird, desto größer wird auch $(y_i - y_i.)$. Anders gesagt: je weiter wir uns auf der Regressionsgeraden in eine Richtung bewegen, desto größer werden die Abstände der Datenpunkte von der Regressionsgeraden. Das würde aber offensichtlich dem Konstruktionsprinzip der Regressionsgeraden widersprechen.

Wir können also sagen, dass für die Regressionsgleichung die Zerlegung in Varianzanteile im Prinzip genauso zu berechnen ist wie für die Varianzanalyse. Was liegt also näher, als genau so wie bei der Varianzanalyse den dort entscheidenden Quotienten zu bilden: den Quotienten zwischen den Abweichungen der Einzelwerte von der Regressionsgeraden, und den Werten auf der Regressionsgeraden vom Mittelwert, analog der Varianzanalyse. Es gibt einen varianzanalytischen Test des Korrelationskoeffizienten, der die beiden Varianzanteile, die durch die Regression zustande kommen, berechnet und miteinander

Das Bestimmtheitsmaß, die sogenannte „erklärte Varianz"

anzanteile, die durch die Regression zustande kommen, berechnet und miteinander durch Quotientenbildung vergleicht.

Die sogenannten „Residuen" bei der Korrelation entsprechen dabei der Varianz innerhalb der Gruppen bei der Varianzanalyse.

Zunächst gibt es also eine Varianz von y. Sie besteht aus der Summe der quadrierten Abweichungen aller y_i-Werte vom Mittelwert. Dann gibt es eine Regressionsgerade. Als nächsten Schritt kann man die Varianz von y in zwei Komponente zerlegen, genau wie bei der Varianzanalyse. Bei der Varianzanalyse erfolgt die Zerlegung in die Varianz innerhalb, bzw. in die Varianz zwischen den Gruppen. Bei der Regressionsanalyse zerlegen wir in Residuen und Rest. Wir bezeichnen sie als **Residualvarianz** und **erklärte Varianz**. Diese beiden Varianzanteile bilden zusammen die Gesamtvarianz.

$$s_y^2 = \frac{1}{n}\sum(y_i - \bar{y})^2 = \frac{1}{n}\sum(y_i - y_i.)^2 + \frac{1}{n}\sum(y_i. - \bar{y})^2$$

Nun setzen wir für $y.$ bx_i ein, und für $\bar{y}$ $b\bar{x}$

$$s_y^2 = \frac{1}{n}\sum(y_i - y_i.)^2 + \frac{1}{n}\sum(bx_i - b\bar{x})^2$$

$$s_y^2 = \frac{1}{n}\sum(y_i - y_i.)^2 + b^2\frac{1}{n}\sum(x_i - \bar{x})^2$$

oder

$$s_y^2 = \frac{1}{n}\sum(y_i - y_i.)^2 + b^2 s_x^2$$

Nun hatten wir folgendes festgestellt:

$$b_{xy} = \frac{s_{xy}}{s_x^2} \qquad r = \frac{s_{xy}}{s_x s_y} \qquad \text{daraus ergibt sich}: b = r\frac{s_y}{s_x}$$

Wir bezeichnen nun die Varianz der Residuen $\frac{1}{n}\sum(y_i - y_i.)^2$

als Varianz von „Epsilon", s_ε^2.

Das Bestimmtheitsmaß, die sogenannte „erklärte Varianz"

Für $b^2 s_x^2$ setzen wir gemäß der obigen Beziehung $r^2 \dfrac{s_y^2}{s_x^2} s_x^2$ ein und erhalten so die folgende Deutung des Korrelationskoeffizienten:

$$s_\varepsilon^2 = \frac{1}{n} \sum (y_i - y_{i.})^2$$

$$s_y^2 = s_\varepsilon^2 + r^2 \frac{s_y^2}{s_x^2} s_x^2$$

$$\underline{\underline{s_y^2 = s_\varepsilon^2 + r^2 s_y^2}}$$

Dieser Zusammenhang kann auch dargestellt werden als:

$$s_y^2 - r^2 s_y^2 = s_\varepsilon^2, \quad \text{oder}$$

$$s_y^2 (1 - r^2) = s_\varepsilon^2$$

$s_\varepsilon^2 = (1 - r^2) s_y^2$ wird oft auch **Residualvarianz** genannt, und findet ihre logische Entsprechung in der *Varianz innerhalb der Gruppen* bei der Varianzanalyse. $r^2 s_y^2$ wird oft auch als „**erklärte**" **Varianz** bezeichnet und entspricht der *Varianz zwischen den Gruppen* bei der Varianzanalyse. Damit werden die Varianzanteile zwischen dem Mittelwert und der Regressionsgeraden dargestellt.

Im nächsten Kapitel werden wir sehen, dass für den Spezialfall der Vierfeldertafel gilt:

$$r, \text{ bzw. } Phi = \frac{ad - bc}{\sqrt{efgh}}$$

Im Kapitel über den Chi-quadrat-Test haben wir eine ebenfalls vereinfachte Rechenformel für den Chi-quadrat Wert der Vierfeldertafel kennen gelernt, nämlich:

$$Chi^2_{1} = n \frac{(ad - bc)^2}{efgh}$$

Daraus können wir am Sonderfall der Vierfeldertafel folgende Beziehung erkennen:

Das Quadrat des Korrelationskoeffizienten, multipliziert mit n, ist Chi-Quadrat verteilt, im Falle der Vierfeldertafel mit einem Freiheitsgrad.

Da wir in diesem Abschnitt gesehen haben, dass es sich beim Quadrat des Korrelationskoeffizienten um eine Varianz bzw. einen Teil einer Varianz handelt, gewinnt dieser Zusammenhang eine gewisse Plausibilität. Wissen wir doch, dass Varianzen immer Chiquadrat verteilt sein müssen.

Der Test auf Signifikanz des Korrelationskoeffizienten

Mit den Überlegungen aus Kapitel 10 und den vorangegangenen Überlegungen sollte es uns nunmehr ein Leichtes sein, den Korrelationskoeffizienten, der ja lediglich ein Maß für die Stärke eines Zusammenhanges ist, nicht aber für die Wahrscheinlichkeit dafür, dass der zufällig zustande gekommen sein könnte, nun auch hinsichtlich dieser Frage zu überprüfen. Wir brauchen dazu die gleichen Elemente wie für jeden anderen Signifikanztest auch.

Wie wir uns im Vorangegangenen überlegt haben, gibt das Quadrat des Korrelationskoeffizienten jenen Teil der Varianz an, die zwischen der Regressionsgeraden und den einzelnen Datenpunkten liegt, und den wir die „erklärte Varianz" genannt haben. Wir haben auch argumentiert, dass diese sogenannte „erklärte Varianz" von ihrer Interpretation her das selbe ist wie die Varianz zwischen den Gruppen bei der Varianzanalyse: sie ist jene Varianz, die aufgrund eines in unserer Hypothese formulierten Zusammenhanges zustande gekommen ist. Dem gegenüber steht der Rest: jene Varianz, die durch den in unserer Hypothese formulierten Zusammenhang nicht zustande gekommen sein kann. Diese Varianz ist im Falle eines varianzanalytischen Designs die Varianz innerhalb der Gruppen (zur Erinnerung: Beim Größenvergleich von Soldaten in Kasernen kann die Varianz von Soldaten innerhalb jeweils einer Kaserne ja nicht durch einen Selektionseffekt entstanden sein, nach dem Soldaten ihrer Größe nach in Kasernen aufgeteilt werden!). Dieser Varianz innerhalb der Gruppen ist die direkte Entsprechung dessen, was in einem Regressionsdiagramm als „Residuen" bezeichnet wird. Nun hatten wir für die Varianzanalyse festgestellt, dass der Quotient aus der Varianz zwischen den Gruppen, dividiert durch seine Freiheitsgrade, und der Varianz innerhalb der Gruppen, wieder dividiert durch seine Freiheitsgrade, eine F-Verteilung hat:

Das Bestimmtheitsmaß, die sogenannte „erklärte Varianz"

$$\frac{\frac{\sum(x.-\bar{x})^2}{k-1}\ldots\text{Varianz zwischen den Gruppen/df 1}}{\frac{\sum(x_i-x.)^2}{n-k}\ldots\text{Varianz innerhalb der Gruppen/df 2}} \ldots\ldots F_{k-1,n-k}$$

Die direkte Entsprechung der Varianz zwischen Gruppen ist für den Fall der Regressionsanalyse, wie gesagt, r^2, und für die Varianz innerhalb der Gruppen die Residualvarianz $1-r^2$. Wir erhalten daher als Prüfmaß für die Signifikanz des Korrelationskoeffizienten den Ausdruck

$$\frac{r^2 s_y^2}{\frac{1}{(1-r^2)s_y^2}}$$
$$\overline{n-2}$$

, beziehungsweise, da sich s_y^2 im Zähler und im Nenner kürzen:

$$\frac{\frac{r^2}{1}}{\frac{(1-r^2)}{n-2}} \quad \text{oder} \quad \frac{r^2(n-2)}{1-r^2} \ldots\ldots F_{1,n-2}$$

Dieses Prüfmaß hat eine F-Verteilung mit *1*, bzw. *n-2* Freiheitsgraden.

13. Der tetrachorische Korrelationskoeffizient

Zunächst zur Erinnerung:
Die Anwendung des Verschiebungssatzes auf die Kovarianz ergibt:

$$s_{xy} = \frac{1}{n}\sum_{i=1}^{n}(x_i - \bar{x})(y_i - \bar{y}) =$$

$$= \frac{1}{n}\sum_{i=1}^{n}(x_i y_i - \bar{x} y_i + \overline{xy} - x_i \bar{y})$$

Wieder stellen wir das Summenzeichen vor die einzelnen Summanden und erhalten:

$$s_{xy} = \frac{1}{n}\sum_{i=1}^{n} x_i y_i - \frac{1}{n}\sum_{i=1}^{n} \bar{x} y_i + \frac{1}{n}\sum_{i=1}^{n} \overline{xy} - \frac{1}{n}\sum_{i=1}^{n} x_i \bar{y} =$$

$$= \frac{1}{n}\sum_{i=1}^{n} x_i y_i - \frac{1}{n}\bar{x}\sum_{i=1}^{n} y_i + \frac{1}{n} n\overline{xy} - \frac{1}{n}\bar{y}\sum_{i=1}^{n} x_i$$

Dabei haben wir wieder konstante Faktoren vor das Summenzeichen gesetzt, und außerdem berücksichtigt, dass n-maliges Summieren über eine Konstante so viel ergibt wie n-mal diese Konstante: $\sum_{i=1}^{n}\overline{xy} = n\overline{xy}$.

Wir brauchen jetzt nur mehr die Beziehungen $\bar{x} = \frac{1}{n}\sum_{i=1}^{n} x_i$, bzw. entsprechend für y, zu berücksichtigen, und erhalten:

$$s_{xy} = \frac{1}{n}\sum_{i=1}^{n} x_i y_i - \overline{xy} + \overline{xy} - \overline{xy}, \text{ beziehungsweise}$$

$$s_{xy} = \frac{1}{n}\sum_{i=1}^{n} x_i y_i - \overline{xy}, \text{ oder } s_{xy} = \frac{1}{n}\sum_{i=1}^{n} x_i y_i - (\frac{1}{n}\sum_{i=1}^{n} x_i)(\frac{1}{n}\sum_{i=1}^{n} y_i)$$

Als Korrelationskoeffizient haben wir den folgenden Ausdruck kennen gelernt:

$r = \frac{s_{xy}}{s_x s_y}$, wobei wir s_{xy} als die Kovarianz von x und y und s_x bzw. s_y als die Standardabweichungen von x bzw. y bezeichnet hatten.

s_{xy} haben wir kennen gelernt als $\frac{1}{n}\sum_{i=1}^{n}(x_i - \bar{x})(y_i - \bar{y})$,

s_x als $\sqrt{\frac{1}{n}\sum_{i=1}^{n}(x_i - \bar{x})^2}$, und s_y entsprechend. Wir haben auch festgestellt, dass sich s_x nach Anwendung des sogenannten „Verschiebungssatzes" (vgl. Kap. 3) darstellen lässt als:

$$s_x = \sqrt{\frac{1}{n}\sum_{i=1}^{n}(x_i)^2 - (\frac{1}{n}\sum_{i=1}^{n} x_i)^2} \text{ , } s_y \text{ dementsprechend, und}$$

$$s_{xy} = \frac{1}{n}\sum_{i=1}^{n} x_i y_i - (\frac{1}{n}\sum_{i=1}^{n} x_i)(\frac{1}{n}\sum_{i=1}^{n} y_i).$$

Wir können daher, unter Anwendung all dieser Beziehungen, den Korrelationskoeffizienten r auch so anschreiben:

$$r = \frac{\frac{1}{n}\sum_{i=1}^{n} x_i y_i - (\frac{1}{n}\sum_{i=1}^{n} x_i)(\frac{1}{n}\sum_{i=1}^{n} y_i)}{\sqrt{\frac{1}{n}\sum_{i=1}^{n}(x_i)^2 - (\frac{1}{n}\sum_{i=1}^{n} x_i)^2}\sqrt{\frac{1}{n}\sum_{i=1}^{n}(y_i)^2 - (\frac{1}{n}\sum_{i=1}^{n} y_i)^2}}$$

Der tetrachorische Korrelationskoeffizient

Wir multiplizieren nun sowohl den Zähler als auch den Nenner mit n^2 und erhalten:

$$r = \frac{n\sum_{i=1}^{n} x_i y_i - (\frac{1}{n}\sum_{i=1}^{n} x_i)(\frac{1}{n}\sum_{i=1}^{n} y_i)}{\sqrt{n\sum_{i=1}^{n}(x_i)^2 - (\sum_{i=1}^{n} x_i)^2} \sqrt{n\sum_{i=1}^{n}(y_i)^2 - (\sum_{i=1}^{n} y_i)^2}}$$

Um nun den obigen Ausdruck für den Sonderfall zu ermitteln, in dem x und y nur die Werte 0 oder 1 annehmen können, ist es nützlich, uns in einer Vierfeldertafel die Elemente der obigen Formel einzutragen.

	Y = 0	Y = 1	
X = 0	a	b	a+b=e
X = 1	c	d	c+d=f
	a+c=g	b+d=h	

Wie wir uns leicht überlegen können, enthält der Ausdruck $\sum_{i=1}^{n} x_i y_i$ lauter Summanden, die nur entweder 0 oder 1 sein können. 1 sind sie nur in jenen Fällen, in denen sowohl x als auch y 1 sind. Die Summe $\sum_{i=1}^{n} x_i y_i$ ist also so groß wie d.

In gleicher Weise können wir uns überlegen, dass der Ausdruck $\sum_{i=1}^{n} x_i$ nur dort positive Summanden der Größe 1 hat, wo $x=1$ ist: und zwar handelt es sich um genau $c+d$ solcher Summanden. Ganz analoges gilt für y.

Für den Ausdruck $\sum_{i=1}^{n}(x_i)^2$ gilt, dass wir das Quadrieren der einzelnen Werte von x getrost vergessen können, da wir ja nur solche Werte quadrieren, bei denen $x=1$ ist.

Wir können also für die Formel des Korrelationskoeffizienten r im Falle der Vierfeldertafel die folgenden Beziehungen festhalten:

$$r = \frac{n\sum_{i=1}^{n} x_i y_i - (\sum_{i=1}^{n} x_i)(\sum_{i=1}^{n} y_i)}{\sqrt{n\sum_{i=1}^{n}(x_i)^2 - (\sum_{i=1}^{n} x_i)^2}\sqrt{n\sum_{i=1}^{n}(y_i)^2 - (\sum_{i=1}^{n} y_i)^2}}$$

$$\sum_{i=1}^{n} x_i y_i = d$$

$$\sum_{i=1}^{n} x_i = c + d$$

$$\sum_{i=1}^{n} y_i = b + d$$

$$\sum_{i=1}^{n} (x_i)^2 = c + d$$

$$\sum_{i=1}^{n} (y_i)^2 = b + d$$

Wenn wir diese Elemente in unsere Formel für den Korrelationskoeffizienten einsetzen, erhalten wir:

$$r = \frac{nd - (c+d)(b+d)}{\sqrt{[n(c+d) - (c+d)^2}\sqrt{n(b+d) - (b+d)^2}}$$

Wir setzen nun noch für $n = a+b+c+d$ ein und erhalten:

$$r = \frac{(a+b+c+d)d - (c+d)(b+d)}{\sqrt{[(a+b+c+d)(c+d) - (c+d)^2}\sqrt{(a+b+c+d)(b+d) - (b+d)^2}}$$

Der tetrachorische Korrelationskoeffizient

Im nächsten Schritt multiplizieren wir den Zähler aus. Im Nenner zerlegen wir den Ausdruck *(a+b+c+d)(c+d)* in *(a+b)(c+d)+(c+d)(c+d)*. Entsprechend verfahren wir mit dem zweiten Wurzelausdruck. Außerdem schreiben wir die Quadrate als Multiplikationen mit sich selbst an. Das ergibt:

$$r = \frac{ad+bd+cd+d^2-cd-d^2-cb-bd}{\sqrt{[(a+b)(c+d)+(c+d)(c+d)-(c+d)(c+d)]}\sqrt{(a+c)(b+d)+(b+d)(b+d)-(b+d)(b+d)}}$$

Wenn wir nun noch alle sich gegenseitig aufhebenden Glieder streichen, erhalten wir den sehr einfachen Ausdruck:

$$r = \frac{ad-bc}{\sqrt{(a+b)(c+d)(a+c)(b+d)}} ,$$

beziehungsweise, wenn wir die Randsummen jetzt wieder abgekürzt als *e,f,g* und *h* bezeichnen:

$$r = \frac{ad-bc}{\sqrt{efgh}}$$

Dieser Ausdruck wird gewöhnlich nicht als *r*, sondern mit dem griechischen Buchstaben **Phi** bezeichnet:

$$Phi = \frac{ad-bc}{\sqrt{efgh}}$$

14. Ausblick:
Weitere Anwendungen des Grundgedankens von Korrelation und Regression. Multiple und partielle Korrelation und Regression

Die Parallelen zwischen der Varianzanalyse und der Regressionsanalyse bestehen vor allem darin, dass wir die Variation eines Merkmals anhand ihrer Maßzahl, der Varianz, in zwei Komponenten zerlegen. Eine Komponente, die wir aufgrund eines Vorwissens berechnen können, und jene Komponente, die übrig bleibt. Ausgehend von diesem Grundgedanken, der auch vielen anderen Verfahren zugrunde liegt, können wir beide Fragestellungen, sowohl bei der Varianzanalyse als auch bei der Korrelationsanalyse, sowohl die Signifikanzfragestellung als auch die Korrelationsfragestellung, behandeln.

Nun können sowohl Varianzanalyse als auch Korrelationsanalyse auch als sogenannte „multivariate Verfahren" betrachtet werden. Vereinfacht gesagt, sind multivariate Verfahren alle solchen, bei denen mehrere Variablen gleichzeitig Gegenstand der Analyse sind. Im Fall der Regressionsanalyse ist die multivariate Anwendung des Regressionsmodells zunächst das sogenannte generelle lineare Modell:

$y = bx$ im bivariaten Fall, und

$y = b_1 x_1 + b_2 x_2 + b_3 x_3 + \ldots\ldots b_n x_n$ im multivariaten Fall.

Wir können also eine Variable y als eine lineare Kombination von mehreren Variablen x darstellen. Wir könnten z.B. sagen, das Gewicht ist beeinflusst durch die Größe, durch die Ernährungsgewohnheiten, die Größe der Eltern, etc... Das Gewicht lässt sich also aufgrund von mehreren Einflussfaktoren berechnen. Das ist der Ansatz der **multiplen Regression**, als eines von vielen multivariaten Verfahren.

Eine andere Fragestellung ist die folgende: wir wissen z.B. dass es einen Zusammenhang zwischen Größe und Gewicht gibt. Wir wissen auch, dass es einen Zusammenhang zwischen der Größe des Vaters und der Größe des Sohnes gibt.

Wir wissen weiters, dass es einen Zusammenhang zwischen der Größe des Vaters und dem Gewicht des Sohnes, bzw. umgekehrt gibt. Zwischen all diesen 4 Variablen gibt es Zusammenhänge. Wir könnten nun die Frage stellen, wie denn der Zusammenhang zwischen der Größe des Vaters und dem Gewicht des Sohnes wäre, wenn es den Zusammenhang zwischen Größe des Vaters und Größe des Sohnes nicht geben würde. – Völlig absurd. Wie kann man nur auf eine solche Idee kommen? – Es gibt doch diesen Zusammenhang in Wirklichkeit.

Wie wäre denn der Zusammenhang zwischen der Anzahl der Störche und der Anzahl der Kinder, wenn es den Zusammenhang zwischen der Anzahl der Störche und dem Agrarniveau nicht geben würde? Das klingt vielleicht nicht mehr ganz so absurd. Diese Fragestellung nennt man **partielle Korrelation**. Welchen Weg müsste man dabei

Ausblick

verfolgen? Die Fragestellung ist folgende: es gibt einen Zusammenhang zwischen Störchen und Kindern, Störchen und Agrarniveau, sowie Agrarniveau und Kindern, also insgesamt drei Zusammenhänge. Wir betrachten einen davon, nämlich den zwischen Störchen und Kindern, wie er wäre, wenn es den Zusammenhang zwischen Störchen und Agrarniveau nicht geben würde. Wie kann man dabei vorgehen?

Wir wissen, wenn ein Dorf ein höheres Agrarniveau hat, dann fliegen mehr Störche zu. Ein Teil der Varianz des Storchenzuzugs wird dadurch rechnerisch bestimmt, dass es eine Varianz im Agrarniveau gibt. Diesen Teil wollen wir weghaben. Wir wollen nur jene Varianz des Storchenzuzugs, die durch andere Faktoren zustande kommt als die des Agrarniveaus. Wie wäre es, wenn der Einfluss des Agrarniveaus nicht bestünde? Würde dann noch immer ein Zusammenhang zwischen Störchen und Kindern bestehen? Es gibt einen Zusammenhang zwischen Störchen und Agrarniveau. Je höher das Agrarniveau, desto mehr Störche. Ein weiterer Zusammenhang besteht zwischen dem Agrarniveau und der Zahl der Kinder:

Abbildung 14.1.1   **Abbildung 14.1.2**

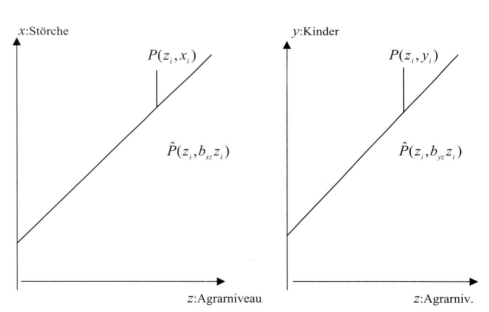

$x_i \rightarrow x_i - b_{xz}.z_i$ .... $y_i \rightarrow y_i - b_{yz}.z_i$

Storchanteile, ...   Kinderzahl,.....
    .... wenn der Einfluss des Agrarniveaus
        ausgeschaltet wäre

Das sind die beiden Varianzen, die uns interessieren. Nicht die Storchenzahl und die Kinderzahl an sich, sondern die Residuen. Einen Teil davon schätzen wir aufgrund des Agrarniveaus. Was übrig bleibt, ist der Rest. Wenn das Agrarniveau nicht wäre, hätte dieser Ort nur soviel Störche, bzw. Kinder, wie als Residuum übrigbleibt. Dies ist der Grundgedanke der partiellen Korrelation.

Wenn wir davon ausgehen, dass drei Variablen x, y und z untereinander korreliert sind, dann könnte uns also die Frage interessieren, wie wohl die Korrelation zwischen x und y wäre, wenn diese beiden Variablen nicht ihrerseits mit der dritten Variablen z korrelieren würden: wenn also der Einfluss von z auf den Zusammenhang zwischen x und y nicht bestünde. Auf der Basis des bisher dargestellten können wir dieses Problem auch folgendermaßen formulieren: Die Korrelation zwischen x und y, wenn z „nicht wäre", ist gleichbedeutend mit der Korrelation der Residuen von x bezogen auf die Regressionsgerade zwischen x und z einerseits, und der Residuen von y bezogen auf die Regressionsgerade zwischen y und z andererseits.

Nun ist ein Korrelationskoeffizient, im allgemeinen Fall, der Quotient aus der Kovarianz und dem Produkt der beiden Standardabweichungen:

$$r_{xy} = \frac{s_{xy}}{s_x s_y}$$

Für die partielle Korrelation werden wir also zunächst die Kovarianz der Residuen von x nach z und von y nach z ermitteln müssen, und diese dann durch die Standardabweichungen dieser Residuen dividieren müssen.

Als Korrelationskoeffizient hatten wir kennen gelernt:

$$r_{xy} = \frac{\frac{1}{n}\sum_{i=1}^{n}(x_i - \bar{x})(y_i - \bar{y})}{\sqrt{\frac{1}{n}\sum_{i=1}^{n}(x_i - \bar{x})^2}\sqrt{\frac{1}{n}\sum_{i=1}^{n}(y_i - \bar{y})^2}},$$

beziehungsweise als Regressionskoeffizienten von y nach x:

$$b_{xy} = \frac{\frac{1}{n}\sum_{i=1}^{n}(x_i - \bar{x})(y_i - \bar{y})}{\frac{1}{n}\sum_{i=1}^{n}(y_i - \bar{y})^2}$$

Für die Ermittlung der Kovarianz der Residuen von x nach z und von y nach z betrachten wir zunächst den Fall standardisierter Variablen, für die bekanntlich alle Mittelwerte 0 und alle Varianzen bzw. Standardabweichungen 1 sind.

Da sich r und b im Nenner nur durch Standardabweichungen bzw. Kovarianzen unterscheiden, wird für standardisierte Variable sowohl s_{xy} als auch r_{xy} als auch b_{xy} zu der einfachen Form:

Ausblick

$$s_{xy} = r_{xy} = b_{xy} = \frac{1}{n}\sum_{i=1}^{n} x_i y_i$$

Wenn wir davon ausgehen, dass es eine Regressionsgerade von x nach z gibt, sodass jedes x_i angenähert werden kann durch eine Konstante b mal einem zugehörigen z_i, und ebenso eine Regressionsgerade von y nach z, durch die jedes y_i angenähert werden kann durch eine andere Konstante c mal einem zugehörigen z_i, dann können wir die Kovarianz zwischen den Residuen von x nach z und denen von y nach z anschreiben als:

$$s_{xy.z} = \frac{1}{n}\sum_{i=1}^{n}(x_i - bz_i)(y_i - cz_i)$$

$$= \frac{1}{n}\sum_{i=1}^{n}(x_i y_i - x_i c z_i - b z_i y_i + bc z_i^2)$$

$$= \frac{1}{n}\sum_{i=1}^{n} x_i y_i - \frac{1}{n}\sum_{i=1}^{n} x_i c z_i - \frac{1}{n}\sum_{i=1}^{n} b z_i y_i + \frac{1}{n}\sum_{i=1}^{n} bc z_i^2$$

$$= \frac{1}{n}\sum_{i=1}^{n} x_i y_i - c\frac{1}{n}\sum_{i=1}^{n} x_i z_i - b\frac{1}{n}\sum_{i=1}^{n} z_i y_i + bc\frac{1}{n}\sum_{i=1}^{n} z_i^2$$

Nun ist aber, gemäß den obigen Festlegungen, c die Regressionsgerade von y nach z und b die Regressionsgerade von x nach z. Somit ist

$$\frac{1}{n}\sum_{i=1}^{n} x_i y_i = r_{xy}$$

$$\frac{1}{n}\sum_{i=1}^{n} x_i z_i = r_{xz} = b$$

$$\frac{1}{n}\sum_{i=1}^{n} y_i z_i = r_{yz} = c$$

$$\frac{1}{n}\sum_{i=1}^{n} z_i^2 = 1$$

Letzteres, da die Summe der z_i^2 bei standardisierten Variablen – und um solche handelt es sich hier – die Varianz ist, und diese ist bei standardisierten Variablen bekanntlich 1. Wenn wir diese Beziehungen oben einsetzen, erhalten wir:

$$s_{xy.z} = r_{xy} - r_{yz}r_{xz} - r_{xz}r_{yz} + r_{xz}r_{yz}$$

$$s_{xy.z} = r_{xy} - r_{yz}r_{xz}$$

Diese Kovarianz der Residuen – denn gerade diese haben wir ja mit dem obigen Koeffizienten berechnet – müssen wir nun noch durch die Standardabweichungen dieser Residuen dividieren. Im Kapitel über das Bestimmtheitsmaß haben wir schon gesehen, dass jener Varianzanteil, der nicht den Residuen zuzurechnen ist, mit dem Quadrat des Korrelationskoeffizienten berechnet werden kann. Der Rest, also $1-r^2$, entspricht somit dem Varianzanteil der Residuen. Die Formel für den partiellen Korrelationskoeffizienten lautet daher:

$$r_{xy.z} = \frac{r_{xy} - r_{xz}r_{yz}}{\sqrt{(1-r_{xz}^2)}\sqrt{(1-r_{yz}^2)}}$$

Die obige Berechnung kam mithilfe der Vereinfachungen zustande, die sich aus der Standardisierung von Variablen ergeben. Falls wir es mit nicht-standardisierten Variablen zu tun haben, ändert sich an der Formel nichts. Dies folgt einerseits aus der Tatsache, dass Korrelationskoeffizienten invariant gegenüber linearen Transformationen der Variablen sind, zwischen denen die Korrelationskoeffizienten berechnet wurden. Der Korrelationskoeffizient zwischen irgend einer Variablen x und irgend einer anderen Variablen y muss den gleichen Zahlenwert haben wie der zwischen der Variablen x mal einer Konstanten k und der Variablen y mal einer anderen Konstanten l. Oder: Der Korrelationskoeffizient zwischen Gewicht und Größe muss immer derselbe sein, egal, ob man Gewicht und Größe in Kg und cm, oder in Pfund und Zoll misst.

Für unseren speziellen Fall lässt sich dies auch noch anders zeigen:
Wenn $r_{xy} - r_{xz}*r_{yz}$ die Kovarianz standardisierter Residuen ist, dann ist diese Kovarianz im Falle nicht-standardisierter Residuen mit dem Produkt der Standardabweichungen $s_{xz}*s_{yz}$ zu multiplizieren. Das Produkt der Standardabweichungen im Nenner unseres partiellen Korrelationskoeffizienten ist ebenfalls mit den jeweiligen Standardabweichungen zu multiplizieren, da die Ausdrücke $(1-r_{xz}^2)$ bzw $(1-r_{yz}^2)$ ja die Anteile der Residuen an den Varianzen s_{xz}^2 bzw s_{yz}^2 sind. Dies würde also auf folgenden partiellen Korrelationskoeffizienten hinauslaufen, bei dem sich die Standardabweichungen im Zähler und im Nenner gegeneinander kürzen:

Ausblick

$$r_{xy.z} = \frac{s_{xz}s_{yz}(r_{xy}-r_{xz}r_{yz})}{\sqrt{s_{xz}^2(1-r_{xz}^2)}\sqrt{s_{yz}^2(1-r_{yz}^2)}} = \frac{s_{xz}s_{yz}(r_{xy}-r_{xz}r_{yz})}{s_{xz}\sqrt{(1-r_{xz}^2)}s_{yz}\sqrt{(1-r_{yz}^2)}}$$

Ein Rechenbeispiel zur partiellen Korrelation

Die folgende (erfundene) Aufstellung gibt Auskunft über

- die Anzahl der Freunde die Schüler einer Klasse haben,
- die Anzahl der Tore, die sie im letzten Jahr beim Fußballspielen geschossen haben, und
- die Höhe ihres monatlichen Taschengeldes.

Was müsste man tun, um zu beweisen bzw. zu widerlegen, dass die Anzahl der Freunde im Wesentlichen von der sportlichen Fähigkeit, gemessen an der Anzahl der Tore, abhängt?

Schüler Nr.	Anzahl d. Freunde	Anzahl der Tore	Monatliches Taschengeld
1	11	45	47
2	2	10	3
3	18	82	85
4	9	55	52
5	17	85	92
6	1	15	4
7	16	90	97
8	10	50	48
9	3	5	2

Natürlich handelt es sich hier um eine viel zu kleine und außerdem nicht repräsentative Stichprobe, als dass wir daraus irgend welche allgemeinen Schlüsse ableiten könnten, selbst wenn es sich um reale Daten handelte. Aber die Technik der Interpretation partieller Korrelationskoeffizienten können wir an diesem Beispiel verdeutlichen.

Zunächst können wir durch bloßes Anschauen der Zahlen schon feststellen, dass offensichtlich alle drei Variablen sehr viel miteinander zu tun haben: Wer viele Freunde hat, schießt auch viele Tore, und wer viele Tore schießt, hat auch viel Taschengeld. Wir könnten also zunächst drei Korrelationskoeffizienten berechnen und würden dann feststellen, dass alle drei sehr hoch sind:

Ausblick

$r_{FREUNDE,TORE} = 0.968$

$r_{FREUNDE,GELD} = 0.978$

$r_{TORE,GELD} = 0.997$

Damit würden wir zunächst nicht viel weiter kommen als bis zu der Feststellung, dass es sich offensichtlich um drei miteinander sehr stark korrelierende Variablen handelt. Am stärksten ist der Zusammenhang zwischen dem Taschengeld und der Anzahl der geschossenen Tore (0.997), am zweitstärksten der zwischen dem Taschengeld und der Anzahl der Freunde (0.978), und am drittstärksten der zwischen der Anzahl der Tore und der Anzahl der Freunde (0.968). Das Taschengeld hat also möglicherweise die größte Bedeutung; aber in welcher Weise wirkt es sich aus?

Ein Blick auf die Streudiagramme (Abb. 14.2.1 – 14.2.3) lässt uns die Struktur dieser „Klassengesellschaft" schon viel deutlicher erkennen: Offensichtlich gibt es hier drei „Klassen" von Schülern: Nr. 6,2 und 9 schießen wenige Tore, haben wenige Freunde und wenig Taschengeld. Nr. 1,8 und 4 sind hinsichtlich aller drei Merkmale in der Nähe des Durchschnittes, und Nr. 3,5 und 7 haben viel von allem.

Abbildung 14.2.1

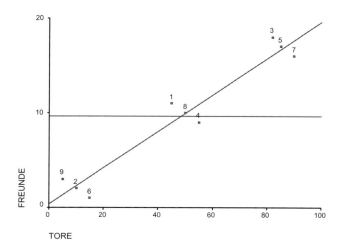

$r_{FREUNDE,TORE} = 0.968$

$r_{FREUNDE,TORE.GELD} = -0.428$

Ausblick

Abbildung 14.2.2

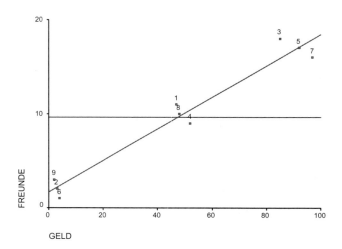

$r_{FREUNDE,GELD} = 0.978$

$r_{FREUNDE,GELD.TORE} = 0.666$

Abbildung 14.2.3

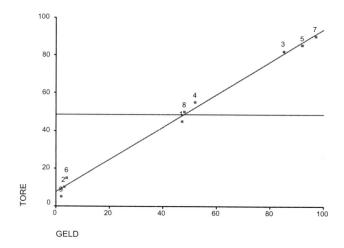

$r_{TORE,GELD} = 0.997$

$r_{TORE,GELD.FREUNDE} = 0.957$

Ganz offensichtlich ist also eine entscheidende Voraussetzung für die Interpretierbarkeit des Pearson'schen Korrelationskoeffizienten nicht gegeben: es handelt sich hinsichtlich keiner der drei Variablen um eine Normalverteilung. Können wir mit dem Instrument der partiellen Korrelation, mit aller gebotenen Vorsicht, trotzdem etwas anfangen, oder nicht?

Unsere Abbildungen 14.2.1 und 14.2.2 zeigen aber nicht nur unsere „Dreiklassengesellschaft", sondern noch ein weiteres: Schüler 6 hat mehr Tore geschossen als Schüler 9, er hat aber weniger Freunde. Schüler 2 ist in der Mitte zwischen 6 und 9. Würde die Stichprobe nur aus den Schülern 2,6 und 9 bestehen, dann wäre die Korrelation zwischen der Anzahl der geschossenen Tore und der Anzahl der Freunde eindeutig negativ. Das gleiche gilt für die „Mittelklasse" der Schüler 1,8 und 4, und wieder das gleiche für die „Oberklasse" der Schüler 3,5 und 7. Genau das gleiche Bild zeigt sich in Abbildung 14.2.2. Schüler 6 hat mehr Geld als Schüler 9, aber weniger Freunde, etc. Wenn wir die Schüler „klassenweise" betrachten, dann haben die Schüler umso weniger Freunde, je mehr Tore sie schießen. Nur wenn wir alle drei „Klassen" von Schülern zusammen betrachten, entsteht der Eindruck, als hätten sie umso mehr Freunde, je mehr Tore sie geschossen haben. Sie haben auch, „klassenweise" betrachtet, umso weniger Freunde, je mehr Geld sie haben, allerdings ist dieser Zusammenhang nicht so deutlich.

Es ist also nur logisch, dass der Korrelationskoeffizient zwischen der Anzahl der geschossenen Tore und der Anzahl der Freunde, wenn der Einfluss des Taschengeldes ausgeschaltet wird, negativ wird. Weniger logisch erscheint es zunächst, dass der Korrelationskoeffizient zwischen der Höhe des Taschengeldes und der Anzahl der Freunde, wenn man den Einfluss der Anzahl der geschossenen Tore ausschaltet, immer noch positiv, wenn auch deutlich schwächer, bleibt.

Technisch gesprochen, bedeutet das zunächst, dass die Residuen der Anzahl der Freunde zu den geschossenen Toren positiv korreliert sind mit den Residuen des Taschengeldes zu den geschossenen Toren. Salopp gesagt: Wer mehr Geld hat, als ihm aufgrund „seiner" Tore „zusteht", hat auch mehr Freunde, als ihm aufgrund „seiner" Tore „zusteht".

Ausblick

Abb. 14.3: Residuen

nr	FREUNDE	TORE	GELD	Residuen FREUNDE-TORE	Residuen GELD-TORE
1	11	45	47	2,019	3,313
2	2	10	3	-0,261	-0,122
3	18	82	85	1,915	-1,57
4	9	55	52	-1,901	-3,277
5	17	85	92	0,339	1,953
6	1	15	4	-2,221	-4,917
7	16	90	97	-1,621	1,158
8	10	50	48	0,059	-1,482
9	3	5	2	1,699	4,673

Abb. 14.3 zeigt diese Residuen im Einzelnen. Die zugehörigen Regressionsgleichungen lauten:
FREUNDE=0,192*TORE+0,341,
und
GELD=1,159*TORE-8,486.

Wenn wir also von der Anzahl der Freunde *0,192* pro Tor und die konstante *0,341* abziehen, erhalten wir das Residuum „*FREUNDE-TORE*" in Abb. 14.2.4.
Für das erste Residuum: 11-(0,192*45+0,341)=2,019.
Wenn wir für alle 9 Paare von Residuen wieder einen Korrelationskoeffizienten berechnen, so ergibt dieser wie oben: $r_{FREUNDE,GELD.TORE}$=0.666.

Wir können bei der Analyse dieser Residuen deutlich erkennen, dass vor allem Schüler 1 und Schüler 9 deutlich sowohl mehr Freunde als auch mehr Geld haben, als ihnen, um bei der obigen saloppen Formulierung zu bleiben, aufgrund ihrer geschossenen Tore „zusteht".

Anders gesagt: Auch wenn wir den Einfluss der geschossenen Tore auf die Anzahl der Freunde und die Höhe des Taschengeldes rechnerisch ausschalten, bleibt immer noch ein beträchtlicher Zusammenhang zwischen der Höhe des Taschengeldes und der Anzahl der Freunde. Da der Zusammenhang zwischen der Höhe des Taschengeldes und der Anzahl der geschossenen Tore durch die rechnerische Ausschaltung des Einflusses der Anzahl der Freunde erst recht nicht beeinflusst wird, haben wir also mit Hilfe der Analyse partieller Korrelationen ein gewisses Argument dafür, dass wahrscheinlich dem Taschengeld eine ganz besonders prominente Rolle in diesem System von miteinander korrelierenden Variablen zukommen dürfte.

Was würden Sie annehmen, welcher Zusammenhang besteht zwischen Gesundheit und Wohnungsgröße? Sie würden wahrscheinlich wie ich annehmen, dass mit zunehmender Wohnungsgröße die Leute gesünder leben. Das Gegenteil hat sich bei der Analyse von Daten des Mikrozensus herausgestellt: in kleinen Wohnungen lebt man gesünder, in großen kränker. Warum? Es besteht in Wirklichkeit ein dramatischer Zusammenhang zwischen Alter und Erkrankung und zwischen Alter und der Wohnungsgröße. Alte Leute leben im Durchschnitt in größeren Wohnungen. Mithilfe der partielle Korrelation gelingt die rechnerische Ausschaltung des Alters. Dann kommen Sie tatsächlich im großen und ganzen zum ursprünglich erwarteten Ergebnis: je größer die Wohnung desto gesünder das Leben.

Die Überlegung, die bei der Berechnung des partiellen Korrelationskoeffizienten entscheidend war, ist die Aufspaltung der Varianz in einen „erklärten" Anteil, der durch die Streckenabschnitte zwischen Mittelwert und Regressionsgerade zustande kommt, und einen „nicht erklärten" Anteil, den wir „Residuen" genannt haben. Die partielle Korrelation ist also nichts weiter als eine Korrelation von Residuen, von „nicht erklärten" Varianzanteilen. „Nicht erklärt" bedeutet dabei: nicht durch eine angenommene lineare Abhängigkeit mit einer intervenierenden dritten Variablen zustande gekommen. Diesen gleichen Gedanken der Aufspaltung der Varianz in einen „erklärten" und einen „nicht erklärten" Anteil kann man auch verwenden, um ein ganz anderes Konzept von mehrvariater Korrelation zu entwickeln: das im Folgenden kurz skizzierte Konzept der multiplen Korrelation.

Multiple Korrelation

Was ist der Unterschied zwischen partieller und multipler Korrelation?

Bei der *multiplen* Korrelation betrachten wir gleichzeitig den Einfluss *mehrerer* Variablen auf eine weitere Variable. Wir untersuchen, wie viel Varianz wir dadurch „erklären" können, dass mehrere Variablen einen Einfluss auf eine andere Variable haben.

Bei der *partiellen* Korrelation wird der Einfluss einer dritten Variable *explizit ausgeschlossen*, bei der *multiplen* Korrelation wird er *explizit eingeschlossen*. Bei der „ganz gewöhnlichen", bivariaten Korrelation wird der Einfluss *implizit* mitgerechnet, aber nicht explizit ausgewiesen.

Der Grundgedanke der **multiplen Korrelation** lässt sich anhand der Überlegung erklärter und nicht erklärter Varianzanteile so darstellen:

Ausblick

$$R_{x.yz}^2 \quad = \quad r_{xy}^2 \quad + \quad (1-r_{xy}^2) \quad * \quad r_{xz.y}^2$$

Varianzanteil von x, der durch y und z „erklärt" wird	=	Varianzanteil von x, der durch y „erklärt" wird	+	Varianzanteil von x, der durch y nicht „erklärt" wird	*	Anteil am nicht durch y „erklärten" Varianzanteil, der durch z „erklärt" wird

In gleicher Weise gibt es eine Verallgemeinerung der Varianzanalyse auf eine **mehrfache Varianzanalyse**. Auch hier wird die Gesamtvarianz aufgegliedert, aber nicht nur in zwei, sondern in mehrere Komponenten, deren Anzahl von der Anzahl der Variablen abhängt, die gleichzeitig untersucht werden. Dadurch lassen sich auch mehrere Varianzanteile zueinander in Beziehung setzen.

Eine weitere Anwendung der multiplen Regression liegt in der **Faktorenanalyse**. Auch dazu mehr in der weiterführenden Literatur über multivariate Verfahren.

15. Übungsbeispiele

Die meisten Beispiele dieses Abschnitts haben nicht *eine richtige* Lösung, in dem Sinne, dass notwendigerweise alle anderen Lösungen falsch wären. Sie sind Trainingsaufgaben, um das Sich-Hineindenken in Probleme zu üben, die mit Hilfe statistischer und wahrscheinlichkeitstheoretischer Überlegungen bearbeitet werden können. Viele der Angaben sind so ähnlich formuliert, wie auch ein potentieller Auftraggeber eine Frage an einen Soziologen formulieren könnte: Unvollständig, unklar, unscharf. Ein Teil jeder Problemlösung ist die Analyse der Fragestellung: was genau bedeutet die Frage, und, falls dies nicht eindeutig ist, welche Bedeutungen kann man der Fragestellung entnehmen, und welche Szenarien der Antwortsuche ergeben sich daraus? Die Bearbeitung der meisten dieser Übungsaufgaben setzt deshalb eine Analyse der Fragestellung voraus, wie dies auch oft der Fall ist, wenn Soziologien Arbeitsaufträge übernehmen. Wenn nämlich die Ergebnisse von Forschungsprojekten Auftraggeber nicht zufrieden stellen, dann ist das sehr oft deshalb der Fall, weil sich Auftraggeber und Auftragnehmer zu Beginn des Arbeitsvorhabens nicht ausführlich genug darüber unterhalten haben, was genau für den Auftraggeber die Kriterien einer erfolgreichen Forschungsarbeit sind. Dabei ist es recht oft die Rolle des Soziologen, gemeinsam mit dem Auftraggeber die Präzisierungen zu erarbeiten, die zum Zeitpunkt der Auftragserteilung oft noch gar nicht vorliegen.

Übungsbeispiele

1.

Ein Roulette-Rad hat Positionen von 0 bis 36, also insgesamt 37 Positionen.
Ermitteln Sie zu den folgenden Spielvarianten, ein Wieviel-Faches vom Einsatz der Gewinn mindestens sein müsste, damit bei längerem Spielen ein Vermögenszuwachs für den Spieler zu erwarten wäre:

beim Setzen auf die Zahl 14

beim Setzen auf eine gerade Zahl

beim Setzen auf eine ungerade Zahl

beim Setzen auf alle Zahlen, deren letzte Stelle 7 ist

(**Zu beachten**: Wenn die Kugel auf der Position 0 landet, gewinnt beim Roulettespiel in jedem Fall die Bank.)

2.

Ein Glücksspiel sei nach folgenden Regeln aufgebaut:
Es ist eine sechsstellige Zahl aufzuschreiben.
Wenn keine oder eine der 6 Ziffern mit der an der entsprechenden Stelle stehenden Ziffer der Gewinnzahl übereinstimmt, kommt es zu keiner Gewinnauszahlung.
Wenn 2 Ziffern übereinstimmen, werden 100 S ausgezahlt.
Wenn 3 Ziffern übereinstimmen, werden 1.000 S ausgezahlt.
Wenn 4 Ziffern übereinstimmen, werden 10.000 S ausgezahlt.
Wenn 5 Ziffern übereinstimmen, werden 100.000 S ausgezahlt.
Wenn 6 Ziffern übereinstimmen, werden 1.000.000 S ausgezahlt.

Ein wie großer Gewinn ist bei diesem Spiel zu erwarten?

3.

Bei einem Pferderennen gibt es die Möglichkeit einer sogenannten „Dreierwette". Dabei muss erraten werden, welches Pferd als erstes, welches als zweites, und welches als drittes ins Ziel geht. Wenn der Einsatz bei einer solchen Wette 10 € beträgt und 10

Pferde im Rennen sind: Wie viel kann das Wettbüro maximal an Gewinn versprechen und auszahlen, um selbst noch einen Gewinn zu machen?
Anleitung: Gehen Sie hypothetisch davon aus, dass die Wetten **nicht** aufgrund von Kenntnissen über die Leistungsfähigkeit der Pferde abgeschlossen werden, sondern nur durch **blindes Raten**.

4.

6 Würfel werden von einem Würfelspieler 1 Million mal geworfen. Welches Ergebnis wird der Spieler am häufigsten aus seinem Becher schütteln? Begründen Sie Ihre Entscheidung.

5.

In einem Quiz-Spiel darf ein Kandidat eine von vier Laden einer Kiste aufmachen. Er weiß, dass sich in einer der vier Laden ein Gewinn im Wert von 200.000 S befindet, und in den anderen drei Laden nichts. Aber er weiß nicht, in welcher der vier Laden der Gewinn liegt. Er trifft also seine Wahl durch Raten. Aber bevor er die Lade, auf die er getippt hat, aufmacht, schlägt ihm der Spielleiter einen Handel vor: er bietet ihm 10.000 €, wenn der Kandidat darauf verzichtet, die Lade zu öffnen. Der Kandidat kann also entweder sicher 10.000 €, oder aber vielleicht 20.000 € gewinnen.
1. Falls der Spieler das Angebot des Spielleiters annimmt: wird der Erwartungswert des Gewinnes dadurch größer oder kleiner?
2. Spielt es eine Rolle, ob der Spielleiter weiß, in welcher Lade der Gewinn ist, und wenn ja, welche Rolle spielt es?

Anmerkung: Als Erwartungswert des Gewinnes bezeichnet man den möglichen Gewinn, multipliziert mit der Wahrscheinlichkeit, ihn zu bekommen.

6.

Ein Spiel sei nach folgenden Regeln aufgebaut:
Ein Moderator würfelt mit 10 Würfeln gleichzeitig, und die Summe der Augenzahlen wird ermittelt. Mehrere Kandidaten müssen vorher raten, welche Augenzahl voraussichtlich gewürfelt werden wird. Der Kandidat, dessen Schätzung am nächsten am Ergebnis liegt, gewinnt. Falls mehrere Kandidaten die gleiche Schätzung abgeben und diese Schätzung am nächsten am Ergebnis liegt, wird der gleiche Gewinn an jeden dieser Kandidaten ausgezahlt. (keine Teilung). Welche Schätzung hat aus der Sicht der Kandidaten die besten Gewinnchancen, und warum?

Übungsbeispiele

7.

In einer Klasse von 15 Burschen und 10 Mädchen werden 2 Klassensprecher durch Los ermittelt. Wie groß ist die Wahrscheinlichkeit, dass
a)   2 Burschen
b)   2 Mädchen
c)   1 Bursch und 1 Mädchen
gezogen werden?

8.

Ein Student möchte sich aus drei Eiern eine Mehlspeise zubereiten. Im Kühlschrank befinden sich 5 Eier, von denen allerdings eines faul ist.
Er nimmt willkürlich drei Eier aus dem Kühlschrank. Wie hoch ist die Wahrscheinlichkeit, dass er drei genießbare wählt?

9.

In einem Straßenbahnwaggon sitzen zehn Personen, drei davon sind ohne Fahrschein. Ein Kontrolleur wählt willkürlich vier Mitfahrer aus.
Wie groß ist die Wahrscheinlichkeit, dass er *mindestens einen* Schwarzfahrer erwischt?

10.

In dem Land der Breitnasen leben in 25% der Orte die Minderheit der Schmalnasen. Allerdings sind nur 20% dieser Orte, in denen Schmalnasen leben, auch durch entsprechende Ortstafeln gekennzeichnet. Insgesamt
gibt es 1000 Orte. Ein Fremder fährt durch einen Ort, der nicht als Wohnort von Minderheiten gekennzeichnet ist. Wie groß ist die Wahrscheinlichkeit dass in diesem Ort die Schmalnasen vertreten sind?

11.

Annahme: Ein Wirtschaftsexperte sei in der Lage, die Insolvenz eines wirtschaftlich schwachen Unternehmens mit folgender Fehlerwahrscheinlichkeit vorauszusagen: Wenn ein Unternehmen tatsächlich vor der Insolvenz steht, erkennt dies der Experte in 100% aller Fälle. Wenn ein Unternehmen wirtschaftlich überlebt, irrt er sich in 1% aller Fälle: er sagt also in 1% der Fälle Insolvenz voraus, obwohl diese nicht eintritt.
Der Anteil der Unternehmen, die tatsächlich insolvent werden, sei 1 Promill.
Frage: Wie groß ist die Wahrscheinlichkeit, dass ein Unternehmen, dem der Experte Insolvenz vorausgesagt hat, tatsächlich insolvent wird?

Übungsbeispiele

Anleitung 1.: Nehmen Sie eine Grundgesamtheit von einer Million Unternehmen an und tragen Sie die entsprechenden Häufigkeiten in einer 4-Felder-Tafel ein oder
Anleitung 2.: benutzen Sie folgende Beziehung für das gleichzeitige Auftreten nicht unabhängiger Ereignisse:
P(AB)=P(A)*P(B/A)
P(AB)=P(B)*P(A/B), woraus folgt:
P(A)*P(B/A)=P(B)*P(A/B), oder
P(B/A)=P(A/B)*P(B):P(A).
setzen Sie für A und B die entsprechenden Ereignisse ein.

12.

Was ist größer: die Wahrscheinlichkeit beim 7maligen Wurf mit einem Spielwürfel 2 mal eine Augenzahl zu werfen die kleiner als vier ist, oder die Wahrscheinlichkeit beim 7maligen Wurf mit einem Spielwürfel 5 mal eine solche Augenzahl zu werfen? Begründen sie Ihre Antwort.

Hinweis: Diese Frage kann durch Einsetzen in eine Formel, oder aber durch logische Überlegung beantwortet werden. Für diejenigen, die das Einsetzen in eine Formel vorziehen, ist hier die entsprechende Stelle, wie sie in der Vorlesung behandelt wurde, wiedergegeben, um Sucharbeit zu ersparen. Beachten Sie aber, dass nach der tatsächlichen Größe der beiden Wahrscheinlichkeiten gar nicht gefragt wurde, sondern nur danach, welche von beiden Wahrscheinlichkeiten die größere ist.

Die Wahrscheinlichkeit, bei einem Wurf von n Münzen k mal eine Zahl zu werfen, lässt sich angeben mit

$$\frac{n!}{k!(n-k)!} p^k (1-p)^{(n-k)}$$

wobei p die Wahrscheinlichkeit ist, mit einer Münze beim einmaligen Wurf eine Zahl zu werfen; im Münzexperiment ist p also 0.5.
n! („n Faktorielle") ist eine Bezeichnungsweise
für den Ausdruck n (n-1) (n-2) 1,
analog für k!, bzw. (n-k)!.

13.

Annahme: Von 6 000 000 wahlberechtigten Österreichern wählen 40% die SPÖ. In Wien leben 1/6 aller Wahlberechtigten und 55% aller Wiener wählen die SPÖ.
Wie hoch ist unter diesen Annahmen die Wahrscheinlichkeit, dass ein SPÖ- Wähler in Wien lebt?

Übungsbeispiele

14.

Bei einem Proseminar mit 30 TeilnehmerInnen wählt der Professor zwei von den TeilnehmerInnen beliebig aus.
Wie groß ist die Wahrscheinlichkeit, dass die beiden Sonntagskinder sind?
Wie würde sich diese Wahrscheinlichkeit ändern, wenn das Proseminar mit 60 TeilnehmerInnen besetzt wäre?

15.

Annahme: 80% der Kinder von Akademikern absolvieren ein akademisches Studium, aber nur 40% der Kinder von Nichtakademikern. Eine Bevölkerung von einer Million erwachsenen Personen bestehe aus 10% Akademikern und 90% Nichtakademikern. Vereinfacht sei auch angenommen, dass auf jede Person dieser Bevölkerung je ein Kind entfalle. Wie groß ist der Akademikeranteil nach einer Generation, wenn wir annehmen, dass alle Personen der Elterngeneration noch am Leben sind?

16.

In seiner Verzweiflung über die politische Gleichgültigkeit der amerikanischen Bevölkerung behauptet ein Politikberater: Ein Promill der amerikanischen Bevölkerung glaubt tatsächlich, dass Capt´n Kirk existiert *). Und alle die, die das glauben, würden ihn auch als nächsten Präsidenten wählen, wenn sein Name auf einer Wahlliste auftauchte. Aber sogar von den Stimmen derer, die nicht glauben, dass er existiert, würde ein Prozent auf ihn entfallen, wegen der Ungenauigkeit des amerikanischen Wahlsystems.
1. Wie viele Stimmen von einer Million amerikanischer Wähler würden, falls die Angaben des Politikberaters stimmen sollten, auf Capt´n Kirk entfallen?
2. Wie groß ist in einem solchen Szenario die Wahrscheinlichkeit, dass jemand, dessen Stimme – absichtlich oder irrtümlich – auf Capt´n Kirk entfällt, tatsächlich glaubt, dass er existiert?

*): Capt'n Kirk ist in Wirklichkeit der Held einer utopischen Fernsehserie, existiert nicht real und hat sich auch noch nie um das Präsidentschaftsamt beworben.
Anleitung: Es ist hilfreich, die Angaben in eine Vier-Felder-Tafel einzutragen.

17.

An einer Universität mit numerus clausus bewerben sich 1000 Personen: 500 Frauen und 500 Männer. Im Fach A bewerben sich 320 Männer und 480 Frauen, im Fach B bewerben sich 180 Männer und 20 Frauen.
Im Fach A werden 12,5% der Frauen und 10% der Männer aufgenommen.

Im Fach B werden 50% der Frauen und 40% der Männer aufgenommen.
Es ist also in beiden Fächern der Anteil der aufgenommenen Frauen größer als der Anteil der aufgenommenen Männer.
Kann man daraus schließen, dass mehr Frauen aufgenommen werden als Männer? – Begründen Sie Ihre Antwort.

18.

Der Besitzer einer Schießbude machte die folgende eigenartige Feststellung:
Die Anzahl der Personen, die von den 9 Kugeln des Luftdruckgewehrmagazins mit keiner einzigen trafen, war gleich groß wie die Anzahl der Personen, die mit allen 9 Kugeln trafen. Die Anzahl der Personen, die mit einer Kugel trafen, war gleich groß wie die Anzahl der Personen, die mit 8 Kugeln trafen. Die Anzahl der Personen, die mit 2 Kugeln trafen, war gleich groß wie die Anzahl der Personen, die mit 7 Kugeln trafen, usw. Allgemein: die beiden Wahrscheinlichkeiten waren immer gleich groß, wenn sich die beiden Trefferanzahlen auf 9 summierten.
Was lässt sich aus dieser Beobachtung über die Trefferwahrscheinlichkeit für jeden einzelnen Schuss schließen – und warum?
Hinweis: Diese Frage kann unter Heranziehung einer Formel, oder aber durch logische Überlegung beantwortet werden. Für diejenigen, für die das Heranziehen einer Formel hilfreich ist, ist hier die entsprechende Stelle, wie sie in der Vorlesung behandelt wurde, wiedergegeben, um Sucharbeit zu ersparen.
Die Wahrscheinlichkeit, bei einem Schuss mit n Kugeln k mal zu treffen, lässt sich angeben mit

$$\frac{n!}{k!\,(n-k)!}\, p^k (1-p)^{(n-k)}$$

wobei p die Trefferwahrscheinlichkeit je Schuss ist.
n! („n Faktorielle") ist eine Bezeichnungsweise
für den Ausdruck n (n-1) (n-2) 1,
analog für k!, bzw. (n-k)!.

19.

Bei einer Klausurpüfung gibt es 4 Beispiele. Die Wahrscheinlichkeit p, ein Beispiel zu lösen, sei für jedes der vier Beispiele gleich groß. Die Tatsache, eines der Beispiele gelöst zu haben, habe keinen Einfluss auf die Wahrscheinlichkeit, eines der anderen Beispiele zu lösen. Die Bedingung, bei der Klausur durchzukommen sei, mindestens 2 von 4 Beispielen gelöst zu haben. Wie kann man die Wahrscheinlichkeit p, ein Beispiel zu lösen, ermitteln, wenn man weiß, dass von 100 KandidatInnen 17 durchgefallen sind?

Übungsbeispiele

20.

Annahme: Ein BSE-Test diagnostiziere fälschlich 1Prozent aller gesunden Kühe als BSE-erkrankt. Kühe, die aber tatsächlich an BSE-erkrankt sind, werden von dem Test zu 100% richtigerweise als krank diagnostiziert.
1. Wie viele von einer Million Kühen werden von dem Test insgesamt – richtig oder falsch – als krank diagnostiziert, wenn von dieser Million Kühe 1000 tatsächlich an BSE erkrankt sind?
2. Wie groß ist die Wahrscheinlichkeit, dass eine Kuh, die von dem Test als erkrankt diagnostiziert wurde, tatsächlich an BSE erkrankt ist?

Anleitung: Es ist hilfreich, die Angaben in eine Vier-Felder-Tafel einzutragen.

21.

Die Wahrscheinlichkeit, dass ein neu gekaufter PC innerhalb eines Jahres nach dem Kauf reparaturbedürftig wird, sei 10%.
Eine Firma kauft 10 neue PCs. Wie groß ist die Wahrscheinlichkeit, dass *mindestens einer* davon im Laufe eines Jahres reparaturbedürftig wird?

22.

Ein Soziologe möchte für eine Befragung zufällig Personen aus dem Telefonbuch auswählen. Wie viele Personen muss er ziehen, damit die Wahrscheinlichkeit, *mindestens eine* Frau in der Stichprobe zu haben, mindestens 99% ist?

23.

In einem multiple choice Test sei eine Frage enthalten, die sechs Antworten zur Lösung vorschlägt. Zwei davon sind richtig, die anderen vier sind falsch. Die Frage gilt als richtig beantwortet, wenn beide richtigen und keine der falschen Antworten angekreuzt sind. 200 Kandidaten treten an, und keiner von ihnen hat auch nur die leiseste Ahnung, welche zwei die richtigen Antworten sind. Deshalb würfeln alle je zweimal und kreuzen die beiden Antworten an, die der Augenzahl beim ersten und beim zweiten Würfelwurf entsprechen. Wie viele Kandidaten werden die Frage voraussichtlich richtig beantworten?
Begründen Sie Ihre Schätzung.

24.

Von den 20 Schülern einer Klasse fehlten an den folgenden Schultagen eines Monats die folgenden Anzahlen von Schülern:

Schultag	Anzahl fehlender Schüler
1	4
2	0
3	1
4	1
5	3
6	1
7	1
8	4
9	1
10	2
11	2
12	9
13	2
14	0
15	2
16	2
17	2
18	0
19	3
20	0

Nach Durchsicht des Klassenbuches meint ein Inspektor, am Tag 12 fehlten viel mehr Schüler, als bei diesen durchschnittlichen Fehlzeiten zufällig zustande kommen könnten, und bittet um eine Untersuchung, was am Tag 12 eigentlich los war.
Der Direktor meint, 9 können schon einmal fehlen, und das sei noch kein Grund für eine Untersuchung denn so etwas könne schon immer wieder mal vorkommen.
Wer hat recht?

Übungsbeispiele

25.

Bei einem Quiz-Spiel darf sich ein(e) Kandidat(in) eine von drei Türen aussuchen. Hinter einer dieser drei Türen wartet als Gewinn ein Auto, hinter den beiden anderen ein wertloser Trostpreis. Sobald sich ein(e) Kandidat(in) für eine der drei Türen entschieden hat, macht der Spielleiter eine andere Tür auf, hinter der der erwünschte Gewinn *nicht* zu finden ist. Dann fragt der Spielleiter den/die Kandidaten/in, ob er/sie seine Entscheidung beibehalten möchte, oder ob er/sie lieber die andere noch geschlossene, von ihm/ihr zunächst nicht gewählte Tür, jetzt wählen möchte.
Was ist für den/die Kandidaten/in günstiger: Bei der ursprünglichen Entscheidung zu bleiben, oder die andere, noch geschlossene Tür zu wählen, oder spielt es keine Rolle, ob die ursprüngliche Wahl beibehalten wird oder nicht?
(Anmerkung: Als günstiger gilt, wenn die Wahrscheinlichkeit, die Tür mit dem Gewinn zu erwischen, größer wird)

26.

Ein Verkehrspsychologe erhält folgenden Forschungsauftrag: Er muss jeden Tag zwischen 9 und 16 Uhr die Ergebnisse der Geschwindigkeitsmessung auf der Reichsbrücke in eine Liste eintragen. Am Ende jedes Tages muss er die Tages-Durchschnittsgeschwindigkeit jedes Tages errechnen, als Mittelwert der Geschwindigkeiten aller gemessenen Fahrzeuge dieses Tages. Anschließend muss er jede gemessene Geschwindigkeit auf der Liste als Abweichung von dieser Tages-Durchschnittsgeschwindigkeit darstellen. Über die so ermittelten Differenzen zwischen Tages-Durchschnittsgeschwindigkeit und Listeneintragung muss er den Mittelwert errechnen.
Der Psychologe lehnt den Auftrag ab. Warum wohl?

27.

Ein Spiel sei nach folgenden Regeln aufgebaut:
Ein Moderator würfelt mit 10 Würfeln gleichzeitig, und die Summe der Augenzahlen wird ermittelt. Mehrere Kandidaten müssen vorher raten, welche Augenzahl voraussichtlich gewürfelt werden wird. Der Kandidat, dessen Schätzung am nächsten am Ergebnis liegt, gewinnt. Falls mehrere Kandidaten die gleiche Schätzung abgeben und diese Schätzung am nächsten am Ergebnis liegt, wird der gleiche Gewinn an jeden dieser Kandidaten ausgezahlt. (keine Teilung). Welche Schätzung hat aus der Sicht der Kandidaten die besten Gewinnchancen, und warum?

Übungsbeispiele

28.

Ein Heiratsinstitut wirbt mit dem folgenden Text: „Von 100 Kontakten, die wir vermitteln, sind 98 erfolgreich".
Herr Max Huber hat sich schon 10 mal mit je einer von dem Institut vermittelten Frau getroffen, und niemals wurde was daraus.
Die Direktorin des Instituts erwidert auf seine Beschwerde: „Fälle wie den Ihren gibt es leider immer wieder; ungefähr jeder zehnte Kunde hat Pech, so wie sie. Trotzdem stimmt es aber, dass bei unserem Institut im großen Durchschnitt 98 von 100 vermittelten Kontakten erfolgreich bleiben. Die Masse macht das eben".
Kann die Behauptung der Direktorin stimmen?

29.

Nennen Sie zwei Beispiele für normalverteilte Zufallsvariablen und begründen Sie Ihre Wahl.

30.

Theodor, Peter, Hubert und Franz sind 4 Studenten, die einander von diversen Lehrveranstaltungen kennen. Alle vier sind sehr verlässlich und haben im vergangenen Semester pünktlich jede Einheit der Hauptvorlesung besucht, die Mittwoch um 9 Uhr früh beginnt. Vor dem Lift zum Hörsaal wartet jeder der 4 jedes mal eine Minute. Keiner der vier steht jemals an einem Vorlesungstag früher als um 8:45 vor dem Lift, und keiner nach 9 Uhr. Während dieser Zeit passiert es in einem Semester mit 14 Vorlesungseinheiten 8 mal, dass mindestens einer der vier mindestens einen anderen der vier vor dem Lift antrifft. Hubert meint, dies könne kein Zufall sein. Peter meint, dies könne sehr wohl ein Zufall sein. Wer hat recht?

31.

Es soll angeblich Lehrerzimmer geben, in denen Lehrer miteinander häufig kommunizieren. Es soll auch solche geben, in denen Lehrer miteinander über alles mögliche reden, niemals aber über Schüler, und schließlich solche, in denen Lehrer miteinander überhaupt nicht reden.
Wäre es möglich, aus der statistischen Verteilung der Notendurchschnitte von Schülerinnen und Schülern einer Schule Rückschlüsse auf die kommunikative Situation des Lehrerzimmers zu machen; wenn ja, welche, und woraus?

Übungsbeispiele

Anleitung:
Erörtern Sie die folgenden Fragen:
1. Wie würde man unter normalen Umständen erwarten, dass die Verteilung von Notendurchschnitten aussieht?
2. Wie könnte eine Verteilung von Notendurchschnitten sonst noch aussehen, wenn nicht so, wie man es normalerweise erwarten würde?
3. Was könnten mögliche Gründe für die Abweichungen sein?
Illustrieren Sie ggf. Ihre Argumentation mit Verteilungsskizzen.

32.

Erörtern und begründen Sie zu den folgenden Merkmalen, ob angenommen werden kann, dass sie, wenn sie an allen erwachsenen Österreicherinnen und Österreichern gemessen würden, als Häufigkeitsverteilung eine Normalverteilung ergeben würden.
Körpergröße
Zahl der Kinder
Einkommen
Anzahl der chronischen Erkrankungen
Intelligenz laut Intelligenztest
Zeitpunkt des Aufstehens in der Früh
Wie oft im letzten Jahr zur Arbeit bzw. in die Schule zu spät gekommen

33.

Vom Grafen Bobby wird unter anderem die folgende Anekdote erzählt:
Er soll eine Italienreise unternommen haben. Als der Zug langsam ins Bahnhofsgebäude von Perugia einfuhr, regnete es stark, und Bobby sah einen Schusterlehrling barfuss über den Bahnhofsplatz laufen, der ein Paar Stiefel an einem Lederriemen zusammengebunden über die Schultern trug, um sie einem Kunden zu liefern.
Zurück zu Hause, wurde er gefragt, wie ihm Italien so gefallen habe.
„Nett", sagte er. „Aber eines ist komisch: Wenn es in Italien regnet, dann ziehen die Leute die Schuhe aus, hängen sie sich über die Schultern, und laufen wie verrückt".
In diesem Versuch, eine Gesetzmäßigkeit zu formulieren, stecken mehrere Fehlschlüsse. Beschreiben Sie diese.
Hinweis zur Vorgehensweise:
Tragen Sie die in der Anekdote vorkommenden Ereignisse in einer 4-Felder-Tafel ein und erörtern Sie dann, was noch fehlt, um eine Aussage zu ermöglichen.

34.

Angeblich gibt es einen Zusammenhang zwischen der Bereitschaft, die Partei X zu wählen, und Arbeitslosigkeit. Sprechen die angegebenen (fiktiven) Zahlen für einen Zusammenhang oder nicht? Erklären sie warum ja oder warum nein. Von 1000 Zeltfestbesuchern seien 250 sowohl arbeitslos, als auch X-Wähler, 50 wählen nicht X, obwohl sie arbeitslos sind. Von den Nicht-Arbeitslosen wählen 450 X und 250 nicht.

35.

Oft wird behauptet, dass zwischen dem Geschlecht eines Menschen und seinem/ihren Wunsch nach Kindern ein Zusammenhang besteht. Wie könnte man diese Aussage überprüfen?
Entwerfen sie eine Vierfeldertafel mit fiktiven empirischen Ergebnissen und zeigen sie, wie diese Vierfeldertafel aussehen könnte, wenn man daraus 1.) auf Unabhängigkeit und 2.) auf Abhängigkeit schließen müsste.

36.

Zeichnen Sie je eine Ihnen plausibel erscheinende Skizze der Verteilung jeder der unten angeführten Variablen in einer österreichweiten repräsentativen Stichprobe an Erwachsenen (N = 1000) und geben Sie Ihnen plausibel erscheinende Schätzungen für die folgenden Verteilungsparameter zu jeder unten angeführten Variablen an.

einzuschätzende Verteilungsparameter:
Mittelwert
Modalwert
Median
Standardabweichung
kleinster Wert
größter Wert
Symmetrie: ja/nein
Steilheit: linkssteil oder rechtssteil?

Variablen:
Anzahl der PCs im Haushalt
Alter des Haushaltsvorstandes
Notendurchschnitt der letzten abgeschlossenen Schulausbildung
Hubraum des Autos (falls kein Autobesitz: Hubraum=0,
falls Besitz mehrerer Autos: des größeren)
Anzahl der Autos im Haushalt
Körpertemperatur zum Zeitpunkt der Befragung

Übungsbeispiele

Gewicht zum Zeitpunkt der Befragung
Wohnungsgröße in m^2
Körpergröße
Zahl der Kinder
Einkommen
Anzahl der chronischen Erkrankungen
Intelligenz laut Intelligenztest
Zeitpunkt des Aufstehens in der Früh
Wie oft im letzten Jahr zur Arbeit zu spät gekommen
Zahl der noch lebenden Eltern-, oder Großelternteile
Einkommen
Anzahl der Unfälle im letzten Jahr
Intelligenz laut Intelligenztest
Zeitpunkt des Einschlafens am Vortag der Untersuchung

37.

Von den folgenden Alltagsaussagen könnten manche nach der für sozialwissenschaftliche Hypothesen bestehenden Methodik untersucht werden, andere nicht. Geben Sie zu jeder an, ob es grundsätzlich möglich wäre, diese Aussage statistisch auf ihre Richtigkeit hin zu überprüfen oder nicht, bzw. welche Elemente noch fehlen, um eine solche Überprüfung zu ermöglichen.
Die Burgenländer sind schon ein eigenartiges Volk.
Müßiggang ist aller Laster Anfang
Bei einer Prüfung fühlt sich kaum jemand wohl
Es ist eigentlich für alles schon zu spät
Lieber reich und gesund als arm und krank
Immer wenn es regnet, geht es mir gut.
Auf dem Stephansturm sind viele Touristen anzutreffen
Wer Sorgen hat, hat auch Likör
Wien ist anders
Arbeitslose wollen meistens gar nicht arbeiten
Eine Frau ohne Mann ist wie ein Fisch ohne Fahrrad
Der Computer verblödet die Menschen
Anleitung zu 26.: Versuchen Sie, aus den in den Aussagen formulierten Ereignissen für jede Aussage eine Vierfeldertafel zu konstruieren.
Versuchen Sie die Schwierigkeiten bei dieser Konstruktion nach zwei Typen zu unterscheiden:

Typ 1: Schwierigkeiten, die daraus resultieren, dass notwendige Daten oder notwendige Definitionen von Begriffen in der alltagssprachlichen Formulierung noch nicht enthalten sind, grundsätzlich aber nachgeliefert werden könnten, und

Typ 2: Schwierigkeiten, die daraus resultieren, dass der jeweilige Typus von Aussage seiner Logik nach nicht in einer Vierfeldertafel formuliert werden kann.

38.

Es seien an einer Stichprobe von 1000 erwachsenen Österreicherinnen und Österreichern die folgenden Variablen erhoben worden, von denen die untenstehende Tabelle Aufschluss über einige Verteilungsparameter gibt.
Versuchen Sie anhand dieser Parameter zu jeder Variable eine Skizze anzufertigen, wie die zugehörige Verteilung ungefähr aussehen könnte.
Nehmen Sie außerdem für jede Variable Stellung zu der Frage, ob es sein könnte, dass diese Variable normalverteilt ist.

	Mittelwert	Modalwert	niedrigster Wert	höchster Wert
Körpergröße	168	166	148	188
Einkommen	1.500	1.450	0	8.900
Anzahl der Kinder	1.8	2	0	12
Anzahl der Ehescheidungen	0.6	0	0	9
Intelligenz laut Intelligenztest	100	100	46	167

39.

Der Mittelwert der Körpergröße von 512 Präsenzdienern einer niederösterreichischen Kaserne sei 168 cm, der Mittelwert der Körpergröße von 758 Präsenzdienern einer Wiener Kaserne sei 176cm.
Müsste man noch etwas wissen, um beantworten zu können, ob man diesen Unterschied als zufällig betrachten kann oder nicht?
Wenn nein: Ist der Unterschied zufällig oder nicht, und warum?
Wenn ja: - was müsste man noch wissen?
           - wie müsste das, was man noch wissen müsste, beschaffen sein, damit die Frage eher mit ja, und wie, damit die Frage eher mit nein zu beantworten wäre?

Übungsbeispiele

40.

Theodor und Hubert sind zwei Freunde. Theodor teilt Hubert die folgende Beobachtung mit, die er gemacht hat: Es hat im Jahr 1997 an insgesamt 100 Tagen geregnet. Von den 1800 Verkehrsunfällen, die im Jahr 1997 passiert sind, haben sich 900, also genau die Hälfte, an Regentagen ereignet. Theodor meint, dies sei ein Beweis dafür, dass der Regen offenbar keinen Einfluss auf das Verkehrsgeschehen hat. Hubert ist anderer Meinung. Wer hat recht?

41.

Es wird oft ein Zusammenhang zwischen Arbeitslosigkeit und Krankheit behauptet. Aus der untenstehenden Tabelle geht hervor, dass von 100 arbeitslosen Personen die Mehrheit, nämlich 60, gesund sind. Heißt das, dass Arbeitslosigkeit eher gesund als krank macht, oder nicht? – begründen Sie Ihre Antwort.
Anmerkung : Repräsentativitätsprobleme und Probleme möglicher intervenierender Variablen brauchen nicht erörtert zu werden.

	Arbeitslos	berufstätig	
gesund	60	640	700
krank	40	260	300
	100	900	1000

42.

Ein Psychologe, der an dem Zusammenhang zwischen schichtspezifischer Sozialisation und Intelligenz interessiert ist, unterzieht eine Stichprobe von 1000 Jugendlichen einem Intelligenztest. 400 davon stammen aus Akademikerfamilien, die aus Arbeiterfamilien. Der Einfachheit unterteilt er die Ergebnisse des Intelligenztests in zwei Klassen: 1. Unterdurchschnittlich intelligent, und 2. durchschnittlich bis überdurchschnittlich intelligent. Es stellt sich heraus, dass von den Akademikerkindern 190 unterdurchschnittlich intelligent sind und dass von Arbeiterkindern 310 unterdurchschnittlich intelligent sind. Wie groß ist die Anzahl der Personen in dieser Stichprobe, aufgrund derer die Hypothese zu stützen wäre, dass Arbeiterkinder weniger intelligent sind als Akademikerkinder? Begründen Sie Ihre Antwort.

43.

Die nachstehende Aufstellung mehrerer Verteilungsparameter von Einkommen in der Autoindustrie bzw. Elektroindustrie sei drei unterschiedlichen Stichproben der Größe von je 2 mal 800 Personen entnommen. Welche der drei Aufstellungen spricht eher, und welche spricht weniger dafür, dass die Unterschiede in den Mittelwerten der Einkommen durch Zufall zustande gekommen sein könnten? – Begründen Sie Ihre Antwort.

	Mittelwert	Modalwert	Standard-abweichung	niedrigster Wert	höchster Wert
.1					
Autoindustrie	1.710	1.430	600	400	9.100
Elektroindustrie	1.520	1.450	300	300	8.900
.2					
Autoindustrie	1.710	1.430	800	200	7.200
Elektroindustrie	1.520	1.450	400	500	7.600
.3					
Autoindustrie	1.710	1.430	400	250	9.000
Elektroindustrie	1.520	1.450	200	100	8.600

44.

Beurteilen Sie die Tabellen .1 bis .4 daraufhin, ob man sagen kann, dass es wahrscheinlich zu Schulproblemen führt, wenn Schulkinder daheim einen Videorecorder haben. Was spricht dafür, was dagegen, eine solche Hypothese in den 4 Fällen anzunehmen?
Anleitung: untersuchen Sie für jede Tabelle u.a. die Frage, wie viele Kinder mit Videorecorder **keine** Schulprobleme haben müssten, damit die Hypothese als falsch zu betrachten sein müsste.

Übungsbeispiele

.1

	Schul-probl.	keine Schulprobleme	
Videorecorder zu Hause	80	20	100
kein Videorec. zu Hause	120	180	300
	200	200	400

.2

	Schul-probl.	keine Schulprobleme	
Videorecorder zu Hause	8	2	10
kein Videorec. zu Hause	12	28	40
	20	30	50

.3

	Schul-probl.	keine Schulprobleme	
Videorecorder zu Hause	60	40	100
kein Videorec. zu Hause	90	110	200
	150	150	300

.4

	Schul-probl.	keine Schulprobleme	
Videorecorder zu Hause	100	50	150
kein Videorec. zu Hause	80	120	200
	180	170	350

45.

Die untenstehenden drei Vierfeldertafeln könnten zufällig zustande gekommen sein, sie könnten aber auch dadurch zustande gekommen sein, dass die in ihnen beschriebenen Ereignisse voneinander abhängig sind. Reihen Sie die drei Tafeln nach der Wahrscheinlichkeit, mit der sie zufällig zustande gekommen sein könnten.
Anmerkung: Es ist nicht notwendig, einen Zahlenwert zu errechnen, der diese Wahrscheinlichkeiten angibt. Es genügt, zu argumentieren, warum die Wahrscheinlichkeit je einer Tafel größer oder kleiner sein muss als die je einer anderen Tafel.

Übungsbeispiele

.1

	A: es regnet	nicht A: es regnet nicht	Summe
B: es wurde Regen vorausgesagt	20	40	60
nicht B: es wurde kein Regen vorausgesagt	20	60	80
Summe	40	100	140

.2

	A: es regnet	nicht A: es regnet nicht	Summe
B: es wurde Regen vorausgesagt	10	20	30
nicht B: es wurde kein Regen vorausgesagt	10	30	40
Summe	20	50	70

.3

	A: es regnet	nicht A: es regnet nicht	Summe
B: es wurde Regen vorausgesagt	15	30	45
nicht B: es wurde kein Regen vorausgesagt	15	45	60
Summe	30	75	105

Übungsbeispiele

46.

Es wird oft ein Zusammenhang zwischen Arbeitslosigkeit und Krankheit behauptet. Welche der beiden untenstehenden Viefeldertafeln spricht eher dafür, dass ein solcher Zusammenhang bestehen könnte?
Anmerkung : Stichprobenprobleme, Operationalisierungsprobleme und Probleme möglicher intervenierender Variablen brauchen nicht erörtert zu werden.

	arbeitslos	berufstätig	Summe
gesund	40	70	110
krank	60	30	90
Summe	100	100	200

	arbeitslos	berufstätig	Summe
gesund	450	650	1100
krank	550	350	900
Summe	1000	1000	2000

47.

Geben Sie ein fiktives Zahlenbeispiel an für eine Vierfeldertafel mit geringer Signifikanz, aber hoher Korrelation, und eines für eine Vierfeldertafel mit hoher Signifikanz, aber geringer Korrelation.

48.

Ein Regionalzug braucht von einem Vorort bis zur Hauptstadt 30 Minuten. Er verlässt den Bahnhof des Vororts zu jeder vollen Stunde, und dann 15, 30 und 45 Minuten nach jeder vollen Stunde. Unterwegs passiert er einen Baustellenbereich, in dem es häufig zu Verzögerungen und damit zu Verspätungen kommt. Ein Reisender, der einen Anschlusszug erreichen will, der um 18:05 vom gleichen Bahnsteig des Zielbahnhofes des Regionalzuges abfährt, will den Regionalzug so früh nehmen, dass die Wahrscheinlichkeit, den Anschlusszug zu verpassen, nicht größer ist als 2/100. Was muss er tun, um den Zeitpunkt seiner Abreise mit dem Regionalzug zu ermitteln?

49.

Es wird oft ein Zusammenhang zwischen Armut und Krankheit behauptet. Welche der beiden untenstehenden Viefeldertafeln spricht eher dafür, dass ein solcher Zusammenhang bestehen könnte, und warum?

Anmerkung : Stichprobenprobleme, Operationalisierungsprobleme und Probleme möglicher intervenierender Variablen brauchen nicht erörtert zu werden.

	arm	reich	Summe
gesund	30	80	110
krank	70	20	90
Summe	100	100	200

	arm	reich	Summe
gesund	450	650	1100
krank	550	350	900
Summe	1000	1000	2000

50.

Man könnte auf die unangenehmen Klausurarbeiten in Mathematik und Statistik verzichten, wenn man statt der Notendurchschnitte in Mathematik und Statistik jene der Fächer Mathematik und Physik aus der Mittelschule heranziehen würde, um die Eignung der Studierenden für Mathematik und Statistik abzuschätzen. Dabei würde es allerdings Fehleinschätzungen eines gewissen Ausmaßes geben. Was müsste man tun, um das Ausmaß der so entstehenden Fehleinschätzungen zu ermitteln?

51.

Kinder reicher Eltern bevorzugen angeblich das klassische Kasperltheater. Kinder armer Eltern spielen demgegenüber viel lieber mit Computerspielen, die sie sich von ihren Klassenkameraden ausborgen. Skizzieren Sie ein Forschungsdesign und ein Auswertungsverfahren, die geeignet wären, eine solche Hypothese zu überprüfen.

52.

Es gibt Hinweise darauf, dass Weinbauern, die in Genossenschaften organisiert sind, größere Gewinne erzielen. Skizzieren Sie eine Untersuchung, die geeignet wäre, diese Vermutung zu überprüfen. Denken Sie dabei auch an mögliche Scheinkorrelationen.

Übungsbeispiele

53.

Jemand soll einmal behauptet haben: „Wenn ich wissen will, welche von 6 Parteien die Wahl gewinnt, dann kann ich genau so gut würfeln, wie die Meinungsumfragen beachten". Was müsste man tun, wenn man diese Behauptung beweisen oder widerlegen wollte?

54.

Falls ein Politiker auf die Idee käme, das Arbeitslosengeld nicht nach der Höhe des letzten Einkommens zu bemessen, sondern nach den tatsächlichen Ausgaben des Beziehers von Arbeitslosengeld, würde er möglicherweise mit dem Gegenargument zu rechnen haben, dass das letzte Einkommen ohnehin die beste Möglichkeit ist, die tatsächlichen Ausgaben abzuschätzen. Was müsste der Politiker tun, um diesen Einwand zu entkräften?

55.

Der Elternvertreter einer allgemeinbildenden höheren Schule vertritt in einer Diskussion die Ansicht, dass Schüler, die viele Freunde haben, auch einen besseren Lernerfolg aufweisen. Dies sei dadurch zu erklären, dass diese Schüler mehr Möglichkeiten haben und auch nutzen, gemeinsam zu lernen. Der Direktor meint, das Gegenteil sei wahr: je öfter die Schüler mit ihren Freunden „herumhängen", desto schlechter ihr Lernerfolg, weil sie gemeinsam ohnehin nur Unsinn im Sinn hätten. Beide stützen ihre Behauptung auf die untenstehenden Beobachtungsdaten. Wer hat recht?

Schüler Nr.	Anzahl der Freunde pro Woche	Durchschnittsnote	Wie oft mit Freunden unterwegs
1	1	4	0
2	0	3	1
3	2	2	0
4	5	4	6
5	7	3	5
6	6	3	4
7	7	1	1
8	8	2	2
9	6	1	1

56.

Bei einer Umfrage unter angehenden Akademikern wurde nach Motiven für Bildung gefragt. Kann man aus den untenstehenden Daten die Hypothese ableiten, dass das Bedürfnis nach Geld aus dem Wunsch nach gesellschaftlichem Ansehen abzuleiten ist, oder nicht? – Begründen Sie Ihre Beurteilung der untenstehenden Daten

Person Nr.	meine Bildung ist für mein höheres Einkommen...	meine Bildung ist für mein gesellschaftliches Ansehen...	meine Bildung ist für meine künstlerische Selbstverwirklichung...
1	wichtig	wichtig	unwichtig
2	unwichtig	unwichtig	wichtig
3	unwichtig	wichtig	unwichtig
4	wichtig	unwichtig	unwichtig
5	unwichtig	unwichtig	wichtig
6	unwichtig	wichtig	wichtig
7	wichtig	unwichtig	wichtig
8	wichtig	wichtig	unwichtig

57.

Ein Studierender macht die Beobachtung, dass ein Prüfer männlichen Prüflingen durchwegs bessere Noten gibt als weiblichen Prüflingen. Was müsste er tun, um diese Beobachtung als Argument gegen den Prüfer verwenden zu können?

58.

Ein Gefangener plant einen Ausbruch. Da er sehr geschickt ist, bringt er es fertig, das Schloss zu seiner Zelle mit einem Stück Draht zu öffnen. Er braucht dazu 20 Minuten. Die Wachmannschaft macht alle halben Stunden einen Rundgang, plaudert aber zwischendurch manchmal mit anderen Gefängnisangestellten, wodurch die Intervalle zwischen dem Vorbeikommen der Wachmannschaft unregelmäßig sind. Der Gefangene will wissen, wie groß das Risiko (=die Wahrscheinlichkeit) ist, bei seinem Ausbruch erwischt zu werden. Was muss er tun, um es herauszufinden?

Übungsbeispiele

59.

Die Einführung einer Autobahngebühr, die über elektronische Ermittlung der gefahrenen Autobahnkilometer verrechnet wird, ist mit der kostspieligen Installation von elektronischen Erfassungs- und Verrechnungsanlagen verbunden. Wenn man die Höhe der Autobahngebühr von den gefahrenen Autobahnkilometern abhängig machen will, aber die teuren Installationen vermeiden will, könnte man statt dieser die Autobahngebühr in Abhängigkeit davon festsetzen, wie oft Autobesitzer ihr Auto wechseln; denn je rascher ein Auto wieder verkauft wird, desto mehr wird der Besitzer wohl auch damit gefahren sein. Mit einer solchen Abschätzung werden vermutlich Fehleinschätzungen verbunden sein. Was müsste man tun, um den relativen Anteil dieser Fehleinschätzungen zu ermitteln?

60.

Ein Marktforscher beobachtet, dass die Musik-CDs seiner Auftraggeberfirma am meisten CDs in den Bezirken absetzt, in denen Eliteschulen angesiedelt sind.
Was müsste er tun, um diese Beobachtung als Argument für die Standortwahl von Verkaufsstellen von Musik-CDs seiner Auftraggeber verwenden zu können?

61.

Die folgende Aufstellung gibt Auskunft über die Anzahl der Freunde die Schüler einer Klasse haben, die Anzahl der Tore, die sie im letzten Jahr beim Fußballspielen geschossen haben, und die Höhe ihres monatlichen Taschengeldes. Was müsste man tun, um zu beweisen bzw. zu widerlegen, dass die Anzahl der Freunde im Wesentlichen von der sportlichen Fähigkeit, gemessen an der Anzahl der Tore, abhängt? (Skizze!)

Schüler Nr.	Anzahl d. Freunde	Anzahl der Tore	Monatliches Taschengeld
1	11	45	47
2	2	10	3
3	18	82	85
4	9	55	52
5	17	85	92
6	1	15	4
7	16	90	97
8	10	50	48
9	3	5	2

62.

Man könnte die Hypothese untersuchen, dass der Erfolg am Arbeitsmarkt wesentlich vom Studienerfolg abhängig ist. Man könnte auch vermuten, dass Eigeninitiative bei der Wissensvermittlung für den beruflichen Erfolg wichtiger ist als Studienerfolg im klassischen Sinn. Die untenstehende Aufstellung gibt Auskunft über:
Eigeninitiative bei der Wissensvermittlung, gemessen an der Durchschnittsdauer der Bibliotheksbenützung, *Erfolg im Berufsleben,* gemessen an der Berufssituation in den Kategorien
arbeitslos (AL), Hilfsarbeit.(HA), bzw. Qualifizierte Arbeit(QA), und über den *Studienerfolg*, gemessen an der Durchschnittsnote während des Studiums. Welcher der beiden Hypothesen ist aufgrund der untenstehenden Daten eher zuzustimmen?

Pers. Nr.	Bibliotheksbenützung in Std. pro Woche, Durchschnitt	Jobsituation: arbeitslos, (AL) Hilfsarbeit.(HA) Qualifizierte Arb.(QA)	Durchschn. Note im Studium
1	8,5	QA	1,5
2	0,5	AL	4,0
3	8,0	HA	1,5
4	3,5	QA	2,0
5	11,0	AL	1,0
6	0,5	QA	4,0
7	1,0	HA	3,5
8	0,5	AL	3,5
9	6,0	QA	4,0

63.

Ein Fluss führt jedes Frühjahr Hochwasser. Je nachdem, wie viel Schnee im vorangegangenen Winter gefallen ist, steigt das Wasser höher oder weniger hoch. Ein Siedler will am Rande des Flusses ein Haus bauen. Um sich vor dem Hochwasser zu schützen, baut er das Haus auf Betonsäulen. Er will diese Säulen so hoch bauen, dass die Wahrscheinlichkeit, trotzdem Wasser ins Haus zu bekommen, nicht größer ist als 5/100. Was muss er tun, um herauszufinden, wie hoch er die Säulen machen soll?

Übungsbeispiele

64.

Ein Gastwirt überlegt, sein Lokal vom ersten in den zwanzigsten Wiener Gemeindebezirk zu verlegen, da im 20. Bezirk die Monatsmiete für das Lokal wesentlich billiger ist. Er hat im Laufe der letzten zwei Monate die folgenden Informationen über seine Gäste gesammelt:

Verkaufte Speisen:	Preis (€)	Anzahl der verkauften Portionen
Wiener Schnitzel (WI)	9	180
Fleischlaibchen (FL)	5	120
Cevapcici (CC)	6	100
Fiakergulasch (FG)	8	140
Waldorf-Salat (WA)	7	200
Lachssteak (LS)	12	80
Hirschrücken (HR)	13	90

Außerdem hat er die letzten 9 Gäste nach ihrem Beruf gefragt und dabei folgendes ermittelt:

Gast Nr.	Beruf	Durchschn.Eink.	Bestellte Speise	Preis
1	LA	4.000	FG	8
2	HA	1.000	FL	5
3	SE	8.000	HR	13
4	SE	9.000	LS	12
5	HA	1.500	CC	8
6	LA	5.000	HR	13
7	LA	4.000	WA	7
8	SE	8.000	WI	9
9	HA	1.000	HR	13

LA: Leitender Angestellter
HA: Hilfsarbeiter
SE: Selbständiger

Darüber hinaus kennt er die Verteilung der Berufsgruppen im 1. und im 20. Bezirk:

	1. Bezirk	20. Bezirk
Leitende Angestellte:	40%	20%
Hilfsarbeiter	10%	40%
Selbständige	50%	40%

Welche Überlegungen kann er mithilfe dieser Informationen anstellen, um abzuschätzen, ob sein Umsatz durch eine Übersiedlung in den 20. Bezirk vermutlich steigen wird?
Falls er mit diesen Informationen zu keinem Ergebnis kommen kann: welche braucht er noch?

65.

In einem entlegenen Dorf hat ein Großteil der Bevölkerung Angst vor Personen mit langen Haaren. Diesen wird nämlich nachgesagt, dass sie krimineller seien als Personen mit kurzen Haaren. Stellen sie sich vor, sie bekämen den Auftrag, in diesem Dorf die Frage zu untersuchen, ob Personen mit langen Haaren tatsächlich krimineller sind als Personen mit kurzen Haaren. Entwickeln Sie ein Forschungs-szenario, anhand dessen sie die gelernten statistischen Methoden anwenden. (mit fiktiven Zahlen).

66.

Untersuchungspläne:
Zu den untenstehenden Hypothesen ist je ein Szenario zu entwerfen, das geeignet wäre, die jeweilige Hypothese mit Methoden der empirischen Sozialforschung und der induktiven Statistik zu überprüfen.
Gefragt sind daher zu jedem Szenario:
.1.   welche Daten müssten wie erhoben werden?
.2.   wie müssten diese Daten gruppiert, bzw. allenfalls grafisch dargestellt werden? (Skizze, bzw. Aufstellung von Zahlen, wie sie tatsächlich erhoben worden sein könnten)
.3.   welches statistische Verfahren zur Zusammenhangsprüfung wäre adäquat, und unter welchen Voraussetzungen?
.4.   welche möglichen Interpretationen würden sich aus diesem statistischen Verfahren ergeben können?

Hypothesen:
Das Einkommen der männlichen Österreicher ist eine normalverteilte Zufallsvariable
Je höher das Familieneinkommen ist, desto mehr Geld wird für Bücher ausgegeben.

Das Durchschnittseinkommen von Männern ist höher als das von Frauen

Türken sind häufiger schwarzhaarig als Österreicher

Die Parteipräferenz hängt mit der ethnischen Herkunft des Familienoberhauptes zusammen

Übungsbeispiele

Wie viele Kilometer mit einem Auto in Österreich durchschnittlich pro Jahr gefahren werden, hängt entscheidend davon ab, in welchem Land dieses Auto hergestellt wurde.

Die Tatsache, ob ein „Parkpickerl" akzeptiert wird oder nicht, hängt davon ab, wie viele Kilometer mit dem Auto, für das das Pickerl nötig wäre, gefahren werden.

Die ÖVP wird hauptsächlich von Bauern gewählt.

Die Parteipräferenz hängt wesentlich von der Art der Berufstätigkeit ab.

Wenn man weiß, wie oft ein Schulkind im letzten Schuljahr gefehlt hat, dann weiß man auch, wie oft es im gleichen Jahr krank war.

Männliche Studierende verbringen mehr Stunden am PC als weibliche Studierende.

Je mehr Stunden ein(e) Studierende(r) am PC verbringt, desto besser ist sein (ihr) Notendurchschnitt

Die Notendurchschnitte von Studierenden unterschiedlicher Studienrichtungen unterscheiden sich signifikant voneinander

Die Verteilung der Notendurchschnitte ist bei männlichen Studierenden die gleiche wie bei weiblichen Studierenden. (D.h.: Unterschiede zwischen den beiden Verteilungen können als lediglich zufällig angesehen werden)

Die gewählte Studienrichtung wird erheblich davon beeinflusst, welchen Beruf der Vater des/der Studierenden ausübt bzw. ausgeübt hat.

Die Nebeneinkommen von Studierenden unterschiedlicher Studienrichtungen unterscheiden sich in ihrer Höhe signifikant voneinander

Je mehr Nebeneinkommen durch Studentenjobs ein(e) Studierende(r) erwirtschaftet, desto schlechter ist sein (ihr) Notendurchschnitt.

Falls man sich aufgrund eines solchen Zusammenhanges entschlösse, anstelle des Notendurchschnittes von StudentInnen nur mehr ihr Nebeneinkommen zu erheben: wie wäre das Ausmaß der dabei im Durchschnitt zu erwartenden Fehleinschätzungen zu berechnen?

Je schwächer der Autoverkehr, desto stärker der Fahrradverkehr

BezieherInnen von Studienbeihilfen haben einen besseren Studienerfolg als Studierende, die keine Studienbeihilfen beziehen.

Je häufiger ein/e Schüler/in in einem Schuljahr gefehlt hat, desto besser ist sein/ihr Notendurchschnitt in Mathematik.

Angenommen, ein Zusammenhang wie oben würde festgestellt. Wenn man sich daraufhin entschlösse, auf Mathematikprüfungen zu verzichten, und die Mathematikkenntnisse aufgrund der Anzahl der versäumten Schulstunden zu schätzen: wie wäre das Ausmaß der daraus entstehenden Fehleinschätzungen zu berechnen?

Ob jemand SPÖ, ÖVP, F, LIF oder Grün wählt, beeinflusst entscheidend, ob er/sie als Verkehrsmittel Auto, Fahrrad oder öffentliche Verkehrsmittel benützt.

Die durchschnittliche Studiendauer von SoziologiestudentInnen österreichischer Universitäten ist je nach Universitätsort (Wien, Linz, Graz, Innsbruck) unterschiedlich.

An Tagen nach einer Ozon-Warnung im ORF nimmt der KFZ-Verkehr ab.

Absolventen technischer Studienrichtungen sind viel seltener arbeitslos als Absolventen geisteswissenschaftlicher Studienrichtungen

Absolventen von Studienrichtungen, in denen Informatik-Kenntnisse vermittelt werden, haben wesentlich bessere Chancen, einen Job zu finden, als alle anderen.